恩歌博尔教育
Angel bell

Angel bell 音译为"恩歌博尔",中文直译为"天使钟",这里取"天使的声音"之意。在"恩歌博尔"（Angel bell）的logo中，徽章外形代表学术权威和宏大的影响力，徽章上的天使图像简洁生动，象征一位快乐的天使正带来教育的美丽和魅力，即知识、智慧、思想及广大教师和整个教育的美好蓝天！

初中化学教学
攻略大全

主编◎吕纯志

东北师范大学出版社
NORTHEAST NORMAL UNIVERSITY PRESS
WWW.NENUP.COM

图书在版编目(CIP)数据

初中化学教学攻略大全/吕纯志主编. —长春:东
北师范大学出版社,2010.6
ISBN 978-7-5602-6268-0

Ⅰ.①初… Ⅱ.①吕… Ⅲ.①化学课-教学法-初中
Ⅳ.①G633.82

中国版本图书馆 CIP 数据核字(2010)第 116216 号

□责任编辑:刘永枚
□责任校对:谢欣儒
□封面设计:子 小
□责任印制:张 林

东北师范大学出版社出版发行
长春市净月开发区金宝街 118 号(邮政编码:130117)
电话:0431-85601108
传真:0431-85693386
网址:www.nenup.com
电子函件:SXXX_3@163.com

北京通州运河印刷厂印装
2010 年 6 月第 1 版
2012 年 2 月第 2 次印刷
开本:650×960 1/16 印张:16 字数:310 千

定价:28.00 元

如发现印装质量问题,影响阅读,可直接与承印厂联系调换

前 言

  化学是自然科学的重要组成部分，它侧重于研究物质的组成、结构和性能的关系，以及物质转化的规律和调控手段。今天，化学已经发展成为材料科学、生命科学、环境科学和能源科学的重要基础，成为推动现代社会文明和科技进步的重要力量，并正为解决人类面临的一系列危机，如能源危机、环境危机等，作出了积极的贡献。

  课程在学校教育中处于核心地位，教育的目标、价值主要通过课程来体现和实施，因此，课程改革是教育改革的核心内容。作为科学教育的重要组成部分，新的化学课程倡导从学生和社会发展的需要出发，发挥学科自身的优势，将科学探究作为课程改革的突破口，激发学生的主动性和创新意识，促使学生积极主动地学习，使获得化学知识和技能的过程也成为理解化学，进行科学探究，联系社会生活实际和形成科学价值观的过程。

  随着素质教育的推进和新的基础教育课程改革的深入，化学教学给教师的专业化发展提供了新的机遇，同时也提出了新的挑战。《义务教育化学课堂标准》为广大的初中化学教师的专业化发展指出了新的方向和研究领域。为了适应这一课程变革，我们组织编写了《初中化学教学攻略大全》这本书，分五章从不同方面介绍初中化学教师要掌握的知识和应该具备的技能。

  第一章是对初中化学课程标准的基本解读，从新课标制订的背景、课标的构建、课程的内容、教学设计与教学评价等方面进行了详细的解读。第二章是对初中化学教学课型的探究，包括开放型课堂、建构型课堂、自主型课堂、生成型课堂等。第三章是对初中化学知识分单元作课堂教学的举例，从教材中选取了若干个单元中的小课题作了详细的教学设计。第四章讲述了初中化学课堂教学技能，如导入技能、板书板画技能、课堂讲授技能等。第五章是对初中化学若干教学难点的解答，帮助教师解决教材中的一些难于处理的问题。本书以课程标准为依据，根据自己教学多年的体会总结，也借鉴了其他一线教师及专家的教学经验，书中既有理论的指导，也有实际案例的展示，直观形象，更易于教师同行参考使用。

　　由于水平所限，时间比较紧迫，书中疏漏之处恳请读者批评指正。

编　者

目　录

第一章　初中化学课程标准基本解读

第一节　初中化学新课标的制订背景

在国内中学化学教学现状调研和国际化学课程比较研究的基础上，体现国家基础教育课程改革指导纲要精神的《全日制义务教育化学课程标准（实验稿）》（以下简称《标准》）已于 2001 年 7 月正式出版。这是 21 世纪初我国义务教育阶段化学课程改革的一个重要文件。《标准》从提高未来公民科学素养的高度，阐述了义务教育化学课程的价值，构建了新的课程目标体系，打破了按学科体系组织化学教学内容的传统框架，立足于学生学习方式的转变，大力倡导科学探究，有针对性地培养学生的创新精神和实践能力。

一、初中化学课程的价值

经过 30 多年的改革开放，教育与其他领域一样，取得了辉煌的成就。在学科教育领域，积极开展课程与教材改革、考试制度改革和教学方法改革，大力提倡培养学生的创新精神与实践能力。这一切，给中国教育带来了蓬勃的生机。然而，随着经济改革的进一步推进，社会发展对人才的要求呈现多元化趋势，基础教育必须适应未来社会发展的需要。近年来，社会各界对基础教育提出了尖锐的批评：基础教育滞后于社会的发展，"考试教育"制约了学生创造力的发展。几十年来，我们所追求的课程改革主要是局部的、量上的变化（如知识内容的增减），没有涉及课程的整体和本质（如功能、目标、内容和学习方式），学生的学业负担过重成为全社会关心的重大现实问题。这些问题与21世纪中国的经济、社会和科技发展以及国际化的趋势是不相容的。

课程是指根据一定的教育目标而编制的全部教育内容，它包括目标、内容、学习活动方式及评价方式等要素。课程是基础教育的核心，它反映了倾向性的教育理念，是实现教师、学生行为转变的"中介"。课程承载着理论和实践的双重使命，课程的变革蕴涵着新的思想和方法论。在"一切为了学生的发展"成为课程改革主流的今天，我们必须以科学的态度重新审视以往的化学课程，从中吸取经验和教训，推进21世纪中国化学课程的发展。

通过对义务教育阶段化学课程现状的调查，我们认为存在的主要问题有：

◆ 课程目标：重视"双基"目标（基础知识、基本技能），但对学生的情感态度、价值观教育和实践能力培养方面的要求过于抽象，缺乏针对性和导向性。

◆ 课程结构：重视以知识学习为主的必修内容，但较少关注学生的社区教育和实践活动，课程缺乏弹性，不同基础的学生在原有基础上难以获得不同的发展。

◆ 教学内容："学科中心"的倾向比较明显，在内容取舍、难易控制上较少关注学生的认知水平，存在脱离生活经验和社会实际的倾向，学生化学学习的"分化"现象比较严重，一定程度上抑制了学生的学习兴趣。

◆ 学习方式：学生以接受学习为主，对"讲、记、背、练"的方式习以为常，围绕应试展开的重复演练日趋严重，学生缺乏动手实践和探究的机会，分析、解决实际问题和合作交流的能力得不到应有的锻炼。

◆ 教学评价：评价方式单一，评价机制尚未健全。重视外在的"双基"评价，忽视学生和教师内在的自我评价，"轻过程、重结果"现象十分普遍，导致化学学习的诸多目标难以落实。

《标准》将化学纳入科学教育的重要组成部分，首先阐述了化学学科的价值，明确提出"化学是自然科学的重要组成部分"、"今天，化学已发展成为材料科学、生命科学、环境科学和能源科学的重要基础，成为推进现代社会文明和科学技术进步的重要力量，并正在为解决人类面临的一系列危机，如能源危机、环境危机和粮食危机等，作出积极的贡献"。化学科学发展的事实表明，20世纪化学研究的大量成果，开辟了一个又一个新的领域，在继承传统学科的基础上不断创新，与其他学科交叉、渗透、综合，使化学脱离了简单的经验形态，逐渐形成了新的学科体系。

关于义务教育阶段化学课程学习的重要性，《标准》从两个方面做了论述：一是强调课程学习对学生适应未来社会发展的价值，有助于学生理解化学对社会发展的影响，使他们能从化学的视角去认识科学、技术、社会和生活方面的有关问题，了解化学制品对人类健康的影响，懂得运用化学知识和方法去治理环境污染，合理地开发和利用化学资源，使学生在面临与化学有关的社会问题的挑战时，能做出更理智、更科学的决策。二是从培养学生科学素养的基本要求出发，提供给学生最基本的知识、技能和方法，创设生动、多样的科学探究和实践活动情景，帮助学生较深刻地理解化学现象、化学理论和科学探究的过程，培养学生求真务实的科学态度，勇于怀疑、敢于批判和善于创新的科学精神，以及积极向上、追求真理的人格品质。《标准》明确规定了学生所应达到的最基础的学习水平，同时要求学生"初步建立科学的物质观"、"逐步树立崇尚科学、反对迷信的观念"，在面临有关的社会问题（如伪科学事件）时，能从科学的角度去思考，并做出正确的判断。

义务教育化学课程的基本理念突出了课程的价值，对教师提出了新课程背景下必须具备的教学观念，使教师通过理解"每一个学生"、"积极探究"、"平等的学习机会"、"科学素养"、"熟悉的生活情景"、"感受化学"、"做科学"、"多样化的学习评价方式"、"学会反思和自我评价"等具体词语内在的深刻涵义，并结合对内容标准的分析比较，在实践中更好地领悟义务教育阶段化学新课程的本质。

二、初中化学课程改革的重点

1. 提供最基础的知识和技能

义务教育阶段的特点决定了化学课程必须体现启蒙性、基础性：从身边的常见物质入手，要求学生认识物质的组成、性质及其在社会生活中的应用，认识物质的微观构成，了解化学变化的基本特征，初步认识物质的性质与用途之间的关系；重视化学科学的核心概念，要求学生在实验过程中学会简单的设计方法和操作技能。在构建课程目标和内容的过程中，针对多年来围绕应试所形成的"繁、难、偏、旧"的现状，重新思考"同归基础"的问题。新课程十分重视学生的可接受性，采取"降低要求、删除难点、分散融合"等方法，对初中化学的"分化点"作了处理；化学计算更多地要求学生从量的角度去了解化学变化的涵义，避免烦琐的数学运算。"知识与技能"作为"过程与方法"、"情感态度与价值观"教育的重要载体，在课程标准中赋予了新的内涵。

2. 突出与生活、社会和技术的密切联系

新的化学课程突出关注社会现实，结合学生熟悉的生活情景和已有的实际经验提炼学习素材，从丰富、生动的现实生活中寻找学习主题，要求学生了解化学与生活的密切关系，使学生从中逐步认识和感受化学对日常生活和社会发展的重要影响。在课程标准中明确提出"保持和增进对生活和自然界中化学现象的好奇心和探究欲，发展学生学习化学的兴趣"。在设立的学习主题中，"身边的化学物质"为丰富多彩的现代生活提供了物质基础，"化学与社会发展"以能源、资源、材料、健康、环境为线索，引导学生体会化学与社会发展的关系，认识化学在提高人类生活质量方面所起的积极作用。

课程努力从化学的视角去展示社会的可持续发展，培养学生对自然和社会的责任感，用科学、技术、社会相联系的观点引导学生认识材料、能源、健康、环境与化学的关系，逐步培养学生形成综合的科学观和对有关的社会问题做出判断决策的能力。

3. 通过实践，培养学生的科学探究能力

化学课程力求改革以教材为中心、教师为中心的传统教学模式，提倡在实践活动中学习知识、技能和方法，帮助学生学会运用观察、实验、调查等方法广泛获取信息，能从日常现象和化学学习中提出问题，做出猜想或假设，自主设计实验或有关的活动方案，寻求解决问题的依据或证据，定性或定量地处理有关的信息和资料；在探究中学会表达和交流，善于与他人合作，从中体验活动的乐趣和积极的情感，养成学生科学的态度和价值观。在内容标准的"活动与探究建议"栏目中设置了大量的探究课题，以实现"力求创设生动、真实、多样的科学探究和实践活动情境，让学生体验探究过程，在丰富多彩的活动中培养学生的创新精神和实践能力"，努力使每一个学生在现有基础上得到良好的发展。

4. 建立促进学生发展的评价体系

新的化学课程在学习内容和学习方式方面有了实质性的改变，必然要求建立相应的评价体系以反映和指导课程的实施。在课程标准中，明确提出"既要评价学生化学知识的掌握情况，更应重视对学生科学探究的能力、情感态度与价值观等方面的评价"，积极倡导多元化的评价，重视学生自我评价对学生学习活动的促进作用，通过活动表现评价学生的探究能力和情感态度与价值观的变化，针对每一位学生的成长提供丰富多样的评价材料。在书面测验中考核学生解决实际问题的能力，提倡创设具有实际背景的、综合性和开放件的化学问题情景，即时评价和延时评价相结合，留给学生更多的思考和发挥的余地。

三、初中化学课程标准的特点

与现行的《九年义务教育全日制初级中学化学教学大纲（试用修订版）》（以下简称《大纲》）相比，《标准》在课程理念、教学内容、教学要求、学习方式等方面均有较大的变化和调整，在结构和内容方面表现出明显的特点（见表1—1）。

表 1－1　《标准》与《大纲》的结构和基本内容

课程标准	前言 一、课程性质 二、基本理念 三、设计思路 四、关于目标要求的说明	课程目标 一、知识与技能 二、过程与方法 三、情感态度与价值观 共 14 条	内容标准 （含 5 项一级主题，共 18 项二级主题） 共 100 条	实施建议 一、教学建议（7 项） 二、评价建议（4 项） 三、教材编写建议（9 项） 四、课程资源的利用与开发建议（7 项）		
教学大纲	引言 （对课程性质的简单说明）	教学目的 共 4 条	教学内容 一、确定教学内容的原则 二、教学内容和教学要求	课时安排	教学中应该注意的几个问题 4 项　考核与评价 5 条	附录

1. 内容更翔实

《标准》阐述了义务教育阶段化学课程改革的背景和课程性质，提出了义务教育化学课程的基本理念，说明了课程标准的基本框架和设计思路；对课程目标、学习主题、内容标准作了明确的规定，并对学生的活动与探究给出了具体的建议。《标准》还就与实施新课程相关的教学设计、教学评价、教材编写、课程资源利用与开发诸方面如何贯彻课程改革的精神做了具体的分析和指导，提出了针对性的建议。这对教师和教材编写者正确理解和把握义务教育阶段的化学课程是十分有益的。

2. 确立了新目标

为具体体现课程改革的理念和对义务教育阶段学生科学素养的要求，《标准》明确指出：义务教育阶段的化学课程以提高学生的科学素养为主旨，激发学生学习化学的兴趣，帮助学生了解科学探究的基本过程和方法，培养学生的科学探究能力，使学生获得进一步学习和发展所需要的化学基础知识和基本技能；引导学生认识化学在促进社会发展和提高人类生活质量方面的重要作用，通过化学学习培养学生的合作精神和社会责任感，提高学生适应现代社会生活的能力。

《标准》从知识与技能、过程与方法、情感态度与价值观三个维度构建了课程的总目标（见表1－2），与《大纲》规定的"教学目的"相比，课程总目标不再是一些抽象的术语，其操作性更强，更全面地体现了培养学生科学素养的要求，尤其突出了过程与方法、情感态度与价值观目标在学生发展过程中的重要作用。

表1－2 化学课程目标、内容主题和内容标准

	课程目标	学习内容主题	内容标准或教学要求
课程标准	一、知识与技能（化学基本知识和重要的实验技能，化学与技术、社会发展相关的知识等） 二、过程与方法（知识的形成，科学探究的基本过程与方法，思维能力，信息获取和加工能力，交流和合作能力，实践能力等） 三、情感态度与价值观（学习和探究兴趣，科学态度，社会责任感，爱国主义，创新精神等）	一、科学探究 二、身边的化学物质 三、物质构成的奥秘 四、物质的化学变化 五、化学与社会发展	一、知识、技能、观念等目标100条 二、活动与探究建议66条 三、学习情景素材建议（联系学生生活实际和科学、技术、社会发展，科学史实等）58条
教学大纲	教学目的 一、学习一些化学基本概念、原理、基础知识、基本技能，初步认识化学在实际中的应用 二、激发兴趣，培养科学态度、科学方法，关心自然和社会的情感 三、培养能力和创新精神，初步学会运用化学知识解释简单现象、解决简单化学问题 四、进行辩证唯物主义和热爱社会主义祖国的教育	一、化学基本概念和原理 二、元素化合物知识 三、化学基本计算 四、化学实验	一、知识条目108个 二、实验技能20项 三、演示实验和学生实验44个 四、选做实验和专题调研活动16个

3. 重构了内容体系

新的化学课程立足 21 世纪公民科学素养的提升，从初中学生的认知特点和发展出发，论证课程内容的价值，改变了过去偏重学科知识的倾向，提出了五大方面的学习主题和相应的内容标准：科学探究、身边的化学物质、物质构成的奥秘、物质的化学变化、化学与社会发展。在设计这些主题时，充分考虑作为观念、方法的科学探究在学习具体化学内容时的重要作用；内容素材的组织由"近"及"远"，即从认识身边的化学物质到化学在社会各个领域中的广泛应用。

4. 设置了具体的学习内容及目标

在《标准》中，课程目标不是虚设或游离于内容之外的，它通过不同主题的学习内容和三类学习目标（认知性学习目标、技能性学习目标和体验性学习目标）予以落实。在"内容标准"部分，改变了以往的大纲侧重通过化学事实、概念、原理、技能来静态描述教学要求的做法，通过对学习内容、过程和结果的说明和活动建议来体现上述目标（如表 1—3）。

表 1—3　"生活中常见的化合物"的内容标准

内容标准	活动与探究建议
1. 知道常见酸碱的主要性质和用途，认识酸碱的腐蚀性 2. 初步学会稀释常见的酸碱溶液 3. 会用酸碱指示剂和 pH 试纸检验溶液的酸碱性 4. 知道酸碱性对生命活动和农作物生长的影响 5. 了解食盐、纯碱、小苏打、碳酸钙等盐在日常生活中的用途 6. 知道一些常用化肥的名称和作用 7. 列举生活中一些常见的有机物，认识有机物对人类生活的重要性	①试验某些植物花朵汁液在酸性和碱性溶液中的颜色变化 ②使用 pH 试纸测定唾液、食醋、果汁、肥皂水、雨水和土壤溶液等的酸碱性 ③自制汽水 ④当地农村常用化肥的鉴别 ⑤调查或收集有关酸雨对生态环境和建筑物危害的事例和资料 ⑥实验探究酸碱的主要性质

《标准》对描述学习目标所用的引导词和相应的水平层次作了说明。同一层次的学习要求可用不同的词引导，有的引导词侧重描述学习结果

（如"知道""学会"等），有的引导词则侧重描述学习过程（如"解释""体验"等）。

5. 重点体现了学生学习方式的变革

针对多年来形成的初中化学"听、记、背、练"的现状，《标准》提出"将科学探究作为课程改革的突破口"，并强调科学探究是重要的学习活动和实践过程，是一种使学生体验探究过程和探究乐趣的学习经历，是一种有效的学习方式。《标准》不仅将"科学探究"专设为学习主题，从方法论层次对科学探究的学习目标做了规定，而且阐述了探究活动的基本要素和基本保证，说明了义务教育化学课程中探究学习的具体形式，列出了探究活动的典型案例供教师参考。

为突出学生自主的实践活动，在内容标准的"活动与探究建议"栏目中设置了大量的探究课题，明确列出了活动的具体形式，如观察、调查、参观、资料收集、阅读、讨论、交流辩论、实验等。

我们认为，从《大纲》的"静态"要求到《标准》的"动态"建议，不仅是表述方式的变化，更重要的是为变学生被动的接受式学习为主动的探究式学习，为切实培养学生的创新精神和实践能力提供了可实现的具体途径。

6. 更侧重发展性评价

发展性评价不仅关注学生的学业成绩，更重视发现和发展学生多方面的潜能，了解学生发展中的需求，帮助学生认识自我，建立自信，使学生的学习由外在的压力逐步转化为内在的需要。

《标准》特别强调对学生进行自我评价的指导，提出建立"化学学习档案"（也称"学生成长记录"）的要求。从理论上讲，学习档案将从多个角度反映出学生在化学学习历程中各方面的发展和变化，能获得更多有关学生进步的信息和证据，如单元知识总结、学习体会、疑难问题、收集的化学资料、探究活动的设计方案与过程记录、学习方法、自我评价等。学习档案在教师的指导下，主要由学生本人来完成，不求统一的形式，重要的是体现学生个性的发展和成长过程，使学生体验成功，逐步养成自我反思、对自己负责的习惯。

面对新课程提出的有关探究能力、方法技能、情感态度与价值观等方面发展的目标，课程标准建议通过活动表现对学生做出评价，即通过观察、记录和分析学生在各项学习活动中的表现，对学生的参与意识、合作精神、实验操作技能、探究能力、分析问题的思路、知识的理解和认知水平以及表达交流技能等进行全方位的评价。评价结果采用简单的方式加以记录，在比较、分析基础上，给出恰当的反馈以激励学生的进步。活动表现评价可以采用独立、小组或团体的形式，既注意评价学生在活动过程中的表现，又重视评价学生的活动成果。

四、初中化学课程标准的制订过程

《标准》的研制既涉及理论问题，又是一个实践性很强的课题。

首先，它必须有一个相对合理的框架。从纵的方向考察，主要线索是：课程理念—课程目标—内容标准—实施建议。从横的方向看，主要涉及课程目标、内容标准的具体变化。课程目标由"知识与技能"、"过程与方法"、"情感态度与价值观"三方面组成；内容标准打破了偏重学科的知识体系，从观念、方法到具体素材，从生活中的化学到化学的广泛应用，在各个主题中融入概念、原理、技能、方法、活动等内容。与《大纲》相比，内容体系有明显的差异（见表1—4）。

表1—4　《标准》的内容主题与《大纲》的教学内容

内容主题（标准）	教学内容（大纲）
科学探究	化学基本概念和原理
身边的化学物质	元素化合物知识
物质构成的奥秘	化学基本计算
物质的化学变化	化学实验
化学与社会发展	

其次，为使义务教育阶段的化学课程改革更具有针对性和前瞻性，我们改变了就课程而做课程的思维方式，从多个方面深入进行基础研究，从

中取得了第一手的素材，获得了许多有益的启示，为课程目标和学习内容的重新确立提供了充分的依据。基础研究的课题是：

◆ 义务教育化学课程价值探讨
◆ 国际视野中的化学课程研究
◆ 国内化学课程实施现状调查
◆ 初中生化学学习的心理研究
◆ 化学课程的社会需求分析
◆ 现代化学发展与化学课程改革

在课程标准研制过程中，对每一阶段的成果反复研讨，广泛征询了化学学科专家、化学教育专家和第一线教师的意见，使《标准》得以进一步完善。

课程改革的实效必须在实施课程标准的过程中得以体现，课程实施必须通过教师的一系列实践才能实现，因而教师在课程改革中扮演的角色十分重要。教师必须转变课程观念，将学生的发展放在首位，激励学生积极主动地参与科学探究。化学教师不仅要责任心强，而且应根据新课程的理念不断改变传统的教学思维，按课程标准倡导的多元化学习方式而重建自己的教学方式。在具体的教学中，教师必须以学生为中心，设计好每一堂课，充分关注学生在知识、技能、方法、情感、态度、价值观等方面的变化，鼓励学生富有个性的学习。

在化学国家课程标准实验教材中，知识体系有了很大的变化，内容的价值取向呈现多元化的特点，不确定的因素也随之增多，这就要求教师深入研究化学课程标准和实验教材，广泛查寻资料，研究实验方案，灵活创设教学情景，主动地弥补自己在学科基础和教学素养两方面的不足，不断总结和交流，分析自己和他人的教学案例，根据新课程的理念对自己的教学工作进行"专业化"的评价，积极提出有关课程和教材改革的建设性意见。实践还证明，"参与式"的教师培训方式，有助于较快地提高实验区教师驾驭新课程的能力。

我们坚信，随着 21 世纪中国的经济和科技的持续进步，综合国力的进一步提升，教育必然会朝着更民主、更公平、更注重人的潜能和终身学习的方向发展。从长远看，未来的人才竞争就是今天的教育竞争，而基础教育课程又是人才成长的重要基础，我们必须高度关注和积极参与课程改革，从中积累经验，为 21 世纪中国的基础教育化学课程建设做更多的工作。

第二节　初中化学课程目标的构建

《中共中央国务院关于深化教育改革全面推进素质教育的决定》指出："全面推进素质教育，要坚持面向全体学生，为学生的全面发展创造相应的条件……使学生生动活泼、积极主动地得到发展。"《国务院关于基础教育改革与发展的决定》进一步明确指出，要落实上述决定，必须"加快构建符合素质教育要求的新的基础教育课程体系"。这是当前摆在我们教育工作者面前的一项重要任务。课程目标是课程体系的基本要素之一，这一部分主要讨论与构建新化学课程目标体系有关的一些问题。

一、构建新课标体系的意义

课程目标是实现教育目的和教育目标的重要手段，它具体地指示课程的进展方向，标示课程的范围，提示课程的要点，决定课程内容的选择和组织，指导教学评价工作，是实现课程宗旨的重要保证。课程目标既是课程的出发点，又是课程的归宿。构建符合素质教育要求的新课程目标体系是"构建符合素质教育要求的新的基础教育课程体系"的一项十分重要的工作。在制订、实施课程方案和分科课程标准时，必须明确课程目标并且要清晰地予以表述。

在面向 21 世纪的基础教育课程改革中，学生的发展被放到前所未有的重要地位，发展主义课程观对我国基础教育课程改革有着很大的影响。这种课程观以促进学生发展为根本宗旨。所谓发展，就是在德、智、体、美等方面都发生积极的变化，有明显的长进和提高。要通过课程的学习，使每一个学生养成良好的品德，潜能得到开发，学力得到增长，智力品质和非智力品质都明显地得到提高。通过培养学生的创新精神和实践能力，全面提高学生素质，培养更多的人才，以大力推进社会的发展。

怎样构建、描述发展性的课程目标体系，就成为面向 21 世纪基础教育课程建设中需要解决的一个重要问题。

课程目标跟教育目的、培养目标、课程宗旨、教学目标等概念既有联系，又有区别。要正确地把握课程目标，首先需要弄清这些相关概念之间的关系。

教学目标的制订是从确立教育目的开始的，按照下列顺序进行：

而教学目标的实现，则是从具体的教育、教学活动开始，经历方向相反的过程：

可见，课程目标肩负着"承上启下"的使命

二、新课标的结构、取向及分类

1. 课标的层次与结构

课程目标具有不同的层次，宏观的教育目标正是通过这些层次才逐步地具体化为课程的。课程目标的层次主要有：

（1）课程整体的目标——是一定学段的所有课程都受其规定的目标，它反映特定社会的基本要求和价值观，通常有较强的理念色彩和浓厚的社会政治倾向，规定课程的方向和性质，对课程的具体形态没有太多的直接影响，具有导向性、阶段性和综合性，其实现有待于各门课程协同完成。

（2）学科课程的总目标——是总体目标在特定课程领域里的表现，或者说，是总体目标在学科领域中的具体化；另一方面，它又是学科课程具体目标的概括和升华，是介于课程总体目标和学科课程具体目标之间的中间层次目标。

（3）学科课程的具体目标——是希望学科课程教学实现的直接和具体的成果，具有很强的目的性、操作性和局限性，适用范围最小。实际上，学科课程的具体目标就是通常所说的教学目标。

2. 课标的取向

所谓"取向"，跟确定课程目标时思索的方向有关，"涉及要不要制订课程目标，以及制订什么样的目标的问题"，但不涉及课程目标的具体内容。

目前，在课程编制中课程目标的取向方式主要有：

（1）预期行为取向。这种取向方式用预期学生行为的发展变化来表述课程目标。用这种方式制订的课程目标通常称为行为目标，这种行为目标可能是具体的，也可能是一般的行为方式。用预期行为取向方式制订的行为目标比较具体、明确，有较好的可操作性，也便于进行评价。但是，它不适用于描述难于测评、难于表现为外部行为的目标；可能会造成目标详略不一的情况，或者目标过于概括、不便于教师掌握，或者目标过于琐细、容易造成忽视学习整体性的后果。

（2）身心发展取向。这种取向注重的不是学生外部行为变化这个结果，而是学生个体的身心发展素质，注重每个学生的智力品质和非智力品质的提高。由此所确定的课程目标是开放性的，学生在实际情境中的表现、解决问题的活动、认知灵活性以及兴趣动机等心理过程都在其列。这类目标的实现往往具有内隐性，不容易从外部观察到。

（3）演进过程取向。由于影响课程实施的因素很多，课程实施很难完全按照预先设想的样式进行，因而过程对课程目标的确定有着很大的影响。演进过程取向就是根据实施过程来确定课程的演进性目标，有时就在实施过程中进行。这类目标不但是课程编制者应该考虑的，更是课程实施者必须考虑和重视的。

按照身心发展取向和演进过程取向制订课程目标的操作难度都比较大，而且制订的目标难以用可观察的行为来描述，比较模糊，也比较难于落实，开放性的目标也难于保证使每一个学生都达到基本的要求。

课程目标既应该有利于每个学生都得到全面的、最大限度的发展，又应该体现对所有学生的基本的最低限度的要求。这三种取向各有其长处和不足，合理的做法是让它们相互配合、相互补充。

3. 课标的分类

布卢姆等人把教学目标划分为认知、情感、操作或运动技能三大领域，并且把各领域教学目标划分为不同的类、亚类、次类等层次。仿照布卢姆的分类方法，并结合国情，可以把课程目标分为知识技能领域、情感意志领域两大类。

（1）知识技能领域。包括有关学科的知识、概念、理论、观念、认识、规则、心智技能和操作技能等。

（2）情感意志领域。包括兴趣、态度、情感、情绪、信念、价值观、意志等。

结合当前我国化学教育面临的问题和发展的方向，我们认为有必要突出学生的学习过程，重点培养科学探究的意识和能力，强化情感态度与价值观的教育，因此对传统的目标分类框架进行了整合，形成了由"知识与技能"、"过程与方法"、"情感态度价值观"三个维度构成的课程目标体系。

三、对新课标的要求

新课程目标体系必须有利于促进学生发展、提高学生素质。学生发展内容的丰富性决定了新课程目标应该是多领域、多侧面、多层次的，由此形成一个多维的相互联系的有机整体——课程目标体系。对新课程目标体系的要求可以概括为：

1. 包含学生主要的发展领域和侧面

儿童的发展不仅在于生理方面，更在于心理方面；不仅表现在知识的增长，而且表现在情感意志、行为能力和态度的发展。课程的发展目标不仅有知识的，而且应该有情意的、行为能力与态度的。知、情、意、行领域都应该包含着德、智、体、美等方面的内容，德育、智育、体育、美育等方面都有发展学生知、情、意、行的任务。因此，德、智、体、美和知、情、意、行都是学生发展不可忽视的重要领域和侧面，它们分别构成新课程目标体系的重要维度。

2. 反映课程实施的过程要求

发展性课程观不仅重视课程实施的结果，而且十分重视课程实施过程。按照这种观点，课程目标既有结果性的，又有过程性的、体验性的。这应该能在课程目标体系中很好地得到反映。

3. 利于学生个性发展

学生的发展具有阶段性特点，因而课程目标也应该具有阶段性，课程目标体系应该有跟学生发展阶段相应的维度。同时，学生的发展又具有特殊性，存在着个体差异，有着不同的发展需要、意愿、倾向、优势和可能性，在各个领域、方面、阶段有不同的发展水平。课程目标应该适应不同个体的发展需要，才能真正做到使每一个学生都尽可能地得到发展。为此，课程目标体系应该具有能够反映不同发展水平的维度。

4. 课标体系的构建需创新

有人借鉴布卢姆的教育目标分类法，把课程目标分为认知、情感和行为技能三个领域。

传统的课程思想在我国根深蒂固，有着十分强大的影响。它不断地扭曲、消解各种改革思想和措施，这是导致一些改革失败的重要原因之一。例如，尽管布卢姆教育目标分类法能够大体上包容智育以外的内容，但是，在传统教育思想影响下，很容易只把它作为智育的工具而忽略其他方面。盛行一时的所谓"目标教学"往往只片面地注重智育目标，忽视其他领域目标，就是一个例证。

这个事实启示我们：在新的一轮课程改革中，不但要注意内容实质的改革，还要注意形式的推陈出新，要既全面又突出重点，鲜明地反映发展性课程思想。在构建新课程目标体系时，要从有利于指导课程实践出发，注意表述方式的创新，突出发展内容，使其更好地为促进学生发展这个实质目标服务；要充分注意课程目标的可操作性，使科学性跟实践性统一起来。此外，新课程目标体系还应该具有学科的特点。

四、新课标体系的构建

课程目标的制订受到社会需要、内容特点和学生身心发展水平及规律的制约，这些制约因素之间存在着错综复杂的联系；课程目标的制订也受到制订者认识水平和工作方式的制约。要做好课程目标的制订工作，需要用有关的原则、依据、模式等来规范、指导这项工作。

1. 新课标体系的制订原则

制订新课程目标体系是应该遵循下列原则：

（1）社会要求与学生个体需要相统一

社会与个体是相互依存、不可分割、相互制约的，两者之间相互"贡献"和"索取"。因此，应该最大限度地使社会发展需要跟个体发展需要统一起来。这是制订课程目标时应该遵循的一个原则。

（2）学生现有水平与期望水平相统一

课程目标具有时限性，是期望学生在一定学段达到的发展目标。学生现有的发展水平是他进一步发展的基础和起点，在制订课程目标时要了解并充分地利用这个基础，同时，又要准确地估量学生的发展可能性。只有注意学生现有发展水平与期望发展水平的统一，在课程目标中从现实基础与发展潜能两方面反映学生的发展素质，才有可能使学生得到充分的、最大限度的发展。

（3）学科功能与课程功能相统一

学科的教育功能包括学科的一般教育功能和学科的特殊教育功能两方面。学科的特殊教育功能是其他学科不具备或者较弱的教育功能。它不但表现在对本领域专业人才培养的特殊功用上，还表现在对非本领域专业人才和一般社会成员的特殊培养功用上。只有注意发挥各学科在促进学生发展方面的特殊功能，学科课程才有其存在的价值，课程整体功能也才能实现。

课程整体功能是建立在所有课程都能恰当地发挥自己的功能，并且相互配合、相互补充、相互促进、相互协调的整体性之上的。片面地强调个别学科的功能，会影响课程整体的功能，妨碍学生的全面发展。因此，在制订课程目标时，要注意发挥学科特殊功能与课程整体功能的统一。

（4）以教育目的和培养目标为依据

作为下位的教育目标，课程目标必须服从和服务于上位的教育目标。《基础教育课程改革纲要（试行）》（以下简称《纲要》）规定："新课程的培养目标应体现时代要求。要使学生具有爱国主义、集体主义精神，热爱社会主义，继承和发扬中华民族的优秀传统和革命传统；具有社会主义民主法治意识，遵守国家法律和社会公德；逐步形成正确的世界观、人生观和价值观；具有社会责任感，努力为人民服务；具有初步的创新精神、实践能力、科学和人文素养以及环境意识；具有适应终身学习的基础知识、基本技能和方法；具有健壮的体魄和良好的心理素质，养成健康的审美情趣和生活方式，成为有理想、有道德、有文化、有纪律的一代新人。"这段话不但指明了基础教育的培养目标，是对教育目的的具体阐述，也是制订新课程目标体系的依据。

2. 制订课标体系的工作模式和思路

制订课程目标体系时一般从3个方面进行：

（1）根据社会需要确定课程目标。为了确定社会有哪些需要，通常有两种方法：

① 进行社会调查，向社会各方面征询意见。为了得到比较可靠的调查结果，调查对象的样本必须有很好的代表性。

② 向有关的社会学专家征求意见。目前我国熟悉学科教育社会学的专家不多，使这种方法的应用也受到限制。

（2）根据学生发展需要确定课程目标。通常也有两种方法：

① 向学生调查。当调查对象学习过有关课程并且达到"评价"水平时，其意见对目标决策有较高的价值。实际上符合这个条件的学生不会很多，使这种方法的应用有所限制。

② 向有关专家征询意见，主要是向熟悉学生情况的教师和发展心理学专家进行调查。

（3）从课程内容（或其载体）的逻辑和系统性需要确定课程目标。通常可采用向学科专家和学科教育专家征求意见的方法。

由上述 3 个方面确定的课程目标需要进行整合。

在整合课程目标时，要注意课程目标的重要性和必要性，首先选择既重要又具有关键性、迫切性，数量适宜的课程目标，并对其余目标妥善地作出计划调整和安排。

在整合课程目标时，还要注意课程目标实现的可能性。各教学内容不一定都要达到最高层次，通常应该选择所有学生经过努力都可以达到的层次要求，面向全体学生制订出基本的课程目标。

在根据有关需要确定课程目标时，可以采用需要评估模式：对有关的教育需求进行调查、评估，弄清特定的教育需求，并确定各种需求的先后顺序。

五、初中化学课标解说

1. 设计思路

《标准》从社会要求、学生发展以及课程实践等方面形成课程目标的设计思路。其具体内容主要有：

（1）从中华民族的复兴和每一个学生的发展出发，始终以教育目的和培养目标为根据，以《纲要》为指导。

（2）全面认识学生的素质，促进学生全面发展。不但注意提高学生的科学文化素质，还要注意提高学生的思想道德素质、心理素质、审美素质和行为能力。同时又有重点。

（3）从初中学生的特点出发，使社会需要跟学生发展需要统一起来，从学生现有的发展水平出发，恰当地制订学生发展的目标水平。

（4）促进学习方式的改变，注意培养学生学习的兴趣、能力和习惯。

（5）吸收、反映我国及国际科学教育和化学课程改革发展的先进经验。

（6）注意课程目标对教学评价的导向作用。

2. 课程总目标

《标准》确定的课程总目标是："义务教育阶段的化学课程以提高学生的科学素养为主旨，激发学生学习化学的兴趣，帮助学生了解科学探究的基本过程和方法，培养学生的科学探究能力，使学生获得进一步学习和发展所需要的化学基础知识和基本技能；引导学生认识化学在促进社会发展和提高人类生活质量方面的重要作用，通过化学学习培养学生的合作精神和社会责任感，提高未来公民适应现代社会生活的能力。"

它开宗明义地说明，义务教育阶段化学课程的主要目的是提高学生的科学素养。这是在教材编写和课程实施中必须牢牢记住的。

什么是科学素养？国际上普遍认为，科学素养的内涵应该包括下列 3 个主要方面：（1）对于科学知识（科学术语和科学基本观点）达到基本的了解程度；（2）对科学的方法达到基本的了解程度；（3）对科学技术对于社会和个人所产生的影响达到基本的了解程度。《标准》的课程总目标对这些方面都做了必要的规定，体现了科学精神与人文精神的统一，将学生的情感态度和价值观放到十分重要的位置。

为了实现上述课程总目标，《标准》还具体地规定，要通过义务教育阶段化学课程的学习，使学生主要在知识与技能、过程与方法、情感态度与价值观 3 个方面得到发展，并对这 3 个方面的具体目标做了规定。

3. 关于课标的领域

在综合考虑德、智、体、美维度，知、情、意、行维度以及结果过程维度的基础上，根据初中学生的特点并本着突出重点的原则，《标准》把课程目标划分为 3 个领域：（1）知识与技能；（2）过程与方法；（3）情感态度与价值观。这些领域基本上涵盖了促进学生发展个性、认识物质环境和适应社会环境 3 方面的要求，反映了学生、物质环境和社会环境的联系。

4. 关于课标的层次

《标准》对目标要求的描述有两种类型：一类是传统型目标，主要用于具有结果性的知识与技能领域，通常用可观察的行为词语描述，并根据目标要求划分为不同的水平层次；另一类是非传统型目标，主要用于过程与方法领域以及情感态度价值观领域。

（1）传统型目标

传统型目标的描述通常使用可观察的行为词语，并有不同的水平层次。例如，描述认知性目标的词语：

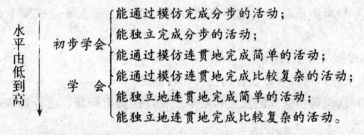

水平由低到高

(能)识别、辨认、找到；

了解、知道、记住、(能)说出；

(能)区分、判断、比较、分类、举例、列举；

(能)解释、说明、(用新方式)表示；

(能)检验、质疑、辩解；

(能)总结、概述、概括；

(用于)预测、推断、推广、设计等。

描述技能性目标的词语：

水平由低到高

初步学会

学会

能通过模仿完成分步的活动；

能独立完成分步的活动；

能通过模仿连贯地完成简单的活动；

能通过模仿连贯地完成比较复杂的活动；

能独立地连贯地完成简单的活动；

能独立地连贯地完成比较复杂的活动。

（2）非传统型目标

非传统型目标的描述多采用有关的行为词语，这些行为词语本身大多分水平层次，但行为对象（学习内容）可以有不同的复杂程度，从而形成不同水平层次的目标。

描述经历性目标多采用有关的操作性行为动词，例如：学习、观察、认识、进行、参加、尝试、调查，等等。

描述表现性目标多采用有关的心理活动或操作行为词语，例如：（有）兴趣、注意、关心、重视、认可、同意、欣赏、称赞、接受、喜欢、热爱、采纳、支持、拥护、遵守、尊重、爱护、珍惜、追求、拒绝、反对、厌恶、蔑视、抵制，等等。这类词语往往具有意愿性和两极性。

描述体验性目标多采用有关的心理活动词语，这类目标大多具有内隐性，依赖于通过外部行为推定，难于直接观察到。例如：体验、感受、意识、体会、初步形成、养成、具有、建立、树立、确立、坚持、保持、发展、增强，等等。对于形成的自我的内部体验，学习者可能自觉地意识到，也可能自发地意识到，或者处于无意识的状况。

5. 知识与技能目标

《标准》对知识与技能方面提出的目标是：

（1）认识身边一些常见物质的组成、性质及其在社会生产和生活中的应用，能用简单的化学语言予以描述；

（2）形成一些最基本的化学概念，初步认识物质的微观构成，了解化学变化的基本特征，初步认识物质的性质与用途之间的关系；

（3）了解化学与社会和技术的相互联系，并能以此分析有关的简单问题；

（4）初步形成基本的化学实验技能，能设计和完成一些简单的化学实验。

6. 过程与方法目标

《标准》对过程与方法方面提出的目标是：

（1）认识科学探究的意义和基本过程，能提出问题，进行初步的探究活动；

（2）初步学会运用观察、实验等方法获取信息，能用文字、图表和化学语言表述有关的信息，初步学会运用比较、分类、归纳、概括等方法对获取的信息进行加工；

（3）能用变化与联系的观点分析化学现象，解决一些简单的化学问题；

（4）能主动与他人进行交流和讨论，清楚地表达自己的观点，逐步形成良好的学习习惯和学习方法。

7. 情感态度与价值观目标

《标准》对情感态度与价值观方面的目标要求是：

（1）保持和增强对生活和自然界中化学现象的好奇心和探究欲，发展学习化学的兴趣；

（2）初步建立科学的物质观，增进对"世界是物质的"、"物质是变化的"等辩证唯物主义观点的认识，逐步树立崇尚科学、反对迷信的观念；

（3）感受并赞赏化学对改善个人生活和促进社会发展的积极作用，关注与化学有关的社会问题，初步形成主动参与社会决策的意识；

（4）逐步树立珍惜资源、爱护环境、合理使用化学物质的观念；

（5）发展善于合作、勤于思考、严谨求实、勇于创新和实践的科学精神；

（6）增强热爱祖国的情感，树立为民族振兴、为社会的进步学习化学的志向。

这些目标既有对待自然、物质和科学方面的情感、态度、价值观，又有对待社会和自身发展方面的情感、态度、价值观。这些目标的实现不但有利于学生达到知识与技能方面以及过程与方法方面的目标，同时也有利于他们的情感向着积极方面发展，有利于他们逐步形成正确的世界观、形成正确的人生态度，有利于他们形成良好的科学素养、形成良好的思想道德品质。

六、初中化学课标的特点

1. 基础性与发展性的统一

初中阶段是为每一个学生今后的发展和终身学习打基础的关键时期，对提高国民素质具有重要作用。因此，《标准》十分重视课程目标基础性和发展性的统一。

2. 全面性与针对性的统一

《标准》中的课程目标注重为每一个学生今后的发展和终身学习全面地、综合地打基础，又注意突出重点，力求实现综合性与针对性统一。

3. 时代性和继承性的统一

《标准》中的课程目标注意反映与化学有关的科学技术发展的新成就，以利于适应社会变化和知识更新，突出时代特点。在表现方式上注意创新，体现课程改革的新理念。同时，十分珍惜多年来化学课程改革的经验和广大化学教师的创造性实践，使其在继承中得到创新和发展。

第三节 初中化学课程的内容

《标准》的第三部分是内容标准。内容标准通过化学知识与技能、过程与方法、态度情感与价值观三个方面来体现对学生科学素养的培养，充分体现了《纲要》中对课程内容的要求：改变课程内容"难、繁、偏、旧"和过于注重书本知识的现状，加强课程内容与学生生活以及现代社会和科技发展的关系，关注学生的学习兴趣和经验，精选终身学习必备的基础知识和技能。

一、课程内容的选择依据

化学课程内容的选择必须服务于化学课程目标，以确保在化学课程实施中能够实现化学课程目标。

1. 为学生的发展服务

根据义务教育的任务和初中化学课程目标，义务教育阶段开设的化学课程的内容，必须适应社会发展对人的素质的需要，适应学生未来发展的需要，适应化学学科发展的需要；必须以学生的发展为核心，让学生掌握和形成未来发展所必备的化学基础知识、基本技能、基本能力和基本观点态度，注重对学生科学精神、人文精神、实践能力和创新意识的培养；必须有利于学生自主、创造性地学习化学，有利于学生自主、多样、持续、有创造性地发展。因此，以"为了每一个学生的发展，为了中华民族的振兴"为目标确定化学课程的内容，是制订义务教育阶段化学课程内容标准的首要原则。

服务于学生发展有以下几点重要的含义：服务于全体学生的发展而不是部分学生的发展；服务于学生人格全面的发展而不是只重其智力的片面发展；服务于学生有个性的发展而不是全体学生按同一规格的发展；服务于学生在原有基础上可持续地发展而不是仅局限在学校中的眼前发展。根据义务教育阶段的化学课程目标，义务教育阶段的化学教育要从以下几个方面关注学生的发展。

（1）帮助学生更好地适应社会生活、适应社会发展的需要，能够帮助他们有效地解决人类面临的、跟化学有关的问题，并对如何应用化学做出明智和负责任的决策；

（2）帮助学生了解科学、了解科学过程、了解科学技术和社会的相互联系，学会应用化学知识和技能来解决实际问题，提高他们的科技素养；

（3）使学生学会从组成、结构、变化等角度来认识物质乃至客观事物，帮助他们全面地、正确地认识世界，形成正确的世界观；

（4）促进中学生的智力品质和非智力品质的提高，有效地促进学生学力和人格的全面发展。

学生未来发展需要形成科学观点和科学精神。目前国际上流行的有关公众科学素养的测量标准是测量公民对科学技术术语和概念、科学的研究过程和方法、科学的社会影响的了解程度。化学是一门基础自然科学，化学科学的原理、观点和方法，不仅为化学工作者所必备，也是一般公民科学素养的组成部分。

学生未来发展需要掌握基本的科学方法。义务教育阶段通过化学课程对学生切实落实科学方法教育，首先必须在化学课程内容目标中确定哪些化学学科方法知识可以作为科学方法教育的载体，充分考虑所选择的科学方法知识能促进学生正确地探索、认识化学知识，有利于训练学生的化学基本技能、培养他们解决化学问题的能力和创新精神；能突出初中化学课程的特征，符合学生的认识水平和发展规律。

学生未来发展需要掌握化学基础知识和基本技能。初中化学基础知识和基本技能是初中化学课程的基本内容构成，是为学生的终身学习和发展打基础，为学生将来适应现代社会生活打基础所必需的，也是对学生进行能力培养和情感态度、价值观教育的必要载体。因此，义务教育阶段化学课程内容的选择必须强调学生掌握化学的基础知识和基本技能。

2. 社会发展的需要

化学科学的建立，推动了人类社会进步，化学科学的发展将会进步加快人类社会文明的进程。

从 1803 年道尔顿提出原子假说作为近代化学的起点，到现在不过 200

年的时间，化学已经发展成为一门重要的自然科学。现代化学的发展、化学向一些与国民经济和社会生活关系密切的学科的渗透和化学科学技术直接服务于社会生活的加速，使化学成为跟国计民生有着密切的关系，在改善人类生活方面最有成效的科学之一。它能满足社会多方面的需要，促进社会发展，创造巨大的经济效益。化学科学使材料设计、药物设计和物性预测等进入到更高层次。伴随着现代合成化学的发展，化学家已经设计和合成了数百万种化合物，几乎又创造了一个新的物质世界，在20世纪的最后10年内，化学合成使物质增加了1000多万种。伴随着现代化学工业和以高分子材料为代表的新兴材料科学的发展，化学在解决人们的衣食住行和社会生活问题方面发挥着巨大作用，成为无处不在的科学。化学与其他学科的相互交叉是21世纪科学发展的必然趋势，生命科学、材料科学、环境化学、绿色化学、能源化学、药物化学、计算化学、纳米化学等众多新兴的交叉领域将大大改变传统的化学科学的范畴与意义，并已经改变且将更大程度地改变社会和个人的生存、发展及生活方式。化学为社会生产生活作出的贡献，可以说是无处不在。化学以其自身发展壮大的规律，极大地推动、渗透着人类社会生活的各个方面，渗透到各个学科领域。

人类面临的21世纪，并非只有经济繁荣、生活水平提高和科学技术发达这样一些令人振奋的特征，由于人口的急剧增长，环境问题、资源问题（包括土地资源与水源）、能源问题等这样一些早已困扰人类的问题，将变得越来越严峻，探索有效的对策和出路的要求将日益迫切，同时化学在解决人类所面临的人口、能源、环境、资源等危机方面的重要性和能动性也将日益显示出来。

化学在社会可持续发展中的作用，化学对科学技术发展的贡献，化学与其他学科的相互融合和渗透，十分强烈地反映出人类社会对化学的需求，以及对于生活在这个社会中的普通公民所应具备的基本化学素养的要求。

二、课程内容的主要特点

用先进的化学科学知识来充实义务教育阶段化学课程内容，加强化学与材料、能源、环境、生命等当代人们关心的课题的渗透与融合，引导学生从日常生活中的现象、从生产生活实际入手，用以科学探究为主的多元学习方式积极主动地学习化学，从而激发学生学习化学的兴趣，使学生形成科学的观点和方法，学会用化学的基本知识和技能解决实际问题，是当前义务教育阶段化学课程内容改革的主要方向。

1. 注重学习方式的改变

科学探究是学生积极主动地认识科学知识，解决问题的重要实践活动。学生在科学探究中经历提出问题、收集证据、形成假说、设计实验、观察记录、归纳概括、交流报告等环节，从而体验科学探究的过程和方法，感受到探究的乐趣。通过科学探究，学生不仅可以获得知识，更重要的是能够学习科学方法，认识科学的本质，培养科学精神和科学价值观。

在内容标准中将科学探究作为义务教育化学课程的重要内容出现在主题一，明确提出学生发展科学探究能力的内容与培养目标。在其他各主题的"标准"栏目也提出了对科学探究的要求，在"活动与探究建议"栏目列举了为达到学习目标可采用的观察、调查、查阅和收集信息、阅读、讨论交流、实验探究等具体的学习活动。其目的就是为了转变学生的学习方式，使学生在积极主动地探索化学知识的同时，体验科学探究的过程与方法，享受科学探究的乐趣，激发学习化学的兴趣，学习科学探究的方法，初步形成科学探究的能力。

虽然科学探究包含提出问题、猜想与假设、制订计划、进行实验、收集证据、解释与结论、反思与评价、表达与交流等要素，但正如内容标准中科学探究主题所指出的那样，义务教育化学课程中的科学探究活动可以有多种形式和不同的水平层次，活动中包含的探究要素和教师指导的程度允许不同。在教材编写和教学中应科学合理地加以应用，并认真研究更能适合于学生学习方式改变的探究活动。

2. 突出与社会生活实践的联系

大量的事实表明，化学在极大程度上推进了现代社会的文明和进步，对人类解决当今面临的资源、环境和粮食危机和卫生与健康等一系列重大挑战提供可能的途径。通过学习义务教育化学课程，使学生了解化学的应用价值，初步树立 STS 的观念，建立社会可持续发展的意识，这是化学课程的重要功能。

为了使初中学生理解化学对社会发展的影响，在未来的生活中能从化学的角度去认识并解决科学、技术、社会和生活方面的问题，内容标准重视化学与生活、社会和技术联系，在除科学探究以外的 68 条内容标准中，有 35 条标准与生产生活和社会实际有关；在 66 个活动与探究建议中，有 30 个探究或活动来源于生产生活和社会实际（见表 1—5）

表 1—5　与社会实际相联系的部分活动建议

学习单元	探究建议
学习地球周围的空气	1. 辩论：空气中的二氧化碳会越来越多吗？氧气会耗尽吗
水与常见溶液	2. 了解或实地调查饮用水源的质量和水净化处理的方法
金属与金属矿物	3. 交流有关日常生活中使用金属材料的信息，或利用互联网或其他途径收集有关新型合金的成分、特性和用途的资料 4. 调查当地金属矿物的开采和金属利用情况，提出有关的建议 5. 参观炼铁厂或观看工业炼铁的录像 6. 收集有关钢铁锈蚀造成经济损失的资料，讨论防止锈蚀的原因 7. 调查家庭金属垃圾的种类，分析回收利用的价值和可能
生活中常见的化合物	8. 调查或收集有关酸雨对生态环境和建筑物危害的资料
化学物质的多样性	9. 讨论：温度计里的水银能否用水或酒精来替代
微粒构成物质	10. 通过实验比较空气和水压缩时的体积变化情况
认识化学元素	11. 查找常见食品的元素组成，并列表说明 12. 查阅资料，了解地壳中含量较大的几种元素及其存在 13. 收集有关人体新陈代谢必需的微量元素的资料

学习单元	探究建议
物质组成的表示	14. 根据某种氮肥包装袋或产品说明书标示的含氮量推算它的纯度
化学与能源和资源的利用	15. 讨论：在氢气、甲烷（天然气、沼气）、煤气、酒精、汽油和柴油中，你认为哪一种燃料最理想 16. 调查当地燃料的来源和使用的情况，提出合理使用燃料的建议 17. 讨论工业上蒸馏法淡化海水的可行性
常见的化学合成材料	18. 写调查报告："我家里的合成材料制品" 19. 查阅并交流有关复合材料和合成材料应用的资料 20. 调查"白色污染"形成的原因，提出消除这类污染的建议
化学物质与健康	21. 收集有关微量元素、维生素与人体健康关系的资料并了解人如何摄取这些物质 22. 收集化学物质引起毒害（如吸入有害气体、误食有毒物质、家庭装修材料释放物的污染等）的资料，提出防止这些危害的建议 23. 观察实验或看录像：一氧化碳、尼古丁等对动物的危害 24. 观看防毒、禁毒展览或影像资料 25. 辩论：化学制品对人类的健康有益还是有害
保护好我们的环境	26. 参观本地的"三废"处理设施（或观看有关的影像资料），组织讨论 27. 辩论：使用农药、化肥对人类是利多还是弊多 28. 从报刊、电视或其他媒体上收集一段时间以来当地空气质量周（日）报或相关信息，分析这一时段空气质量变化的原因 29. 设计实验，探究农药、化学肥料对农作物或水生生物生长的影响 30. 从环保部门（或环保网站）了解当地环境污染情况，参与有关的环境监测活动，提出治理的初步建议

内容标准突出化学与社会生活相联系，"使学生初步了解化学对人类文明发展的巨大贡献，认识化学在实现人与自然和谐共处、促进人类和社会可持续发展中的地位和作用，相信化学为实现人类更加美好的未来将继续发挥它的重大作用"的课程理念得到了进一步的体现。

3. 体现义务教育的基础性

《标准》在说明义务教育阶段的化学课程性质时指出：义务教育阶段的化学课程应该体现启蒙性、基础性。一方面提供给学生未来发展所需要的最基础的化学知识和技能，培养学生运用化学知识和科学方法分析和解决简单问题的能力；另一方面使学生从化学角度逐步认识自然与环境的关系，分析有关的社会现象。

义务教育阶段帮助学生打好基础是十分重要的。但是这里所说的基础是未来学生发展的基础，而不只是书本知识。内容标准充分体现了 21 世纪义务教育的基础性，指出了对学生掌握和形成化学基础知识、基本技能、基本能力和基本观念与态度的具体目标。

4. 用实验来加强学生的探究能力

"以实验为基础"是化学学科的基本特征。即使在由经验化学向理论化学发展的今天，化学实验仍然是化学学科发展的最现实、最生动、最有效的物质载体。义务教育化学课程中的化学实验，虽然绝大多数是对物质组成、结构、性能及其变化规律的再认识，但从本质上看，这一过程与科学家进行的科学研究中的化学实验是一致的。化学实验能够形象、生动、直观地产生化学问题，化学实验能对学生在科学探究中提出的猜想或假设进行验证；学生通过实验研究和认识物质，掌握化学基础知识和基本技能，初步学会化学研究的实验方法；在实验过程中学生积极地动脑动手，体验科学家科学探究的过程和方法，获得科学探究的乐趣和成功的喜悦。

在"标准"和"活动与探究建议"中共提出了 41 个实验或实验系列。其中 80％以上的实验要求学生亲自动手完成，50％以上的实验是作为科学探究的方式呈现的。希望学生通过义务教育化学课程中的实验内容的学习，不仅能激发起学习化学的兴趣、掌握实验的基本技能，更能够逐步改变初中学生被动学习化学的倾向，初步形成科学探究的能力。

表 1—6　课程标准中的化学实验

实　验　内　容	学　　生探究实验		学生观察实验
	课堂实验	课外实验	
1. 实验探究空气中氧气的体积分数	√		
2. 实验制取氧气和二氧化碳	√		
3. 实验探究氧气和二氧化碳的性质	√		
4. 小组协作设计并完成实验：探究空气中二氧化碳相对含量的变化		√	
5. 根据实验现象推断水的组成			√
6. 试验活性炭和明矾的净水作用	√		
7. 了解吸附、沉淀、过滤、蒸馏等净化水的常用方法			
8. 观察在水中加入少量盐后凝固点和沸点的变化	√		
9. 配制一定溶质质量分数的溶液	√		
10. 探究氯化钠、硝酸铵、氢氧化钠三种物质在水中溶解时的温度变化	√		
11. 用简单方法将衣料上沾有的油污等洗去		√	
12. 配制某种无土栽培所需的无机盐营养液	√	√	
13. 实验探究金属的物理性质	√		
14. 用实验方法将氧化铁中的铁还原出来	√		
15. 设计实验探究铁制品锈蚀的条件	√		
16. 试验某植物花朵汁液在酸性和碱性溶液中的颜色变化		√	
17. 使用 pH 试纸测定唾液、食醋、果汁、肥皂水、雨水和土壤溶液等的酸碱性		√	
18. 自制汽水		√	
19. 当地农村常用化肥的鉴别			
20. 实验探究酸碱的主要性质	√		

续表

实 验 内 容	学 生 探究实验		学生 观察 实验
	课堂 实验	课外 实验	
21. 加热碘固体，观察发生的现象			√
22. 分离氯化钠固体与铁粉组成的混合物		√	
23. 比较空气和水压缩时的体积变化情况	√		
24. 观察浓氨水和浓盐酸靠近时的"空中生烟"现象			√
25. 观察一组化学变化，讨论并归纳化学变化的一些特征			√
26. 设计实验推断孔雀石（或碱式碳酸铜）分解的产物	√		
27. 观察硫酸铜溶液（或二氧化锰）对过氧化氢分解反应快慢 的影响			√
28. 观察铜锌原电池			√
29. 用实验证明：铁粉和硫粉混合加热生成了新的物质	√		
30. 观察并记录实验现象：氯化铜溶液用石墨电极通电分解			√
31. 观察并记录实验现象：在加热条件下氢气与氧化铜反应			√
32. 通过实验探究酸溶液、盐溶液分别跟金属发生置换反应的 规律	√		
33. 小组协作完成当地土壤酸碱性测定的实验，提出土壤改良 的建议或适宜的种植方案		√	
34. 实验探究化学变化中的质量关系	√		
35. 观察某些燃料完全燃烧和不完全燃烧的现象			√
36. 燃烧条件的实验探究	√		
37. 比较原油常见馏分的某些物理性质及其燃烧的情况	√		
38. 分组收集池塘中的沼气，试验沼气的可燃性		√	
39. 用简单的实验方法区分棉纤维、羊毛纤维和合成纤维（如 腈纶）织成的布料		√	
40. 设计实验探究农药、化肥对农作物或水生生物生长的影响		√	
41. 从环保部门（或环保网站）了解当地的环境污染情况，参 与有关的环境监测活动		√	

三、课程内容目标的表述

1992 年，在美国举行的亚太经济合作组织成员国（地区）教育部长会议提出，课程标准是对我们希望学生在校期间应掌握的特定的知识、技能和态度的非常清晰明确的阐述。课程标准中的内容标准部分则是根据课程目标，结合具体的课程内容，用尽可能清晰的行为动词所阐述的目标。

1. 表述方式

《标准》中的内容标准是按"主题分级"陈述标准的。内容标准包括科学探究、身边的化学物质、物质构成的奥秘、物质的化学变化、化学与社会发展等 5 个一级主题，这 5 个一级主题又分解成 18 个二级主题。内容标准中的课程内容目标是按照"一级主题——二级主题——内容目标——活动与探究建议——学习情景素材"的程式来呈现的。

课程内容目标在《标准》中主要以二级主题下的"目标"或"标准"等字样呈现。课程内容目标表述中的所有主体都是学生。一般来说，在具体阐述课程目标内容时，至少具备行为动词、表现程度两个要素。课程内容标准所指向的表现程度是指学生通过一段时间的学习后所产生的行为变化的最低表现水准或学习水平，用以评价学习表现或学习结果所达到的程度。课程内容目标中的表现程度除了可以在所使用的行为动词上有所体现外，还可以借助于其他方式来协助阐述。如，"认识到（行为动词）合作与交流在科学探究中的重要作用（表现程度）"，"了解（行为动词）使用合成材料对人和环境的影响（表现程度）"，"知道（行为动词）某些物质（如一氧化碳、甲醛、黄曲霉素等）有损人体健康（表现程度）"。另外，在表述课程内容目标时，根据需要还会适当地附上一定的行为条件，如"能从日常现象或化学学习中（行为条件），经过启发或独立地（行为条件）发现一些有探究价值的问题"，"能在教师指导下或通过小组讨论（行为条件），根据所要探究的具体问题设计简单的化学实验方案"等。

《标准》中的课程内容目标的中心是几个要素中的"表现程度"这一要素。一般来说，表现程度既与行为动词有关，又与内容目标中的其他部分用词有关。

2. 表述中的行为动词

下画是内容标准中的几个课程内容目标："初步学会运用调查、资料查阅等方式收集解决问题所需要的证据"，"说出空气的主要成分，认识空气对人类生活的重要作用"，"了解结晶现象"，"能从组成上识别氧化物，区分纯净物和混合物、单质和化合物、有机物和无机物"，"理解水对生命活动的重大意义，认识水是宝贵的自然资源，形成保护水资源和节约用水的意识"。这 5 个目标都是动宾形式的短语。其中宾语部分都能看懂、好理解、易区别。但其中包括的"初步学会""说出""认识""了解""识别""区分""理解""形成"等 8 个行为动词，就很难将其把握和理解得恰如其分。所以说，理解课程内容目标的首要前提就是分析、比较其中各个行为动词所蕴涵的含义。

不同的课程内容对学生提出的学习目标的要求也有差别，所以说不管是在认知性学习目标还是技能性学习目标以及体验性学习目标上都有水平差异，这在行为动词的用词上能够充分地体现出来。

有关《标准》中课程内容目标表述使用到的行为动词的具体区分见表 1-7。表 1-8 和表 1-9 则给出课程内容目标中部分行为动词出现的次数。

表 1-7　课程内容目标表述中的行为动词解析

学习领域	行为动词	水平层次	举例
认知性学习	知道、记住、说出、列举、找到	了解水平	记住一些常见元素的名称和符号；能说出常见的乳化现象；知道原子是由原子核和核外电子构成的等
	认识、了解、看懂、识别、能表示	理解水平	能用化学式表示某些常见物质的组成；能看懂某些商品标签上标示的物质成分及其含量等
	理解、解释、说明、区分、判断	应用水平	能用微粒的观点解释某些常见的现象；能区分常见的金属和非金属等

续表

学习领域	行为动词	水平层次	举例
技能性学习	初步学习	模仿水平	初步学习在实验室制取氧气和二氧化碳等
	初步学会	独立操作水平	初步学会根据某些性质检验和区分一些常见的物质；初步学会稀释常见的酸碱溶液；会用酸碱指示剂和 pH 试纸检验溶液的酸碱性等
体验性学习	体验、感受	经历水平	体验到科学探究是人们获取科学知识、认识客观世界的重要途径等
	意识、体会、认识、关注、遵守	反应水平	认识到科学探究既需要观察和实验，又需要进行推理和判断；认识新材料开发与社会发展的密切关系等
	初步形成、树立、保持、发展、增强	领悟水平	初步形成正确、合理地使用化学物质的意识；初步形成"物质是变化的"观点等

表1—8 内容标准中所用行为动词的次数统计表

项目	认识	知道	了解	学习	解释	形成	说出	理解	体验	判断
次数	33	20	19	4	3	6	3	2	2	2

表1—9 内容标准中所用行为动词的次数统计表

项目	学会或初步学会	能表述	区分	列举	意识	识别	懂得	记住	看懂
次数	6	3	2	1	1	1	1	1	1

内容标准中在表述课程内容目标时，使用较多的是认识、知道、了解、学习、学会等几个行为动词。这几个行为动词在目标水平上看都不是高水平的。在各个学习领域中较低水平的行为动词使用频率较高的事实，在一定程度上也体现了义务教育阶段化学学科的基础性和启蒙性的教育特点。教师必须认真研究课程内容目标中各个目标的表述差异，有针对性地根据这些差异实施教学。

在研究课程内容目标表述中的行为动词时，要适当联系到其中所涉及的课程内容，根据其具体的课程内容来确定该目标的表现程度。不同的行为动词所代表的学习目标水平有一定的差异，同一个行为动词由于其所涉及的课程内容的不同所包含的内涵也有所区别。

另外，如体验、形成等对学习过程目标进行描述的行为动词，要注意它们的难测定性。这些课程内容目标更关注的是学生的学习过程及由于其过程学习而引发的学生的可能的内部的情感力量。教师在衡量学生是否达到这些目标时，要探究学生真实的内心世界及其可能的发展状态。

3. 为之服务的活动建议与情景素材

课程的内容标准是从学生的角度出发说明学生在持续经历一定学习过程后所应该达到的基本的目标状态的描述。在这里表述时一般不涉及教师的教学要求。但教师的教和学生的学始终是相关联的，教师的教服务于学生的学，学生的学反映了教师的教；学生的学对教师的教提出了一定的要求，教师的教影响着学生的学。内容标准中对课程内容目标的特殊表述对教师的教学提出了较高的要求，教师在教学过程中使用什么教学手段、实施怎样的教学策略都影响着学生学习目标的达成。因此，内容标准除了目标表述外，还附有活动与探究建议、本单元可供选择的学习情景素材两个栏目。

（1）活动与探究建议

"活动与探究建议"是为了使学生更好地达到内容目标而给予的教学建议，但它与课程内容目标不是一一对应的关系。例如，对"认识物质的三态及其转化"目标提供的活动与探究建议是"查找一些常见物质的熔、沸点，并按熔点高低顺序列表"，"讨论：温度计里的水银能否用水或酒精来替代"，前一个活动与探究建议在教学中的应用可以使学生通过比较、研究具体的数据理解物质的三态及其转化，后一个建议则是组织学生通过应用物质的三态的变化条件来解决问题以使其理解得更深刻些。其实在教学中如果你认为你的学生在日常生活中已经有足够的经验来理解和接受这些知识，那就不必使用这些建议，或者根据实际情况和你的设想另外选择教学手段和策略。

（2）可供选择的学习情景素材

同样，内容标准中每一个二级主题提供的一些可供选择的学习情景素材，也是为教学设计提供的一些线索。教材编写者和教师还可以选用其他的素材，创设更生动的教学情景。

值得指出的是，"内容标准"中规定的是学生学习本课程所要达到的最基本的学习要求。所谓"最基本的学习要求"是国家对学生在经过一段时间的化学课程内容的学习之后提出的一般的、共同的、统一的要求。但要注意，"基本"不是"最高"，它并不能包含每位学生的最大发展，每一个学生都可以根据自己的兴趣、智慧、能力等实际情况适当地进行拓宽或加深，教师也有责任和义务给予充分的关注、必要的指导和帮助。

第四节　化学教学设计与教学评价

一、教学设计与实施

义务教育化学的课程目标和课程内容必须通过优化的化学教学活动来实施和落实。化学教学活动是一种为达到一定的化学学习目标，专门组织起来的，旨在引起师生之间互感互动的系统活动，它具有严格的程序和周密的设计。实践证明，化学教学活动的优化，首先要从教学设计优化开始，这是教学通向最优化境界的第一步。

（一）教学设计

所谓教学设计，是指在教学之前对教学过程中的一切预先筹划、安排教学情景，以期达到教学目标的系统性设计。现代化学教学设计突出以学生为中心，重视对学生学习心理的分析和研究，依据学生化学学习的规律设计教学活动，从而最大幅度地提高学生化学学习的效率，促进学生科学素养的全面发展。

一个系统化的教学设计是由教学目标设计、达成教学目标诸要素的分析与设计、教学效果的评价所构成的有机整体（见图1—1）。其中，教学目标既是教学活动的起点，也是教学活动的归宿。确立合理、适当的教学目标是教学设计最重要的任务。而如何才能达到预期的教学目标，则要依靠对具体教学对象的分析、教学内容的组织以及选择合适的教学策略和教学媒体。教学设计的最后一个环节是设计评价手段，衡量是否达到预期的教学目标，并为教学活动的反馈调控提供详实的信息。

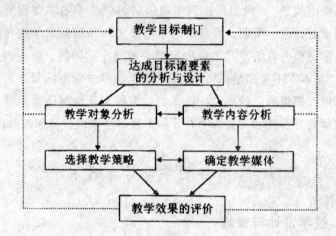

图 1—1　教学设计流程图

　　图 1—1 表明教学设计的各个环节并非单项流程，而是一个循环系统。虽然教学目标的制订是教学设计的首要环节，但它同时又受到教学对象、教学内容和教学效果评价反馈信息的制约。教学对象和教学内容的分析往往是制订具体教学目标的重要依据。教师只有根据课程标准的要求，在分析教学对象、教学内容的基础上，才能制订出合适的具体教学目标。而教学效果的评价又为下一个教学目标的制订提供反馈信息。

　　以培养学生科学素养为宗旨的化学教学设计，要求每一个环节都要紧紧围绕促进学生知识与技能、过程与方法、情感态度与价值观 3 个方面的发展来进行系统设计。下面从教学设计的 6 个环节来分析和探讨如何在教学设计中贯彻和实施《标准》所倡导的课程理念和教学建议。

　　1. 制订教学目标

　　教学目标是预期的学生学习的结果。教学是以教学目标为定向的活动，教学目标引导和制约着教学设计的方向。在教学设计开始时，教师必须明确学生学习结果的类型及其学习水平，并以清晰的语言陈述教学目标。

所谓"学习结果"就是指预期学生学习之后所发生变化的行为领域，而"学习水平"就是表明这种行为在一定的范围内所达到的程度。《标准》中将学生化学学习分为知识与技能、过程与方法、情感态度与价值观 3 个领域，并据此制订义务教育阶段的化学课程目标。对于每一领域目标达到的学习水平，则在内容标准中结合具体主题内容进行陈述。

在进行教学设计时，教师首先要认真研读课程标准，分析课程标准中对有关教材内容的目标陈述，并根据教材内容的特点和学生的学习能力，合理地确定具体课时目标应达到的学习水平，并准确地陈述教学目标。只有陈述得好的教学目标，才标志着教师对教学目标达到的深刻理解，才能充分发挥教学目标导学、导教和导测的作用。

总之，教学目标的制订一定要切合教学实际，具有可行性。要充分考虑学生的学习基础和达到目标的时间，有些内容学生难以一次达到课程标准中规定的学习水平，则可以在目标体系中多次出现，即先以较低的水平出现，然后逐渐在较高的水平再现。过高或过低的教学目标，不但起不到应有的作用，而且会影响教学过程中师生的积极性，结果事与愿违，失去了制订教学目标的意义。

2. 分析教学对象

教学目标决定了学生行为变化的最终水平。而教学的起点应该从哪里开始？事实上，不同的教学对象，教学起点不同，不同的教学内容，教学起点也不同。但总的来说，教学的起点应该从教学对象，即学习者的起始状态出发。对学习者起始状态的分析包括起点能力的诊断、个人概念的确定以及认知方式的分析等方面。

（1）学习者起点能力的诊断

学习的过程就是新旧知识相互作用的过程，是学生运用已有的知识技能不断获得新知识的过程。学生的起点能力就是指学生学习新知识技能必须具备的原有的知识技能的准备水平。

起点能力是学生学习新知识的必要条件，它在很大程度上决定着教学的成效。研究表明，起点能力与智力相比对新知识的学习起更大的作用。学生在学习新知识之前，由于遗忘或者是有关的知识不清晰、不准确，势必会给新知识的学习带来困难。为此，教师在进行教学设计时，要准确分析学生必须具备的起点能力，并通过诊断测验、作业批改和提问等方式确定学生的起点能力水平，以便能在学习新知识时，采取复习、讲授等相应的措施，确保学生具备接受新知识所必需的起点能力。

（2）学习者"生活概念"的分析

学生在正式学习科学知识之前，往往通过日常生活中的观察或实践，获得了一些经验性的知识，这些经验性的知识被称为生活概念或前科学概念。学生的生活概念有一些是正确的，与科学概念相一致；而有一些则是错误的，与科学概念不一致。

研究表明，学生已有的生活概念直接影响到学生对科学概念的理解，特别是那些错误的生活概念在学生头脑中往往是根深蒂固的，会对学生理解科学概念起到阻碍、消极的作用。这就要求教师在进行教学设计时，必须要了解学生对所学的知识已经知道了什么，特别是要找出学生头脑中存在的错误的生活概念，在此基础上，采取一定的措施，帮助学生澄清头脑中的错误概念，建立起科学的概念，即实现学生头脑中的"概念转变"。

（3）学习者认知方式的分析

所谓认知方式，也称认知风格，是指个体偏爱的加工信息方式，表现在个体对外界信息的感知、注意、思维、记忆和解决问题的方式上。不同认知方式的人对信息加工和处理的方式有差异，这种差异不同于智力上的差异，它没有优劣之分，但影响学生学习的方式。另有研究表明，学生对科学知识进行思考或反应的认知风格，即"科学认知偏好"分为事实或记忆、原理原则、发问质疑和应用四种类型。具备发问质疑型或原理原则型科学认知偏好的学生，其科学学业成就显著优于记忆型或应用型的学生。而且发问质疑型与原理原则型科学认知偏好的学生在科学过程技能、创造力、科学态度、科学兴趣、好奇心等方面均优于记忆型的学生。学生的科学认知偏好表现会因教师的教学风格及教学策略、教学目标、学习内容的类型等因素而有所差异，它可以通过教学来加以培养。因此，了解学生的认知方式对于教学设计具有重要的意义。

3. 分析教材内容

教材是依据课程标准编写的，是课程标准具体化的产物，是教师教和学生学的直接依据。在进行教学设计时，教师必须认真分析和研究教材，深刻理解和掌握教材的内容和要求。

对教材内容的分析，应在明确《标准》对有关教材内容目标要求的前提下，重点从以下几个方面着手：

（1）分析知识类型

首先要分析将要学习的教材内容属于哪一种知识类型，是基本概念、基本理论、元素化合物知识，还是化学用语、化学计算、化学实验。不同类型的教学内容具有不同的特点，要求采用不同的教学策略和教学方法。《标准》明确提出："化学概念的教学不要过分强调定义的严密性，要注意概念形成的阶段性、发展性和学生的可接受性。"而对元素化合物知识的教学，要突出实验教学，加强对典型反应和现象的感知，注重联系社会生活实际，使学生逐步掌握元素化合物知识的内在联系，形成一定的知识网络，而不是孤立地死记硬背有关物质性质的知识。

（2）分析相互联系

首先，要分析和研究所学的教材内容与前后教材内容之间的相互联系，明确所学内容在整个教材体系中的地位和作用，以准确把握所学内容的深广度。

其次，要分析和研究所学教材内容与其他学科内容间的联系，加强化学与物理学、生物学以及地理学的联系，体现学科间的综合；要重视分析化学知识与社会生活实际以及工农业生产的联系，体现科学、技术与社会的密切联系，引导学生从多个角度分析和解决实际问题，获得尽可能全面的认识。《标准》明确提出："要设计一些开放性的学习主题，……有意识地引导学生从多个角度对有关的问题做出价值判断。""对于与学生生活实际紧密联系的物质及其变化现象，要注意在教学中寻找新的视角和切入点，使学生形成新的认识。"

（3）分析重点和难点

能否准确分析和把握教材内容的重点、难点和关键点，是决定教学成效的关键。所谓重点是教材中最重要、最基本的中心内容，是知识网络中的联结点，是教师设计教学结构的主要线索。一般来说，每本教材有重点章，每章有重点节，每节有重点内容。每节教材，不管是重点节还是非重点节，都有它的教学重点。要在对教材内容进行深入分析、统观全局的基础上，确定教学重点，并紧紧围绕重点内容设计教学，通过各个教学环节并运用各种教学手段，突出教学重点。

所谓难点，是指学生感到难以理解或接受的内容。这些内容，或是由于知识本身抽象、复杂而难以理解，或是由于学生缺少必要的知识准备而难以接受。在分析教材内容时，要根据具体内容的特点和学生的知识基础来确定教学难点。要注意，重点不一定是难点，难点也不一定是重点，有时两者是统一的。另外，任何一节教材内容都有其重点，但却不一定有难点。

（4）挖掘教材知识的价值

所谓知识的价值，简单地说就是指知识对个体发展的有用性。任何知识都具有多重价值，因为任何知识的获得都不是一个孤立的过程，它是科学家运用一定的科学研究方法，经历艰难、曲折的探索过程而获得的，这个过程倾注了科学家的智慧，体现了科学家的思想和观点。例如，质量守恒定律就是化学家运用定量的方法对化学变化进行研究而发现的。因此，对于具体的化学知识而言，除了其所具有的有助于学习者解决实际问题的应用价值外，它还隐含着有利于学生对科学方法的掌握和科学能力发展的智力价值，以及有利于学生情感态度及价值观念形成的情意价值。

在教学设计中，对知识价值的分析和挖掘反映了教师把知识作为目的还是手段的价值取向。如果把获取知识作为教学的主要目的，那就是把知识的价值定位在知识的积累和简单应用上；如果是把知识作为一种载体或媒介，使学生通过知识的学习，在能力、态度、情感等方面得到全面的发展和提升，则必须深入分析和挖掘知识的智力价值和情意价值。《标准》明确提出："教师要深入研究教材，提炼教学内容中的某些方法要素，并在教学设计中予以渗透，让学生在探究活动中体验科学方法的运用，如对化学现象进行分类、提出有关的假设、设计实验和控制实验条件进行探究等。"这样的教学活动，使学生学习化学知识的过程不再是一个单纯地接受现成知识结论的过程，而是学生进行科学探究、学会科学方法和形成科学价值观的过程，从而达到全面提高学生科学素养的目的。

4. 科学探究的教学策略

通过制订教学目标和分析教学内容，我们明确了"教什么"的问题，接下来要考虑的将是"如何教"才能有效地实现教学目标，这就涉及教学策略的设计。我们这里所说的教学策略是指教师采取的为有效达到教学目标的一切活动，包括教学事件先后顺序的安排、教学方法的选择和师生相互作用的设计等。教学策略设计以科学的学习理论为依据，既要符合教学目标、教学内容的要求，适合教学对象的特点，又要考虑学校教学条件的可能性。

本次课程改革以科学探究为突破口，倡导以科学探究为主的多样化的学习方式。为此，在设计和选择教学策略时，必须要重视和加强探究活动，让学生亲身经历丰富的探究活动。

(1) 科学探究学习的特点

科学探究是一种多侧面、多形式的活动，但无论何种形式，关键是要体现科学探究的思想和基本特征。建立在科学探究基础上的探究性学习具有以下特点：

① 以问题为中心。科学探究是从问题开始的，发现和提出问题是探究性学习的开端。在教学中，针对学生的实际经验，从学生熟悉的身边现象入手，提出对学生有意义的问题能够引发学生的探究活动，没有问题，就不可能有探究。因此，教师在教学中要善于创设问题情境，通过实验、观察、阅读教材等途径引导学生发现和提出问题，以问题为中心组织教学，将新知识置于问题情境当中，使获得新知识的过程成为学生主动提出问题、分析问题和解决问题的过程。

要由教师提出问题逐步转向学生主动发现和提出问题，培养学生的问题意识。调查表明，学生课堂上不愿主动提出问题的原因，一是缺少心理安全（害怕），二是缺少心理自由（没有机会）。因此，要培养学生的问题意识，就必须创设一种民主、开放、灵活的教学氛围，要给予学生自主探究、独立思考的时间和空间。

以问题为中心，围绕科学的并能激发学生思维的问题展开学习，是科学探究学习的最重要的特征。

② 强调自主参与。探究是一个多侧面的活动，需要做观察；需要提问题；需要查阅书刊及其他信息源以便弄清什么情况已经是为人所知的东西；需要设计调研方案；需要根据实验证据来检验已经为人所知的东西；需要运用各种手段来搜集、分析和解释数据；需要提出答案、解释和预测；需要把结果告知于人。探究需要明确假设，需要运用判断思维和逻辑思维，需要考虑可能的其他解释。上述活动没有学生积极主动的参与是不可能完成的。

在探究活动中，必须重视激发和培养学生探究的兴趣，使学生积极主动地参与到探究活动中，并对探究活动进行深刻的思考。没有学生的自主参与，没有学生主体意识的充分发挥，就不可能有真正的探究学习。

③ 重视合作交流。每个人的学习方式都是其独特个性的表现。在探究活动中，每个学习者都是以自己的方式，基于已有的知识经验来建构对于客观事物的理解。由于每个学生的知识背景不同，思考问题的方式也可能不同，他们对同一个问题的认识角度和认识水平就存在着差异，不同的人可能看到的是事物的不同方面。而通过学习者群体的合作交流可以扩展学生的视野，使个体的理解和认识更加丰富和全面，在共享集体思维成果的基础上达到对当前所学知识的正确理解。

④ 重视收集实证资料。实证是科学与其他知识的重要区别。科学家根据感觉器官或借助仪器，来收集有关的实证资料，并据此做出各种推断。在科学探究学习中，学生也要根据实证资料做出对科学现象的解释。在探究学习中，学生获得实证资料的途径主要有以下几种：一是观察具体事物，描述他们的特征；二是测量物质的特性，并做好记录；三是实验室中实验、观察和测量，包括在控制条件下的化学反应、物理变化等，记录有关的现象；四是从教师、教材、网络或其他途径获得实证资料。

重视通过实践活动获得实证资料是探究性学习与接受式学习的重要区别。

（2）实施科学探究学习的条件

科学探究作为一种重要的学习方式，对发展学生的科学素养有着不可替代的作用。但是科学探究学习的实施，在实际操作中有很多困难，需要认真分析其影响因素，做出适当处理，方可有利于科学探究学习的进行。

① 学生的思维能力。关于科学探究学习进行的难度，不是绝对的，而是相对的。研究表明，思维能力强的学生，对探究性学习很感兴趣，他们不愿意呆板地听教师的传授，喜欢在未知的情景中探索，寻求发现新途径、新关系、新知识，并运用知识解决问题。而思维能力弱的学生，则将探究性学习视为畏途，感到困难，他们宁愿教师传授知识，自己努力接受。如果要他们进行探究学习，往往敷衍了事，浪费时间与精力，很难得出结果。

② 学生已有的知识经验。学生已有的知识经验影响学生的探究活动，特别是在观察实验、猜想与假设、解释与结论等环节中。学生已有的概念框架引导着学生的观察，在实验中，学生往往倾向于只"观察"那些符合自己观点的某些现象，而忽视那些相反的证据。学生进行猜想和假设，实质上就是运用已有的知识对观察到的事实做出解释。因此，学生是否具有探究活动所必需的知识，这些知识在学生头脑中是否正确，都直接影响到学生科学探究活动的进行。

③ 教材内容的难度。教材内容的难度要符合学生的思维能力，这是最基本的条件。另外，教材内容要富有新意，要尽可能与学生的生活实际相联系，以激发学生探究的兴趣。对具有一定难度的教材内容，教师应对教材内容进行加工处理，平坡削枝，适当降低难度，以促进学生的自主探究。

④ 教师恰当的指导。让学生进行科学探究学，不是不要教师的指导，而是教师如何指导。学生在探究学习中，所需要的不是教师指导细节，而是教师指引方向。教师不是直接命令学生应去如何如何做，而是引导学生去想。教师应成为学生探究活动的组织者、合作者和促进者。教师在探究

学习开始可以给学生更多的引导和帮助，而随着学习的进行，教师要逐渐让学生更多的去管理自己的学习，负责自己的探索活动。教师的指导越少，探究的开放程度越大。

根据探究要素的多少及探究开放程度的大小，科学探究可以分为部分的探究和完全的探究。学生不可能一开始就能独立从事探究学习，而是需要教师的大量指导，它的开展需要一个由"扶"到"放"的过程。探究性学习和接受性学习二者不是对立的，而是辩证发展的。当前要尽可能从接受学习中挖掘探究的因素，尽量利用传统的讲授、提问、讨论、实验等方法引导学生探究，以便为开展完全的科学探究学习做好准备。

⑤ 实验室场所。化学实验是进行科学探究的重要方式，学生具备基本的化学实验技能是学习化学和进行探究活动的基础和保证。《标准》对实验的教学功能做出了明确的规定。化学实验不再仅仅是学生验证化学知识、训练操作技能的手段，而是作为一种科学方法，使学生参与到科学探究活动中去。《标准》明确提出："化学实验是进行科学探究的主要方式，它的功能是其他教学手段无法替代的。"因此，如何发掘化学实验在创设问题情境、启迪学生思维、训练学生科学方法以及培养学生良好品德和个性方面的作用，是影响科学探究学习的重要因素。而学校是否具备良好的实验室场所和实验条件也是探究性学习能否开展的重要保证。

（3）科学探究的教学模式

现代教学模式的构建重视对学生学习心理的研究，强调教学只是为学习创造必要的外部条件，以帮助学习者更有效地学习。学习心理学研究表明人的学习是一个动态的、互动的过程。学生带着他们当前的想法、态度和能力来到学习活动中，通过与环境、教师和其他同学的有意义的相互作用，使自己最初的观点、态度和能力得到重新组织、重新定义或者替换。以促进学生探究学习为核心的教学模式的构建，要遵循学生学习的基本规律，将科学探究的基本特征和要素融入一系列的学习活动中，这些活动对学生现有的概念提出挑战，并为认知的发生或认知结构的重构提供机会与时间。

组织和实施科学探究学习的教学模式可以有多种，以促进学生探究学习为核心的教学模式的设计必须同时考虑到学生认知发生的方式和为学生提供参与科学探究的机会两个层面，并努力使之融会贯通。

教学模式的构建为教师有效地设计教学活动提供了帮助但要注意的是，教学模式不是固定的、一成不变的，它只是为教师设计教学策略提供宏观上的理论指导和可参考的框架，课堂教学中实际的探究活动则应根据特定的学习者、具体的教学目标和学习环境的不同需要做出适当的调整。

5. 教学媒体的选择

由于现代教学媒体在促进学生学习方面的特殊功能，因此对现代教学媒体的选择运用已成为系统化教学设计过程中不可缺少的组成部分。但任何一种教学媒体都只对某一种教学情境具有特定功能，不存在能对所有学习目标和学习者发生最佳作用的教学媒体，因此教学媒体的选择必须慎重。一些研究已指出，使用不当的媒体辅助教学，其结果往往比不用媒体辅助教学更糟。影响教学媒体选择的因素可概括为以下几个方面：

① 教学任务因素：包括教学目标、教学内容等因素；

② 学习者因素：包括学习者的认知结构、思维特点、学习经验等因素；

③ 教学管理因素：包括教学规模、学生安排、教学组织等因素；

④ 媒体使用因素：包括媒体的软硬件设备、媒体的功能、操作等因素；

⑤ 经济因素：必须考虑经济实用性。

在这5个方面的因素中，教学任务和学习者这两个因素最为重要，其中教学任务因素通常被认为必须首先给予考虑，因为它们与教学活动有着更为直接、更为密切的关系。当然，教学媒体在管理、使用、经济诸方面是否可行，也要予以重视和考虑。

需要明确的是，现代教学媒体的运用必须与新的教学观念相结合，不能仅是手段的变化和内容上的增多。教学媒体的选择和运用，也必须紧密结合具体教学内容和学生的特点，服从课堂教学的整体安排，以充分发挥现代教学媒体在促进学生主动学习方面的教学功能。不能为追求时尚而盲目地使用教学媒体，因为它毕竟只是传递信息的手段和工具。特别是在化学实验教学中，虽然"用计算机模拟一些复杂的化学实验，有助于学生理解知识。但模拟实验无法全面体现化学实验的作用，不能以此取代化学实验"。在教学中，要从实际出发，合理选择和运用教学媒体，优化知识信息的传输、交换和储存，从而提高学生的学习效率。

6. 设计教学评价

教学评价对提高教和学的效果具有明显的促进作用，它是教学过程中不可缺少的基本环节。在进行教学设计时，教师要根据实际的需要设计不同的教学评价方案，对学生的学习行为进行多层次、多角度、多方面的评价。教学评价是依据教学目标和测量结果，对学生的行为变化给予价值判断的过程。测量与评价应贯穿于教学过程的始终。从教学活动开始到结束，教师需要做出各种决定，因而，在教学过程的不同阶段，就有不同的教学评价。多年来我们习惯于对学生的学习结果进行评价，更多地采用书面测验的方式考核学生的能力，从学生发展的特点来看存在着明显的弊端。本次课程改革强调对学生在学习过程中表现出的知识、能力、方法、态度和价值观等多方面的变化作出评价，在教学设计时必须根据学生的实际情况制订计划。

（二）教学实施

优化的教学设计必须通过优化的课堂教学实施策略才能充分发挥其效能。当前在课堂教学中存在的突出问题是许多教师把教学过程变成了僵硬地、教条地执行教学设计方案的过程，教学最理想的进程是完成教学设计方案，教师期望的是学生按教案设想作出回答，教师的任务就是引导学生得出预定的答案。学生在课堂上实际扮演着配合教师完成教案的角色，这样的课堂教学，完全忽视了学生在学习过程中的实际反应，忽视了学生学习主体性的发挥，它使课堂教学变得机械、沉闷和程式化，缺乏生气与乐趣，缺乏对智慧的挑战和对好奇心的刺激，必然会影响教学目的的有效实现和学生的全面发展。

关注人的全面发展，以提高学生科学素养为目的的化学教学，必须要改变课堂教学只关注教案的片面观念，树立课堂教学应成为师生共同参与、相互作用、创造性地实现教学目标过程的新观念。在具体实施化学教学活动时，教师应特别注意以下教学策略。

1. 提高学生的学习动机

学生的学习活动总是由一定的学习动机所引起和支配的，学习动机是直接推动学生进行学习活动的一种动力，它对学习活动起着定向、引导、维持、调节和强化的作用。在课堂教学活动中，激发和维持学生的学习动机应始终处于核心的地位。

2. 加强学生对知识的理解

学生对知识的理解总是以已有的知识经验为基础的。我们知道，学生在学习正式的科学概念之前，往往在头脑中已经具备了一定的"生活概念"，这些生活概念有一些是正确的，而有一些则是错误的。要促进学生对科学概念的正确理解，就必须转变学生头脑中错误的生活概念，即实现学生头脑中的"概念转变"。

所谓概念转变是指个体原有的某种知识经验由于受到与此不一致的新经验的影响而发生的重大改变。概念转变的过程就是认知冲突的引发及其解决的过程，它是新旧经验相互作用的集中体现，是新经验对已有经验的改造。人的头脑中对于同一概念的理解可以包含相反的成分：科学的概念模型和错误的概念模型。在遇到实际问题时，由于问题情景不同，错误的概念有时就会被激活起来，从而妨碍对新知识的理解和应用。

要转变学生头脑中的错误概念是不容易的，它不是一个简单的知识替换，而是必须建立在对错误概念的批判和改造上。

因此，概念转变的教学要求教师首先要弄清楚学生已有的科学概念，并提供具体的、具有说服力的科学事实，使学生认识到自己原有概念的不足，产生认知上的冲突；然后要引导学生对实际中的问题进行讨论，通过学生之间、师生之间的相互交流和讨论，使学生从不同的角度改进自己的经验和认识，转变自己不正确的观点，实现对科学概念的全面、准确的理解。

3. 创设"问题情境"

学生的学习过程就是一个不断地发现问题、分析问题、解决问题和再去认识更高层次问题的过程。"问题"对于学习过程来说，有着至关重要的引导作用。以问题为中心，围绕科学的并能激发学生思维的问题展开学习，也是科学探究学习最重要的特征。在课堂教学中努力创设恰当的问题情境，通过问题启发学生积极的思维活动，以问题为主线来组织和调控课堂教学，就能充分调动学生学习的主体性，促进学生科学探究活动的开展和探究能力的培养。

因此，问题情境的创设，必须基于对学生已有知识经验和教材内容的全面、科学的分析。要深入分析和挖掘教材内容中所蕴涵的知识的能力价值和情感价值。一般说，那些能建立广泛联系、迁移性强、活化率高的知识点，那些在知识的发现和发展过程中体现出来的科学思想、方法、学习策略和分析解决问题的思路，以及那些在生产、生活实际中具有广泛应用的知识，对学生能力的发展和情感的培养具有较高的价值。在教学中可针对这些内容设计有关的实验、模型、图表、习题、文字材料等，创设一种情境，使学生原有的知识与需掌握的新知识之间发生强烈的认知冲突，从而激发学生积极思维的动机和探索问题的欲望。教师还可以充分利用《标准》所提供的学习情境素材，来创设问题情境。

教师应根据所创设的情境，尽可能设计一组有层次、有梯度的问题，考虑好问题的衔接和过渡，用组合、铺垫或设台阶等方法来提高问题的整体效益。用问题组引导学生进行深入地思考，从而深刻理解有关知识，形成系统的知识结构。在教学中还要根据创设的情境，积极鼓励学生自己去发现问题，提出问题，培养学生的问题意识，这是激发学生创造性思维的最好途径，也是学生主体性的最充分发挥。

二、教学评价

新的义务教育化学课程需要新的评价体系，这是广大教师共同的心声。新的义务教育化学课程所倡导的是公民科学素养的形成，而不是少数精英人才的培养；是增进学生对物质及其变化、科学问题及其科学过程的认识和理解，而不只是对概念定义、名称术语的记忆背诵；是提高科学探究的能力，而不是在纸上演算习题的技能；是培养热爱科学的情感、关心社会的责任感和正确的价值观，而不仅仅是强化升学的动力和需要。实现这些新的课程目标，需要新的教育教学观念、新的课程内容和教材、新的教与学的方式和手段，而所有这些都需要与之相适应和相配合的管理与评价的新体系。

（一）现状及其问题

1. 评价的三个阶段

教学的评价问题近 30 年来受到国内化学教育界越来越多的关注，从 20 世纪 80 年代中期起，随着基础教育课程和教学趋于规范，中考和高考要求提高测验的信度和效度，出现了对考试和测验客观化、定量化的研究。美国布卢姆等人的教育目标分类理论传入我国后，对国内化学教与学的评价理念和评价方法产生了很大的影响。人们开始建立以目标为导向、以客观性试题和标准化测验为基本方法的化学教学评价体系。

进入 20 世纪 90 年代，课程和教学目标重视和提倡培养能力，开始关注学生实验能力和思维能力的评价，人们普遍认为应该在纸笔测验和考试内容上体现对思维能力和实验能力的评价，中考题和高考题的出题方式和导向发生了明显变化，同时认识到用纸笔测验考查实验能力的局限性，开发了实验技能操作考查的评价形式，制订了具体详细的实验操作基本技能的考查评价指标，在会考中加入了专项的实验操作考试，部分地区的中考也附加了实验操作考查，采用现场的活动评价方式，这是我们国家基础教育评价方法改革的一大进步。

20 世纪 90 年代后期，理科教育越来越多地关注社会生活实际以及科学、技术与社会之间的相互作用与影响，理科课程开始重视学科间的综合。这些反映到评价上的变化是考试题目的内容强调要更多地联系社会生活实际，用社会生活实际包装双基内容，同时出现了跨学科的综合考试内容和题目形式。

2. 存在的问题

化学教学的评价也受到现行的教育观念和目标、课程结构与内容、教学方式以及中考与高考制度和升学压力的强烈影响和制约，因此化学教学的评价仍然存在着较为严重的缺陷和问题。总体上说主要是评价观念陈旧落后、评价功能过于褊狭、评价手段过分单一等。这在教学实践中表现得尤为突出。具体反映在：将评价仅作为对于教师和学生进行管理的工具；过分强调评价的竞争刺激作用；将评价等同于考试和测验；将考试和测验全部集中在对知识学习水平的评价上；评价过于追求客观、标准、量化，导致评价要素的细节化；将过程性评价排除在中考、高考之外，等等。

另外，人们已经对于现行的标准化的考试测验产生了强烈的心理依赖，即使学生在其他的活动表现评价中表现较好，但是教师甚至学生本人都仍然不相信自己的能力和表现，认为只有在纸笔测验中获得好的成绩才算有真本事。纸笔考试成绩已经作为一名学生评"三好"、分班、从家长处获得奖励、赢得同学尊敬等等的不是唯一也几近唯一的根据和标准。无论是教育行政管理人员还是教师对于学生的学业成就的评价几乎就只剩下纸笔测验以及围绕着测验成绩的对学生的评判。

总之，化学教学评价正在经历着从知识取向→双基取向→能力取向→实际应用取向→科学素养的多元取向的转变，以及从单纯基于考试和测验的评价向基于多样化的评估手段的转变。但是这个转变过程非常艰难和缓慢，还远未完成。

（二）改革的重点和方向

评价的基本功能是诊断与甄别、促进与发展、调整与管理，但核心是依据并服务于标准和目标，评价与目标具有很强的对应性对化学教与学评价进行改革的基本依据是新课程目标体系。因此，要明确评价改革的重点和方向，就必须研究新的化学课程目标。

1. 新课程对学习评价的导向

新的义务教育化学课程目标对评价提出了新的要求，其中首要的是将促进学生科学素养的全面发展作为化学教学评价的根本宗旨。由此决定了新的评价将不再仅仅评价学生对化学知识的掌握情况，会更加重视对学生科学探究的意识和能力、情感、态度、价值观等方面的评价。而且，即使是评价学生对化学知识的掌握情况，也更加关注学生对化学现象和有关科学问题的理解与认识的发展，而不再纠缠对概念名词术语和具体细节性事实的记忆背诵，更加重视学生应用所学的化学知识分析和解决实际问题的能力的考查和评价。新的化学课程对评价提出了新的要求，它既包括评价在价值取向、目的标准、功能任务上的重要转变，也包括评价手段和方式上的发展变化。主要表现为：

◆ 由唯认知性评价转向对科学素养的评价；

◆ 由以甄别与选拔为主要目的转向以激励和促进学生发展为根本宗旨的评价；

◆ 由要素性评价转向综合的整体性评价；

◆ 由静态结果性评价转向活动过程与活动结果评价相结合的评价；

◆ 由只针对个体的评价转向对个体与小组评价相结合的评价；

◆ 由追求客观性和唯一标准答案的评价转向重视个体的认识和理解的相对性评价。

2. 新课程对教学的要求和评价策略

教师教学评价改革中最重要的问题是，对教师教学工作进行评价的重点、内容和标准的制订必须有利于教学观念和教学方式的转变，这样才可能保证学生学习方式的转变，从而落实课程标准的目标和要求。

对教师教学工作进行评价的基本要求是：以课程改革指导纲要和新的课程标准为基准，有利于促进学生科学素养的全面发展，有利于发挥教师教学工作的主动性、积极性和创造性，有利于教师实现教学观念和教学方式的转变，有利于教师角色的积极转变，有利于良好的校园文化的建设，有利于教师反思意识和专业能力的发展。

对教师教学工作进行评价的重点和内容包括：

教师的教育教学观念。教师拥有怎样的课程观、学生观、评价观？最重要的是教师是否愿意接受新鲜事物？是否愿意并善于进行自我反思、不断地调整和发展自我？

教师的教学基本功。新课程对教师的教学基本功的要求不是降低了，而是更高了。例如，教师的语言、表达能力如何？教师的板书、书写技能如何？教师能否清楚流畅和重点突出地表达自己的观点？教师是否善于发现、概括别人的观点？教师的演示和实验技能如何？等等。

教师课堂教学的高级教学策略水平。是否善于提出驱动性问题，引发和组织讨论？是否善于处理课堂中出现的突发事件？是否善于调动全体学生积极参与、控制和减少课堂中的无关行为？等等。

对教师课堂教学的评价应该更注重上述各方面，而不是教师是否按时完成规定的教学任务；应该更加关注学生在课堂中的感受和收获多少、发展和变化有多少，而不是教师讲了多少，做了多少。

人们可以通过了解学生在课堂上主动提出问题的次数和质量如何，学生分组讨论和实验活动时是否积极、有序，课堂上所研究的问题是否有价值，问题是由学生自己提出的还是由教师提出的，是否鼓励学生自己针对问题发表自己的观点和认识，学生有无针对问题的答案提出自己的假设，课堂上所学习的内容是否与课程标准吻合相关，教学是否体现课程标准的要求等来帮助教师对课堂教学进行评价。

教师教学评价的方法的策略必须多元化和多样化，以适应不同教师不同的教学风格以及教学活动的类型多样化的需要。其中课堂教学的评价可以采用现场听课、录像观摩、教案和教师工作档案评定等方法，评价主体应有教师自评、教师同行评价、学生和学生家长评价。

（三）倡导对学业成就评价

义务教育化学新课程要求提高学生科学素养，多元化的课程目标和新的评价理念呼唤新型的评价策略和多样化的评价方法。

1. 对学生学业成就评价的设计

评价是一项系统工作，要做好对学生学业成就发展的评价工作，必须具有综合设计的意识，要全面考虑评价的目的和功能、评价的内容和目标、评价的方式和方法、评价工具、评价的时间间隔、评价的组织实施、评价的标准和指标以及评价结果的呈现、分析及反馈方式等各方面。

（1）明确评价的目的和功能。包括确定评价的目的和功能是选拔、诊断、教学、促进或是管理？被评价的主体是学生个体还是群体？实施评价的主体是学生自己还是教师或家长？

（2）设计评价的内容和目标。评价的内容和目标可以依据课程标准设定。需要明确评价的内容和项目是单项还是综合？评价的内容是学生在什么方面的发展？评价所指向的预期目标是课程总目标还是主题内容学习目标？

（3）选择评价的方式和方法。包括采用自我评价还是他人评价？使用纸笔测验还是活动行为表现评价或是档案记录评价？是采用"隐性评价"还是"显性评价"的方式？

（4）设计评价工具。根据评价的目的、内容，准备采用的评价方法，选择具体的试题、活动任务等评价工具。

（5）预期评价的组织与实施。评价活动与实施过程是在课堂内还是课堂外进行？是在教学过程中进行还是独立进行？评价实施的时间间隔是课、节、单元或章、学期、学年？

（6）设定评价的标准或指标。评价采用什么作为结果解释的标准？是常模参照、目标参照还是学生本人过去的行为表现作为参照？

（7）设计评价结果的呈现、分析解释及其反馈的方式。包括进行定性还是定量的报告？是即时还是延时进行反馈？是采用等级、分数还是描述性评语的方式呈现评价结果？

评价设计的上述各个方而，是相互制约相互影响的，需要进行系统设计。

2. 以学习档案为主的自我评价

义务教育化学课程提倡在重视教师及他人对学生学习状况进行评价的同时，更要重视学生个体的自我评价。学生自我评价可以采用建立化学学习档案的方式。学生在学习档案中收录化学学习的重要资料，包括单元知识总结、疑难问题及其解答、探究活动的设计方案与过程记录、收集的化学学习信息和资料、学习方法和策略、自我评价以及他人评价的结果。

档案袋评价始于 20 世纪 80 年代，是在教育评价改革的大背景中出现的，其思想基础与改革的思想基础是一致的。档案袋评价的主要意义，在于它们为学生提供了一个学习机会，使学生能够学会自己判断自己的进步。学生是选择档案袋内容的一个决策者甚至主要决策者，从而他们也就拥有了判断自己学习质量和进步的机会。教师要允许学生反省和自我评价。这一切都要基于一种评定观念的转变，即对学生成就的评定是对其进步的连续考查，而不是对掌握内容范围的阶段性审计。对教师而言，一个主要的变化是，要把课程与教学同评价整合起来，贯彻到日常的学习中去。这种评价被人称为"嵌入课程"的评价，意即运用当前的课程活动达到对成绩进行估价的目的。具体说来，就是学生在学校生活中进行某种范围的活动，其结果如阅读笔记、实验报告、设计方案、课后学习感受、单元学习总结等等，能够反映有关他们学习的情况，从而也就有了评价的意义。

3. 通过活动评价学生

活动表现评价是一种不同于以往传统评价方法的新型的评价方法。它是用来评估学生完成任务的过程、结果和产品的质量的体系。它将学习与活动结合起来，令学生在活动中培养综合能力和科学素养，同时对学生进行综合评价。这种评价要求学生实际完成某种任务或一系列的任务，如编故事、演讲、做实验、操作仪器、辩论、调查、实验设计、制作概念图等，从中表现出他们在理解与技能上的成就。也就是从学生在活动中的行为表现而不是选择 a、b、c、d 等答案来分析学生的掌握情况。实证评价是活动表现评价的一种，强调将理解与技能应用于真实世界情景中的真实问题。这种评价的根本特点是力求在真实的活动情景中测量出学生的行为表现。

活动表现评价是建立在对传统的纸笔测验进行批判的基础上的。作为一种新的评价方法，活动表现评价正逐步兴起和发展。它为教学评价提供了一种新的方法、一种新的思想，指导教师如何更科学、更合理地评价学生学业的进展。

例如，在"测定一段时间内本地雨水的 pH，绘制时间—pH 关系图，讨论本地区出现酸雨的情况，分析可能的原因"的活动中，学生要经历提出问题（本地区可能有酸雨）、取样和测定雨水的 pH、记录数据、处理数据、通过比较得出结论（做出是否存在酸雨的判断）、根据本地的实际分析各种可能的原因这样一个过程。考察和记录学生在这个过程中的具体表现，从学生参与探究活动的积极性、实验技能、记录和处理数据的能力、实验报告的合理性、学生交流讨论和发表见解的情况等做出综合的评价。

4. 纸笔测验要能体现学生实际应用的能力

纸笔测验是常用的评价方式，应根据课程改革的需要作出相应的改进。对认知评价而言，初中化学新课程强调的重点与以往相比有许多变化（如表 1-10 所示）

表 1-10　初中化学认知评价重点的变化

过去的认知评价重点	现在的认知评价重点
实验现象和化学反应方程式的记忆	生活现象和实验现象的说明和解释
概念定义的背记、针对定义关键字词的是非判断	利用概念分析和说明有关事实和现象
每一个知识点孤立评价，或人为进行综合	对核心的重点内容组块进行整体考查
化学计算追求形式和数学化	用反应事实、化学概念和数学方法模拟解决真实的问题
对实验操作的评价强调具体规范和细节	在实验活动中考查操作，重视操作的活动功能和目的
实验室制取气体的具体步骤和注意事项的复述和是非判断	能够自己制取气体进行简单的性质探究活动
选择题、是非判断题占绝大比例	分析题、解释题、说明题、设计题将占相当比例
题目数量很大	题目数量减少

通过具有实际背景的、综合性和开放性问题的书面考查，既了解学生掌握有关知识、技能和方法的程度，又突出了对学生解决实际问题能力的有效考核。对开放性、探究性的问题，应允许学生有较充裕的时间作答。课后完成的书面作业，可结合自我报告、小组讨论、学生互评与学生答辩相结合的方式给予评价。

在联系实际考核学生能力时，应根据内容标准控制试题的难易程度。例如，对"能进行有关化学方程式的简单计算"目标的评价，只要求学生根据化学反应方程式由一种物质的质量求算另一种物质的质量。不宜出下列三种类型的计算题对学生进行评价：①反应物不纯与原料损耗并存；②反应物之一过量；③几种反应并存。可以通过这样的试题进行测试：

通过电解水制得纯净的氢气可用于电子工业上制备高纯度硅。现电解 3.6 千克水，能制得多少千克氢气？

纸笔测验既要评价学生化学知识的掌握情况，也应重视对学生科学探究能力、情感态度与价值观等方面的评价。

具体评价手段还包括组织方法（例如个别评价、小组评价、自我或同伴评价、档案袋评价等），数据资料收集记录的方法（例如观察测查表、记录表格、轶事记录等），延时性的学生活动（例如写作任务、展示、行为表现评价、家庭作业等），小测验（例如口试、表现测试、扩展的开放式回答、简答题等）。

对学生学习评价结果可以采用定性报告与等级记分相结合的方式的呈现，可以是分数或等级，要及时反馈给学生，但不能根据分数排列名次。建议采用评语（或在写实性的记录基础上作分析性的描述）和等级结合的方式，充分肯定学生的进步和发展，帮助学生较全面地认识自己在群体中的相对水平，明确发展方向和需要克服的弱点。

第五节　化学教师的专业化发展

改革和发展是教育的永恒主题，教育的发展首先需要也必然要求教师的发展。教师的专业化发展是当前国际教师教育改革与发展的一个主流趋势。

《国务院关于基础教育改革与发展的决定》指出："建设一支高素质的教师队伍是扎实推进素质教育的关键。"高素质的教师必然是发展型、专家型的教师，并且在实施素质教育的过程中得到发展。

《纲要》提出："中小学教师继续教育应以基础教育课程改革为核心内容。"学习、研究、创造性地实施新课程的过程，就是教师专业化发展的过程。

专业化发展也是教师自身的需要，是树立教师专业形象、提升教师专业地位、开发教师自身潜能、实现教师人生价值的需要。素质教育的真正落实，新课程改革的成功进行，关键的因素是教师，是教师的参与和发展。

一、专业化发展的主要阶段

教师的教育与教学是一个终身学习与发展的过程。大体上可分为以下三个阶段。

1. 教学适应阶段。即初任教师或新教师阶段，约 3 年左右。

这个阶段的时间长短和成效大小，主要取决于学校环境与个人努力程度。新课程的实施给新教师提供了一个难得的发展机遇和舞台。新教师受传统教育教学束缚较少，易于接受新思想，因此，抓住机遇，在较高的起点上适应和发展，可以打下良好的基础。

2. 目标奋斗阶段。这是一个由适应教学发展到胜任教育教学任务阶段，一个积累更多、更全面的教育教学实践经验的阶段，一个提高教育教学能力和技艺水平的阶段，也是一个开始取得教育教学成果的阶段。这个阶段，教师特别关注学校制订的教育教学任务目标的达成，期望专业职称的晋升，争取更多的外部评价。

这是教师专业化发展的关键时期，使教师专业信心与校本地位确定的时期，也是教师形成风格和特色的奠基时期。

这一阶段时间较长，跨度较大，教师发展往往表现出明显的差异性和不平衡性。新课程使大家处于同一起跑线，正是共谋发展的好时机。

3. 自主发展阶段。也可称为自我超越或自我实现阶段。教师的发展已经走过目标关注、职称晋升、外部认可阶段，进入到形成风格、追求特色、自我超越的新阶段。

这是教师发展的一个高境界。在第二、第三阶段之间有一个较长的过渡期，只有那些不懈追求发展的教师才可能越过这个过渡期进入自我发展阶段；而且，进入这一阶段的教师的发展水平亦有较大差异。

以上 3 个阶段是一种大致的划分，是一个连续过程的几个不同的层次，并无绝对界线，提前或延后进入较高阶段的情形经常发生，而且 3 个阶段中的某些方面的发展也可能提前或延后，并非"齐步走"，高低错落亦属正常，发展水平关键在教师的自主努力程度。

二、专业化发展的主要方向

素质教育的推进和新的基础教育课程改革的深入，给教师的专业化发展提出了新的挑战，同时也提供了新的机遇。《标准》为广大的初中化学教师的专业化发展指出了努力的方向和研究的领域。

1. 由知识为中心转向以学生发展为本

从化学学科的角度说，就是从传统的化学"双基"（基础知识和基本技能）教学向以提高学生科学素养为目标的方向发展。具体而言，化学学习必须包括 3 个方面的内容：化学知识与技能、过程与方法、情感态度与价值观。

重视"双基"是我们化学教学的传统和优势，其中合理的部分应当保持，科学素养离不开基础。但是，我们必须看到，过去"双基"教学中不同程度存在着"死、偏、狭"问题，即死记硬背抠字眼、偏重于考试内容、局限于孤立的化学知识，忽视对"双基"的理解与应用，忽视实验的探究价值，忽视科学方法的指导以及化学对生活与社会作用的认识。因此，在实施《标准》时，必须重新审视基础，科学地认识基础，从理解化学、应用化学、继续学习 3 个方面来确认《标准》中规定的基础。

"重结果、轻过程；重知识、轻方法"是传统化学教学的一大弊端。《标准》为了改变这一状况，将"科学探究"作为课程的重要内容独立列出，并在其他内容中将"活动与探究建议"、"可供选择的学习情景素材"与"内容标准"匹配列出，意在规定并强化教材及教学的过程性、探索性、方法性。方法体现在过程中，这是我们在教学中必须予以高度重视并进行创造性实践的。

情感态度与价值观是科学素养的灵魂，过去的教学往往重视不够。《标准》在"体验性学习目标水平"及"内容标准"中分别进行了描述。《标准》指出：化学基础知识"是对学生进行情感态度与价值观教育的载体"。要特别注意防止两个倾向：离开化学基础的空洞说教；因袭旧法只讲知识不关注学生情感态度的变化。"过程"是培植情感态度与价值观的土壤，情感态度是在"过程"中体验并生长的，反过来又可以促进化学知识与技能的学习。

2. 由封闭走向开放

传统的化学教学往往封闭于教室，局限于书本。《标准》为初中化学教学的开放提供了广阔的内容和时空。

内容和时空的开放给初中化学教育打开了广阔的天地，符合我国基础教育改革和创新人才培养的要求。这对化学教师提出了新的挑战，教师应具备开放的心态、开放的思维和开放的眼界，能够结合学校和社区实际对化学教学进行创新实践。年轻教师要发挥知识、技能方面的优势，中老年教师要摆脱传统和经验的束缚，更多地关注和了解社会、生活、科技发展与化学的关系。

3. 由局部知识向网络知识发展

这是《标准》给我们提出的新要求，也是高素质教师必备的学术背景。《标准》"重视科学、技术与社会的相互联系"，强化"化学与日常生活的联系"，"关注学生在情感态度与价值观方面的发展"，注意与相关学科的联系及渗透，强调学生"逐步形成终身学习的意识和能力"。因此，对教师的知识结构和知识储备提出更高的发展性要求。

网络知识要求：一是知识广博，二是各类知识融会贯通。初中化学教师的网络知识结构主要包括：坚实的化学专业知识；前后贯通的科学教育内容；必备的化学应用知识与实际知识；必要的人文知识。

网络知识具有创新功能。网络知识重在匹配。网络知识是一个不断建构、不断发展的过程。网络知识必须是"一泓活水"，而不是也不可能是一次完成的"一桶水"。形成网络知识需要"杂览"。因此，教师必须终身学习，终身发展。

4. 由单向传授式向合作互动式发展

过去主要考虑的是教师如何教，现在教师应重点研究学生如何学，即落实学生学习方式的彻底转变。根据《纲要》和《标准》的精神，结合对化学教学现状的分析，化学教学方式与学习方式的转变、发展具体体现在如下方面：

◆ 由接受式向探究式转变；

◆ 由讲解式向讨论式转变；

◆ 由个体学习向合作学习转变；

◆ 由被动学习向自主学习发展；

◆ 由"齐步走"、"一刀切"向个性化方向发展。

改变教学方式和学习方式，重要的是在化学教学实践中进行研究和试验，采用典型突破、逐步推进的策略。这是当前的重点。

需要指出的是，"转变"不是"抛弃"，讲解式、接受式、个体学习今后仍然是教学方式或学习方式之一，它们与讨论式、探究式、合作式并不对立，而是相辅相成的。不能完全否定或弃之不用，它们是多样化教学方式、学习方式的不同形态，各有其特点、功用及适用范围。使用各种教学方式，都要充分调动和激发学生学习的主动性和参与性，都要将重心从"教"转到"学"，都要增强学习的研讨性、互动性。通过若干年的努力，必将形成多样化的有特色的化学教学方式和学习方式。

5. 由课程任务执行者向课程实践研究者发展

囿于我国过去的教育体制，长期以来教师的主要任务是按照统一的教材"教书"，即传递教材知识，而且必须"忠于教材"。由此形成学科教学统得过死、教得过死，教师成了"教书匠"的局面。

《纲要》明确规定："实行国家基本要求指导下的教材多样化政策"，并指出"教材改革……应有利于教师创造性地进行教学。"《标准》则更为具体化："教材在内容体系、活动方式、组织形式和考试评价等方面应留给教师较大的创造空间。"据此，我们认为，教师角色的发展方向应当是：

教书型教师→研究型教师→专家型教师→学者型教师

教师成为课程教学的研究者，不仅研究《标准》和相应的教科书，还要研究学生的知识基础与心理发展水平，研究教学设计、研究教育教学资源的利用等教学实践问题。研究才会使教师焕发教育教学的生命活力，增强教师发展的自信心。

教师的研究主要是实践性研究，随着研究的深化，逐步提升为教学实践理论。

教师角色转变还必须体现在师生关系的转变上。教师与学生是教学共同体的平等成员，教师既是学生学习活动的指导者、引导者、促进者，又是学生学习的合作者，同时还是自我发展的同行者，真正成为学生的良师益友，真正实现教学相长。

6. 由传统型向现代信息型发展

化学实验是化学科学的基础，也是化学教学的基础。同时，化学实验又是传统教学最重要的技术和手段。化学实验既是化学教学的优势，又是实际教学中的薄弱环节。《标准》指出："化学实验是进行科学探究的主要方式，它的功能是其他教学手段无法替代的。"因此，在实施《标准》过程中，必须进一步加强化学实验在化学教学中的地位，充分发挥化学实验教学的功能（获知、练技、激趣、求真、循理、育德）。这样才可能使化学教育真正有特色、有魅力。实验技能和实验教学技术的研究与熟练，是化学教师专业发展的重要基础。

为了增强化学教学的生动性、直观性，往往借助实物、模型进行教学，帮助学生认识化学物质的微观本质；对那些现象不够清晰的化学实验常常利用投影进行放大，以启迪学生的思维。显然，传统教学技术的作用不可低估。但是，新课程涉及的信息面更广，需要探究的问题更多，动态性要求更高，传统的教学技术有其缺陷。

以多媒体和网络技术为核心的现代信息技术高度发展，并广泛应用到社会生活的各个方面，由此导致教学方式、学习方式的重大变革。《标准》在"教学建议"中强调运用现代信息技术、发挥多种媒体的教学功能的重要性，是值得我们高度重视的。

现代信息技术还为教师发展提供了极其便捷和有效的手段。它是现代型、研究型教师的一项新的基本技能或基本功，是教师发展的新领域。

上述教师专业化发展的几个方面有着内在的联系，最根本的是课程改革所带来的教学理念的发展，以此带来其他方面的发展。每位教师的基础不同，发展阶段不同，发展的侧重亦应有所不同。

三、专业化发展的途径

教师专业化发展的途径或方式多种多样，归纳起来，有以下几种主要途径。

1. 教学实践及反思

这是我们教师专业化发展最基本、最主要的途径。要在化学教学实践中求得发展，最重要的是研究和反思。

研究应集中于教学中的主要环节或要素，例如：

◆ 单元或课时学习目标如何确定？为什么要这样确定？这涉及《标准》规定的课程目标、内容标准，学生的认知基础及对后续学习的系统安排；

◆ 教学情景如何设计？包括课的引入情景（问题引入、实验引入、经验引入、自然现象引入、生活与社会实例引入、高新科技引入等），实验探究情景，合作讨论情景等。

◆ 练习、作业、测验题如何编制以体现理解、探究、反馈、激励等功能？题量如何控制？……

反思主要在教学之后进行，分个人反思和集体（教研组或备课组）反思两种情形。主要找出自己或他人或所在教学集体教学的优点及不足。其形式有：

◆ 课后记。根据反馈，分析某节课的得失，追溯备课设计的成功与不足；

◆ 阶段小结和学期（年）小结。反思这一阶段或这一学期（年）教学的思路、过程、措施、方法等有哪些成绩及问题？原因何在？

◆ 专题反思。比如对备课、探究式教学、实验教学等进行专题反思。

一个高水平的教师必然是善于经常对自己教学实践进行反思的教师。同时，反思会促进教师的理性认识，向更高层次发展。

2. 专题自学与应用

主要是结合教学实践急需，进行针对性很强的专题自学。例如当前可在以下专题中进行选择：

◆ 科学素养的理论与实践；

◆ 探究性学习的理论与实践；

◆ 教学方式与学习方式的变革；

◆ 实验探究的方法与技术；

◆ 计算机操作技术与课件制作；

◆ 化学与社会、生活相关的知识。

专题自学的主要方式是阅读有关报刊、书籍，或进行实际操作与训练。上述专题较大，还可以分得更小一些。教学中值得研究的问题也可以作为专题进行讨论，如某一学科知识的深化，某一实验问题的分析，将问题纵向深入，并适当横向拓宽。

来自教学实际中的问题与专题，最具研究与发展价值，是深化教师发展的好途径。

3. 进修培训

《纲要》将"教师的培养与培训"列为专条，可见其重要性。化学教师应主动争取参加由承担培训任务的高师院校和培训机构组织的进修培训。其形式有学历培养（专升本，教育硕士班等）、研究生课程进修班、资格培训（计算机、普通话等级培训等）、短期培训或进修（如新教材培训、化学实验培训等）、专题研讨班等，教师宜根据自身需要予以选择。建议带着平时教学实践中碰到的未解的理论问题和实际问题，与专家、学员交流研讨，以求获得解决。

进修培训既要注意理论水平的提高，又特别要注意将理论运用于教学实践，在实践中发展理论，这是一线教师的优势。因此，培训的方式亟待改变。我们提倡教师"参与"，创设情景，使教师在发表观点、掌握方法、熟练应用等方面积极体验，获得直接的感受。

4. 课题研究

《标准》在"教学建议"中将"积极进行教学研究，促进化学教学改革"单列一条讨论。进行课题研究，是研究型、专家型教师的特点之一，是教师成长与发展的有效途径和实践经验总结的最佳方式。课题研究的首要环节是选题，它决定研究的价值和意义，选题主要来自于课程改革与教学实践。

选题的依据是：需要、兴趣、可能。课题题目宜小不宜大、宜实不宜虚、宜专不宜泛，做到"小题大做"、"专题深做"。

当前的课题研究宜紧紧围绕新课程改革的方向，特别是分析《标准》与《大纲》、课程标准实验教材与原教材的差异，从观念、知识、方法、技能等多方面提高自己的能力。

课题研究分立题与不立题两种形式。视题目大小，可以独立研究，也可组成课题组进行合作研究。课题可向学校、县（区、市）、省（自治区、直辖市）乃至国家申报立题，进行研究。不少课程改革实验区每年规划专项研究的课题。

课题研究须制订周密的实施计划，并在结束时写出课题研究报告，进行总结或请专家进行评审。课题的成果通常为研究报告和论文等形式。

课题研究的主要目的和主要意义在于促进教育教学的发展和教师的自我发展。新课程给我们提供了丰富的研究内容，希望广大教师抓住机遇，更好地发挥创造潜能。

5. 积极参与及研究课程

课程的实践者和受益者是广大的教师和学生，因此教师要积极主动地投入学习新课程标准，研究新教材，实施教学过程。

对待新课程、《标准》以及新教科书，不能像从前那样被动地接受与执行，而是要以新课程的合作者、研究者的角色出现。不仅学习、体验并在实践中体现新课程、《标准》、新教科书的特色与新意，而且要敢于在实践中发现问题与不足，研究提出进一步改善与发展的具体意见和方向；更重要的是自主、创造性地实施新课程，为新课程、《标准》、新教科书的进一步发展作出贡献，同时使自己的专业水平有较大的提升。

教师课程参与最重要的形式是：实践、研究、参与讨论、撰写研究文章等。

6. 专业交流合作与师生互动

教师的教学既是个体活动，又是团队活动。长期以来，教学工作存在着封闭于个体和教室的倾向。在新课程实施过程中，学会合作，增强团队合力十分必要。各位教师要善于与同学科的其他教师、不同学科的教师进行专业合作与交流，老、中、青教师也应互相取长补短，这样才能拓宽自己的专业视野，提升教学境界，从同行同业中吸取营养，丰富自己，发展自己。

师生互动既是教学方式的发展趋势，又是师生共同发展的一种动力。古语"教学相长"，正是提倡这种境界。特别是在媒体发达、信息畅通的今天，学生往往通过各种渠道获得教师尚不了解的知识、信息，教师不再是学生学习知识的唯一来源，而且教师往往能在师生互动交流中，获得新的信息和知识。学生处于渴望求知、异想天开的时期，其提出的问题和奇妙的想法，又无不给善于学习和思考的教师以启示。因此，教学相长在今天可以说是到了有实质意义和普遍价值的时代，这也是新型师生关系和新的发展观的体现。

化学教师的教学生命活力是在不断的展中体现的。让我们在新课程的实践中实现专业素养"质"的飞跃。

第二章 初中化学教学课型探究

第一节 课型概述

一、课型的概念

课的类型，简称课型。它是教学过程的基本形态，一般是根据教学任务划分出来的课堂教学的类型。课型是由"课"的教学内容、教学目标、教学方式、师生双方在教学中的地位所决定的一种课堂教学结构。一是根据不同的教学任务或按一节课主要采用的教学方法来划分课的类别；二是指课的模型，它是在对各种类型的课在教学观、教学策略、教材、教法等方面的共同特征进行抽象、概括的基础上形成的模型、模式。一节课中，主要的教学活动方式是什么，这节课就可以称为是什么课型。

二、课型的分类

课型的分类，因基准选择不同而有所区别。课型可以根据教学任务的不同、教学内容的不同、活动方式的不同、师生双方作用的不同等来对课型进行"命名"。比如，可以说某一节课是阅读课型，但也可以说它是讲读课型或自读课型、学法指导课型等，关键在于视点不同。如以教学任务作为课的分类基点，课可划分为：新授课、练习课、复习课、讲评课、实验课等。

课型的分类因基准选择不同有很多分类方法，但不管哪种分类都要遵循如下原则：科学性，要求根据事物的属性，分类基点（准则）的选择恰当、明晰，分类不重、不漏、不交叉；从实际出发，按需分类；简明、便于操作。

三、课型的结构

课型的结构是指构成课堂教学活动的要素——教师、学生、教学内容、教学设备和方法之间重要的、稳定的相互联系和相互作用的方式。这些联系和作用明显地受教学思想、教学目的、教学策略的取向不同的影响。课堂教学是一个充满师生生命活力的系统，充分调动和激活师生参与教学活动的积极性、主动性和创造性，是使各种课型教学得以成功的前提和基础。课堂教学是一个以学生为认知、实践、发展主体的特殊认识过程和实践过程，在课堂教学中恰当发挥教师的主导作用，充分调动学生学习的主体性，遵循认识论所揭示的认知规律进行教学，是使各种课型教学达到预期教学目的的基本保证。课堂教学是一个师生和生生之间人际沟通、交往的过程，课堂的交往中，存在这种信息交流和互动，一种是知识信息，一种是心理信息。两种交往形态和两种信息交往内容对各种课型教学目标的实现有着同样重要的意义。所以，课堂教学的结构有几个明显的特征，这些特征，影响和决定着课堂教学功能。其特征如下：

1. 课堂教学结构的整体性；
2. 课堂教学行为的目的性；
3. 课堂教学活动的社会交往性。

我们需要选择其学科重要的基本课型，研究和揭示其结构和性质，从而认识不同课型的特征，使教学设计及教学组织实施能自觉地遵循和符合课型的特征和要求，更好地完成教学任务。

四、课型与教学模式

1. 教学模式

"教学模式"最初是由美国学者乔伊斯和韦尔等人提出的，指在一定的教育思想、教育理论、学习理论指导下的教与学活动中各类要素之间的关系和教学进程的稳定教学结构形式；是依据教学思想和教学规律而形成的，在教学过程中必须遵循的比较稳固的教学程序和方法的策略体系。

教学模式在教学理论和教学实践之间中起着承上启下的作用。是理论与实践的中介。教学模式是教学思想与教学规律的反映，它指出教学的目标，规范了师生双边活动，实施教学的程序应遵循的原则及运用时的注意事项；是师生教学活动的指南。同时教学模式将教学程序、教学方法、教学手段、教学组织形式融为一体，可以使教师明确教学先做什么，后做什么，先怎样做，后怎样做。

2. 课型与教学模式的关系

教师教学要有全面的教学设计素养，其中必需的是课型设计的艺术。优秀的教师必须根据教学形势的发展和教学科研的需要，具备一定的课型创新的意识与课型创新的艺术。

教学模式是在一定教学思想和教学理论指导下建立起来的，在教学过程中比较稳定的教学程序及其方法、策略体系。模式可以来源于教学实践，但使实践概括化和集约化，上升为理论，丰富和发展教学理论。模式也可以来源于理论思辨，使某种教育思想或教学理论具体化、可操作化，从而保证理论对实践的指导作用。教学模式是教学理论（原理）应用于实践的中介，它具有处方性、优效性、可操作性的特点，它的主要任务是根据一定的教学思想和教学理论去设计教学，组织和实施教学。

教学模式的构建和运用要依据和反映课型的特征，使教学活动更贴近教学规律。体现不同指导思想的教学模式对特定课型的表征方式是不同的。例如，对某种课型，有人用认知模式去表征，有人则用行为模式去表征。

课型，是重要的教学模式之一。不论是由各教学法流派产生的教学模式还是经验型教学操作模式都是与课型紧密联系在一起的。

但是课型与模式不存在一一对应关系；而且一种课型可以选择多种不同教学模式表征，一种模式可以应用于多种课型。

第二节　开放型课堂

新的化学课程倡导以科学探究为课改的突破口，激发学生的主动性和创新意识，促使学生主动学习。探究学习是获得知识和技能的过程，也是理解化学，进行科学探究，联系社会生活实际和形成科学价值观的过程。基于这一理念，在教学中，教师的角色、教学方法、学生的学习方式都发生了根本性的变化，这些无疑大大加快了新形势下教育的发展速度。开放式化学课堂教学的宗旨是，注重发挥学生学习的主动性、生动性和灵活性，充分挖掘学生潜能，强调学生学习能力、探索能力、创新能力及实验能力的培养。开放型课堂，有以下几个特征：

1. 开放的教学方式

新课程倡导自主、合作、探究的学习方式。这既是一种学生学习方式的变革，更是一种教学方式的变革，师生在交流、合作中实现成果共享。

新的教学方式使每一个学生体验到成功的快乐，并感受到知识的价值。学生不仅探究了书本上的知识，也探究了与人息息相关的空气、西红柿、黄瓜、饮用水、饮料、洗发精、护发素的酸碱性；探究出厨房用洗涤剂与卫生间用洗涤剂酸碱性的不同，学生可以在日常生活用品中自由的选择然后进行探究，畅所欲言，表现了极高的热情。学生的自主性、主体性得到了充分发挥，培养了学生的科学思想、科学方法和科学态度，提高了学生的科学素养，使学生习惯于用科学的思维来对待身边的现象和问题。

教学方式的转变，由教师"教"向学生"学"的转变，能使一节枯燥无味的课变得生机盎然。在上化学式、相对分子质量一节课时，事先自制了一个标签（如下图），每个学生发一张，先让学生研究是什么意思。

氯化钠
化学式_____
相对分子质量_____
氯元素_____，钠元素_____
氯元素的质量分数_____

激发了学生强烈的求知欲，每个学生都跃跃欲试，急于表现自己，也能自制标签。这样在"玩中学"和"学中玩"，把以往许多学生不爱学的和学不会的一节课，从而变得轻轻松松地、快快乐乐地掌握。看来，只有

让学生满意才是最佳的教学方式。其中，重要的是学生在知识、能力、特别是研究方法上学到了多少，而不是教师教的多少。只注重教而忽略学，只能让我们一相情愿的辛劳付之东流。首先让学生感兴趣，然后让学生感到学的知识是有用的、可以解决问题的，最后使他们感到有成就感和满足感，使最初的兴趣得以持久，这才是由教师的"教"向学生"学"转变带来的最大收获。

2. 开放的学习方式

"授之以鱼，仅解一餐之饥；授之以渔，则受用终身"，所以新课程改革倡导的学习方式，就是自主探究合作、就是"授之以渔"。

自主学习是学生高品质的学习。所以，能有效地促进学生发展的学习，就应该是自主学习。大量的事实证明，学生主动想做的事，就会越做越有兴趣，就会越做越好。兴趣是学习的原始动力、是最好的老师，自主学习能使学生开阔视野，他能主动地找教师、找同学帮助，上网、查资料，他会寻找所有可能解决问题的途径。所以，教师应该是想尽一切办法调动学习的积极性，促进学生的发展。

3. 开放的教学内容

开放的课堂教学，教学的内容不再局限于一本教科书。随着新《课程标准》的出台，化学教学内容逐渐向生活化、社会化发展，学习化学不单是掌握一些知识，更多的是为将来的生产生活服务。这为研究性学习提供了广阔的发展空间。

4. 开放的教学时空

以往，化学教学定势在课堂，学生在有限的课堂教学时间内汲取化学知识，培养实践能力，其实这是远远不够的。只有努力开放学习的时间和空间，由课内延伸到课外，由四十分钟拓展到生活的每一个时间段，学生才能学以致用，在实践中锻炼自己、提升自己、真正成为化学学习的主人。

5. 开放的演示实验

化学教学中，开放演示实验，是渗透探究性教学的良策。从学生的问卷中可以看出，大多数学生认为看老师的操作，不太注意操作动作，只注意实验现象；看同学操作注意每一步的操作，不对马上指出，很注意实验现象，担心能否成功。大多数学生愿意在全班同学面前演示，以显示自己操作实验的能力，一旦操作错误，改正就记得特别牢固。学生们很喜欢用实验的方法进行物质的鉴别，因为各种方法任自己挑选，希望自己的方法与众不同，鉴别出结果会有一种成功的喜悦感。因此，在教学中教师要大胆地把演示实验向学生开放，这样除了能引起他们有意注意、增强观察力外，更重要的是培养学生的自信心和创新精神。在这基础上，把一些验证性实验改成探究性实验，探究性实验是在学生实验和观察的基础上通过科学抽象来获得结论的一种实验，它以生动的魅力和丰富的内涵在化学教学中发挥着独特的功能和作用。

6. 开放的教师的评价

教师的评价对教学目标的完成具有举足轻重的作用，教师应努力发挥课堂教学，发挥及时评价的广泛性、针对性、持续性的特征，并及时捕捉学生课堂中的亮点给予肯定，从而使学生更加满怀激情地投入学习。当然，在评价的对象上，教师可以自评，也可以充分发挥学生的主观能动性，让他们自己利用成长档案进行自我评价、相互评价、小组评价，使学生在评价中提升自己的综合素质。

7. 开放的作业（延时作业）

延时作业是相对于传统的家庭作业而言的，它的特点是作业内容具有开放性，作业时间可能是三五天，也可能是两三周，甚至是一两个月。延时作业的内容一般源于课本，可以是一个问题的纵向或横向的推广，可以是一类问题的专题总结，可以是一章学习的总结……延时作业的目的是变被动学习为主动学习，变机械模仿为灵活创新，能激发学生对化学的兴趣，改善学习的方法，完善知识结构；是让学生在对问题的探究中，逐渐形成亲近自然，融入社会，认识自我的意识，从而激发他们的好奇心和求知欲。

总之，新课改明确指出：要改变以往的强调接受学习、死记硬背、机械训练的现状，倡导以培养学生的科学素养为宗旨，培养学生主动参与、乐于探究、善于思考、勤于动手，培养学生信息收集和处理的能力，训练学生获取新知识、发现问题、分析问题和解决问题的能力，以及交流和合作的能力。

案例 《水的净化》教学片段

师：（向学生展示四瓶水样：纯净水、自来水、浑浊的河水和井水，提出问题）这些水中，有哪些不能直接饮用？

生：浑浊的河水不能饮用，井水和自来水须烧开后方可饮用，纯净水可直接饮用。

师：纯净水是由天然水经过多道程序加工而成，成本较高；井水属于地下水，严禁滥开采；而在我们生活中使用较多的是自来水。那么自来水是如何得来的？

生：自来水是河水经过净化处理后得来的。

师：想把河水净化，需经过哪些步骤进行处理呢？请大家把准备好的一杯浑浊的河水拿出，经过一段时间的静置，你们看到什么变化？

生：烧杯底有些固体颗粒沉淀，上层比较清澈。

师：怎样还可以变得更清澈？

生：静置时间长一些。

师：同学们请回想一下：（1）在日常生活中有没有发现浑浊的水通过什么处理就会变得澄清？（2）家庭生活用水是如何处理的？

生：浑浊的泥水通过沙子后会变澄清。

生：可以在水中加一些明矾。

师：河水在净化前往往先加入一定的明矾，有什么作用呢？

（指导学生阅读教材后回答。）

生：明矾溶于水后可以吸附水中的部分杂质而沉淀，起到一定的净水作用。

师：浑浊的河水经过静置沉淀变得清澈，如何将沉淀物和澄清液分开呢？

生：过滤。

师：浑浊的泥水通过沙子后变得澄清也是一个简单的过滤过程。如何进行过滤？其操作步骤是什么？请各小组在实验中进行总结。

（学生实验，教师巡回指导。）

生：边实验边交流。

（学生交流讨论后，在教师指导下，得出过滤的要领："一贴、二低、三靠"。）

师：过滤后的水浑浊吗？

生：（部分回答）澄清。

生：（部分回答）浑浊。

师：若还浑浊，请分析是什么原因造成的？怎么处理？

（生再进行分析讨论，找出原因，重新进行过滤。）

师：工业生产和我们日常生活中，需大量较为纯净的水。很显然，用我们这套装置是不行的。请大家想一想，生活中我们可以用什么物品来替代实验室中的漏斗和滤纸？请发挥你们的聪明才智。

（学生各组根据自己的准备，动手自制简易水过滤器，并用自制过滤器对河水进行过滤。）

师：同学们，经过过滤后的河水已经不再浑浊而变得澄清，这样的水可以直接饮用吗？

生：经过上述过滤后的河水，虽然变得澄清仍不可直接饮用。因为这仅仅是除去水中的不溶性杂质，而水中一些可溶性的杂质及细菌等有害物质并没有除去，澄清的水并不代表是合格的水，还必须进行消毒处理。

师：很好！由以上讨论可以知道，得到自来水要解决的三个主要问题：除去不溶性杂质、除去可溶性杂质、除去有害细菌等。让我们一起来看一看自来水的净化过程吧。

（指导阅读《拓展视野》）

师：（展示两杯水样：一杯是蒸馏水，另一杯是井水）在蒸馏水和井水中分别加入一些肥皂水振荡，观察有什么现象？

生：蒸馏水中加入肥皂水后，产生大量泡沫，待泡沫消失后，无白色垢状漂浮物出现；井水中加入肥皂水后，产生泡沫较少，泡沫消失后有大量白色垢状漂浮物出现。

师：从外观上看，这两种水没有什么差别，为什么会出现这样不同的现象呢?

（学生有的在激烈地交流讨论，有的百思不得其解。）

师：前面我们已讨论过，过滤仅仅是除去水中不溶性杂质，对于可溶性杂质，能用过滤的方法除去吗?

生：当然不能。

师：像井水中含有较多的钙、镁等可溶性物质，像这样的水，我们称为硬水。而蒸馏水中，几乎不含有可溶性杂质，像这样的水，我们称为软水。

生：原来如此。

师：如何区别硬水和软水呢?

生：（思考一会儿回答）加入肥皂水吧。

师：还有别的方法吗?

（生感到茫然。）

师：（引导）同学们家中的水壶长时间烧水后，你发现水壶内壁有什么变化? 家中的铁锅烧水后，你又发现了什么?

（生顿时恍然大悟，纷纷发表自己的看法。并完成实验。）

师：我们已经初步了解硬水和软水，并知道简单的区别方法，那么硬水会给我们生活带来哪些麻烦?

生：烧锅炉浪费燃料，洗衣服浪费肥皂，饮用硬水会得结石病……

师：硬水给我们生活带来许多不便，请回顾并思考，如何使硬水软化?

生：（思考）加热煮沸。

师：对，硬水软化的方法除加热煮沸外，还有其他重要的方法。如加入化学试剂除去水中的钙、镁离子；离子交换法等，这些以后将要学习。

第三节　建构型课堂

建构主义学习强调学习是以学生为中心的，教师扮演指导者、帮助者的角色。同时认为"情境"、"协作"、"会话"、"意义建构"是学习环境的四大要素。基于以上两点，建构主义教学模式可以概括为"以学生为中心，在整个教学过程中由教师起组织者、指导者、帮助者和促进者的作用，利用情境、协作、会话等学习环境要素，充分发挥学生的主动性、积极性和首创精神，最终达到使学生有效地实现对当前所学的知识的意义建构的目的"。

建构主义教学模式的特征是要让教师在教学实践中很好的理解、把握、实现。建构主义教学模式的特征如下：

1. 多元化的课堂教学要素

人们关于课堂教学要素的认识可以分三个层次递进表述。第一就是传统的"教学论三角形"，即要素为教师、学生、教材；第二是认为教学要素不仅于此，还应包括教学目的、方法、环境、评价；第三是随着社会现代化程度的提高，要拓展教学环境的外延。计算机的普及、信息技术的兴起，为我们课堂教学引入了现代教育技术。同时，教学更强调人文化和社会化，传授知识不仅是在课堂，而且可以在社会上和网络中。建构主义教学模式的教学要素应该是涵盖以上所述全部。

2. 民主的师生关系

良好的师生人际关系是教学活动发生的前提，是制约教学效果的一个至关重要的因素，对学生认知和情感领域的目标追求同样起着制约作用。这里除了说师生关系的一般优化融合外，更强调关系中的民主意识。

教师不处于核心地位，师生关系亲密，课堂气氛活跃，体现学生的主体地位。因此，教师要注重培养优秀人格，要有爱生之心，要尊重学生的人格和自主权，保护学生兴趣和创新思维。同时，学生要理解老师，强调必要规范的自我约束。

3. 教学的情境性

教学的情境不能简单地理解为情境教学法。从目标上，要求我们的教学要为学生学习创设与实际相类似的情境，以帮助解决实际问题为目的；从知识结构上，要弱化学科界限，强调学科交叉和知识的综合性；从方法上，提出问题，引导学生进行探索性、研究性、发现性学习；从手段上，要应用计算机辅助教学和互联网技术，为学生虚拟"现实情境"。总之，就是科学运用方法和手段，为学生创设能顺利完成学习任务的"情境"。

4. 交互式教学

建构主义学习理论重视教学中教师与学生以及人与环境的社会性相互作用，而这种社会性相互作用集中的表现应该是教学的交互性。一是教师的教学行为要以对话行为为主，着眼于师生之间的相互作用。以学生为中心，全面了解学生的需要，为他们安排富有教育意义的环境，使他们主动参加教学活动；二是应用维果斯基"最邻近发展区"理论，广泛采用合作学习方式。"学生在与比自己水平稍高的成员交往中，将潜在的发展区变成发展的现实，并产生更大的发展可能"；三是运用现代教育技术，把"人机对话"引进课堂。

总之，化学教学应根据不同的教学内容选择创设不同的情境，巧妙设置认知冲突，充分体现由生活走进化学，由化学走向社会的新理念。

案例　　　　　　《煅烧石灰石》教学设计

高品位的教学对教师工作的要求是把"抽象的知识具体化；把深奥的知识浅显化；把复杂的知识条理化；把枯燥的知识趣味化；把单一的知识网络化"。在本案例中，教师一开始就用一项趣味实验将问题映入学生的大脑，学生在自主探究中理解知识与技能，感悟学习方法。在本案例中，教师的板书设计也形成特色，从横向分析知识推进与方法形成融为一体，从纵向分析是知识与方法的深化，这样学生才能真正成为课堂活动的主体，教师成为学生活动的引导者、组织者、帮助者。

1. 教学目标

根据化学学科的特点，从学生认识的角度出发，采取理论联系实际的教学方法，使学生在实践中不断得到探索、进步，从而提高学生分析问题和解决问题的能力。

2. 实验用品

石块、坩埚钳、酒精灯（煤气灯）、石棉网、天平。

3. 教学设计

化学源于生活，生活促进了化学的发展。下面是 2003 年无锡市中考化学试卷第 37 题：

碳酸钙在高温下煅烧一段时间后，得到白色固体

$(CaCO_3 \xrightarrow{\text{高温}} CaO + CO_2 \uparrow)$，

为了确定白色固体的成分，对其可能的组成进行探究，请你完成下表。

假设（猜想）	验证方法与操作	可能看到的现象	结论

关于此题，2005 年 5 月某校对两个班 110 名学生的解答作过统计，情况是：探究结果为 CaO 的有 59 人；为 $CaCO_3$ 的有 12 人，空白及其他的有 4 人；为 CaO、$CaCO_3$ 都有的有 35 人。究其原因，学生对 $CaCO_3$ 的分解率存在误区。经过反思，于是我们在灼烧石灰石的教学中做了如下尝试：

拿出事先准备好的两块质量相等的石头（从外表看差不多，一块是石灰石，记为 A，另一块是黄砂，记为 B）。

演示：用天平称得 A 质量是 5g，B 质量是 5g，并对两块石头同时加热。

师：同学们预测一下，加热后它们的质量会怎样变化，可以前后左右进行讨论。

（有的学生说两块质量都不变，也有的说都减轻，还有的说一块在减轻，另一块不变⋯⋯）

师：待石头冷却后，再称其质量：A＝4.29g，B＝4.95g。

生：为什么变化不一样呢？（此时部分学生疑惑不解）

师：A 失去了 0.8g，它失去了什么物质呢？B 失去了 0.05g，又是为什么呢？

（生再讨论。这时教师不要急于给出答案，以满足学生的求知欲。）

生：哦，其中一块是石灰石（终于有部分学生悟出了道理）。

师：这两块石头，从外表看很相似，但本质上却截然不同。其中一块是石灰石，它在加热过程中发生了分解反应，另一块是砂石，在加热过程中没有发生实质变化，只是水分等少数物质发生变化。石灰石质量为什么会变化呢？请同学们阅读课本第 134 页石灰石、大理石经过高温灼烧，其中的碳酸钙会转变为 CaO 和 CO_2。

（师板书：$CaCO_3 \xrightarrow{\text{高温}} CaO + CO_2 \uparrow$）

生甲：石头 A 失去了部分物质，产生了 CO_2 气体，所以它变轻了。

师：根据化学方程式 $CaCO_3 \xrightarrow{\text{高温}} CaO + CO_2 \uparrow$，计算一下，$5g CaCO_3$ 受热分解能生成多少克 CaO 和 CO_2。

（生乙板演。）

解：设 $5g CaCO_3$ 受热分解，生成 CaO 的质量为 x，生成 CO_2 质量为 y。

$$CaCO_3 \xrightarrow{\text{高温}} CaO + CO_2 \uparrow$$

$$100 \qquad 56 \qquad 44$$

$$5g \qquad x \qquad y$$

解得 $x = 2.8g \qquad y = 2.2g$

师：为什么计算结果与实验结果不一致呢？

（生继续讨论……由讨论得出石灰石不是纯净物，里面有杂质（杂质在高温下不分解）$CaCO_3$ 未完全分解。）

师：对，这就是实验结果与计算结果不一致的原因。氧化钙有哪些性质呢？

（略）

通过以上对石灰石质量变化的探究，学生的思维一次次得到了拓展。

随着课堂教学改革的步步深入，教学理念的不断更新。对教材我们不能生搬硬套、照本宣科，要根据学生的实际，敢于创新，走出一条有利于学生思维拓展的新路。

第四节　自主型课堂

自主课堂是主体性教育课堂化的结果，是建立在基于师生充分自主基础上的导向教师专业发展和一般发展的教育思想、教学方法论和教学形式与方法。从教学主体的角度看，自主课堂包含教师的教学自主和学生的学习自主两个方面。

1. 教师的自主教学

对教师而言，课堂是一种独特的环境，他必须依照自己的专业信念，运用教学机智和实施反思性教学。在运用教学机智中提升教学情境适应性，在反思性教学中提升教学实践合理性，在发展学生的同时，促进教师的专业发展。

2. 学生的自主学习

学生的学习自主是自主课堂的重要方面。我们认为，当学生在认知、动机、行为三个方面都是一个积极的参与者时，他的学习是自主的。在认知方面，自主学习的学生能够对学习过程的不同阶段进行计划、组织、自我指导、自我监控和自我评价；在动机方面，自主学习的学生把自己视为有能力者和自律者；在行为方面，自主学习的学生能够选择、组织、创设使学习达到最佳效果的环境。

在新的师生关系下，要实现自主学习，学生必须要有明确的学习目标与自主学习的意识，要每天主动地学习、积累，把自主学习当作自己一定要完成的任务。教师必须提高自身的教学素质，以自己丰富的知识与教学经验，凭借自己出色的课堂教学设计能力与对课堂气氛的调控能力，通过多变、灵活的课堂活动，创设自主学习的课堂教学环境来调动学生自主学习的积极性。

那么，在化学教学中教师应改变教学观念，积极创建自主课堂，提高课堂效率。可以从以下几个方面着手。

1. 营造宽松的课堂氛围

自主学习的课堂应该是学生情绪自然、心境放松的场所。而这是以和谐的课堂气氛，宽松的学习环境为前提的。

因此，课堂学习要给学生创设自由平等的学习空间和心灵的交际空间，使他们在学习中感到心境放松，心情愉快。

2. 激发学生的主动进取精神

化学教学中教师要优化教学方法和教学手段，充分利用化学实验、加强情境创设、精选学习内容、激发学生的学习兴趣，增强学生自主学习的能力；积极开展各种兴趣小组活动，让学生在各种小实验、小制作、小发明等自我创造活动中培养出强烈的求知兴趣和创造热情。融洽师生情感，让学生大胆探索，主动求知，不断进取，适时对学生进行期望激励和成功激励，强化学生的自主学习动机。通过多种形式使学生获知自己的学习情况，以便学生及时调整自主学习的行为，改进自主学习的方法。促使其形成认识世界，探求其内在的情感意愿，并注意保持和强化这种情感，达到兴趣先导，情感投入，主动学习，不断进取的目的。

3. 培养学生自主学习的习惯

在教学中，我们发现学生的学习效率不高主要与他们的学习习惯不好有关。总是教师说什么，他才去做什么，学习上非常被动，可见培养一个好的习惯对学生来讲是非常重要的。好习惯的养成可以受益终生，同时自主性学习习惯的养成是创建自主课堂的关键。自主性学习习惯的养成可以使他们成为终生爱好学习的学习者。

4. 开放学生自主学习的空间

教学内容表面上看是抽象的，但实际上都是来源于生活。如果在教学过程中把教材内容本来的样子呈现在学生面前，就能使教学内容动态化、情境化，就能在课堂里为学生创造出学习和探索的时空。

新课程把教学过程看做师生交往、积极互动、共同发展的过程，教学是一种"沟通"、一种"对话"，而前提是地位的平等、关系的和谐，关键则在于情感的沟通、气氛的融洽。在教学的"对话"中，教者的重要责任在于有的放矢地选择话题，灵活有效地拓展空间，适时适度地点拨，还要通过积极有效的学习评价为学生探究提供潜在的动力。

创建自主课堂，改变教育观念是课程改革的基本要求。课程改革以来，很大程度上转变了过去教育过程中忽视学生个性发展，过于强调接受学习、陈旧封闭的模式，树立了以人为本和以学生发展为本的服务新理念。教育的终极目标在于使学生"学会学习"、"学会研究"、"学会关心"、"学会生存"，不断提高能力和精神境界，成为适应社会需求的，具有较强竞争力、应变力的人才。

案例　　　　　　　　《溶液的酸碱性》教学过程

教学活动过程：

1. 教学准备阶段

(1) 学生自备生活中接触到的酸性物质、碱性物质，种类不限。

(2) 学生上网查找相关资料，分组合作查找有关的图表及图片，师生共同准备多媒体课件中的展示内容。

(3) 教师准备实物教具，了解学生自备的物质种类。

说明：学生学习积极性空前高涨，带来了许多生活中的常见物质。带的最多的是日常生活中的食品和饮料，有不少同学甚至准备边吃边喝边实验，同学们都在轻松愉快的心情中渴盼化学课的到来。

2. 教学过程叙述实录

投影：某报上推荐食用碱性食品的文章，引起了同学的争议：为什么说食用碱性食品好？什么样的食品是碱性食品？苹果、话梅等酸的食品，不也有文章介绍它们对人体有益吗？

师：日常生活中有哪些物质曾给你留下过"酸"的印象，或"碱"的印象？

（学生一起讨论，总结。）

师：在通常情况下，是不允许品尝化学试剂的味道的，那么我们怎么确定物质的酸性或碱性呢？

师：变个魔术：用玻璃蘸几滴白醋滴到月季花花瓣上，发现月季花瓣变成浅红色。启发学生思考：以前学过的二氧化碳水溶液中，含有碳酸能使紫色石蕊变红。那么，白醋、酸果汁、稀盐酸、稀硫酸等这些有酸味的物质能否使紫色石蕊试液变红呢？

（学生分组实验：探究、归纳，总结现象。）

那么，肥皂水、纯碱溶液（面碱溶液）、石灰水、食盐水、蔗糖水遇到紫色石蕊试液是否也变红呢？

（学生分组实验。）

师：（总结）能使紫色石蕊试液变红的物质，显酸性。能使紫色石蕊试液变蓝的物质，显碱性。而像食盐水、蔗糖水不能使紫色石蕊试液变色，既不具有酸性，也不具有碱性，而呈中性。

师：像石蕊这种能检验溶液酸碱性的试液，化学上称为酸碱指示剂。在实验室可以利用酸碱指示剂来确定溶液的酸碱性。另外酚酞也是常见的酸碱指示剂。浓氨水能使无色酚酞变红。

（学生迫不及待地开始用酸碱指示剂来测定自己准备的各种常见物质的酸碱性。）

师：（追问）柠檬汁比橘子汁味道酸的多，是否也可以利用酸碱指示剂来比较柠檬汁和橘子汁哪一个更酸？

（学生根据已有知识，有的猜想既然可以利用酸碱指示剂来区分酸、碱性明显不同的物质，那应该也可以利用酸碱指示剂来区分物质的酸性强弱或碱性强弱吧？学生根据自己的猜想设计实验进行验证。）

通过实验，同学们纷纷发现酸性明显不同的橘子汁和柠檬汁却能使酸碱指示剂变色相同；另有同学发现碱性明显不同的氢氧化钠溶液、纯碱溶液、肥皂水等也能使酸碱指示剂变色相同，与学生的猜想形成反差。在新的问题面前，学生产生强烈的求知欲。

师：（适时指出）石蕊和酚酞这样单一的指示剂，能指示出溶液的酸碱性，但却很难指示出溶液酸碱性的强弱。

有的学生提出：如何表示和测定溶液的酸碱度？

根据自己课前查阅的资料，有的同学谈到可以用 pH 试纸来测定溶液的酸碱度，有的同学说可以用 pH 计测定……同学们充分发表意见，采取分组讨论，包括猜想、设计实验、得出结论等。学生们进行现场互问互答，根据所做猜想假设及讨论结果，由学生开展探究实验——利用 pH 试纸探究测定溶液酸碱性的方法。

学生利用 pH 试纸测定了已知酸碱性强弱不同的几种溶液的 pH，发现酸性物质 pH 小于 7，酸性越强，pH 越小；碱性物质 pH 大于 7，碱性越强，pH 越大；而像水这样的中性物质 pH 接近于 7。（告诉学生水的 pH 等于 7）

这时学生纷纷议论，我们日常生活中接触到的溶液，哪些酸性强？哪些碱性强？忍不住好奇心，学生们迫不及待地开始用 pH 试纸测定各自从家里带来的食醋、肥皂水、矿泉水、鲜牛奶、面碱、洗发剂、护发剂、西红柿、黄瓜、山楂、苹果、柠檬……

同学们不时发出惊奇的声音，甚至有同学测定了自己的唾液的 pH，充分地享受学习的乐趣。

我们了解溶液的酸碱度在生活中有用吗？教师适时提出问题，同学们从喧闹中安静下来，静静地思考。

生：我知道，医院里有时测定某些体液的 pH，能知道人是否健康。

生：可以测定洗发液的 pH，选择适宜的洗发液。

在学生讨论的基础上，教师利用多媒体课件，创设情境，展示被酸雨腐蚀前后的雕塑图片，健康人体液的 pH 表，胃酸过多病人的 X 光透视片，生活中一些食物的 pH 表，观看几种农作物最适宜生长的土壤的 pH 表及相关图片……学生谈了自己的感想，了解到溶液酸碱度在实际生产和科研中非常重要。

小结：由学生谈一谈本节课的收获，并且通过本节课的学习又发现哪些新的问题，希望获取哪些新的知识。

第五节　生成型课堂

化学是人们不断在实践中发现问题，研究问题，从而解决问题的过程中建立起来的。当今世界，化学已同生命科学等多种学科结合起来，形成了众多的分支学科，化学研究也已深入到众多领域。中学化学担负着传播基础化学知识，发掘培养化学科研后备人才的重任。国家教育部颁发的全日制义务教育《化学课程标准》，对课程的性质、基本理念、设计思路、课程目标、内容标准及其实施建议都作了阐述。其价值定位于对人的关怀和促进人的和谐发展与创造上。面对新课程，教师必须抛弃传统式教学思维模式，重构新课堂。在新的教学理念的指导下，创立适应于和谐的新课堂形态的策略，使《化学课程标准》转化为具体的可操作教学方案。

1. 影响生成教学的要素及其关系

在教学过程中，一般存在着四个基本要素，即教师、学生、教材、方法，由此而派生出教师与学生的关系，学生与教师的关系，教师与教材的关系，学生与教材的关系，教师与方法的关系，学生与方法的关系，教材与方法的关系等七个方面的关系。如果能恰当操作，使这七种关系和谐发展，便能使课堂教学优化，为构建和谐的初中化学新课堂，奠定基础。用下图表示四个要素及其内涵和七种关系：

教材（课本、参考书、大自然、社会）

教师（主导）（学生学习的组织者、引导者、合作者。教书育人型、学者型、研究型）尊重学生、教学民主、尊重信赖教师、学生（主体）、方法（教法、学法）

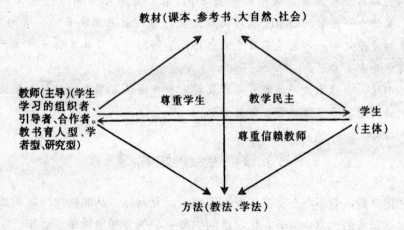

2. 生成型课堂教学策略

心理学认为，激发是使个体在某种内部和外部刺激的影响下，始终维持兴奋状态的心理过程。质疑即提出疑难问题，激发学生质疑可以集中学生注意力，提高学习兴趣；可以启发思维、发展智力；可以反馈评价，调控教师的教学；也可以引导学生的思考方向，扩大思维广度，提高思维层次，但更重要的在于可以让学生学会如何学习，如何思考。正如教育家克莱·P·贝德福特所说："你一天可以为学生上一课。但是如果你用激发好奇心教他学习，他终生都会不断地学习"。作为中学化学教师，不仅要激发和维持学生的好奇心，也要引导学生善于发现问题，不断提出问题，教师更要认真地解决学生所提出的问题。根据和谐教学法理论和初中化学课程内容，就上图中若干方面内容展开构建和谐的化学新课堂的策略阐述。

（1）赋予课前准备新内涵

传统意义上的课前准备主要是指学生的知识准备，忽视学生的身心特点。和谐的化学新课堂形态要求学生在上课之前做好身体、心理和知识上的良好准备。以便学生精力集中，充满自信地听课。身体和心理准备简称身心准备。一般可通过课前做放松操、播放轻音乐，也可让学生集体唱歌，讲个笑话，心理想象放松法，促使学生入静、致静、达情（精力集中），使学生轻松愉快地进入学习状态，唤起学生新的学习兴趣和高潮。在课前可通过问题式、书面练习式、社会调查式、实验操作式等形式，让学生对旧知识进行温习，有针对性地进行旧知识补偿教学，使学生具备必要的知识。布置预习作业，课前熟悉新授课内容，保证授课的顺利进行。

（2）导学要形式丰富多样

一堂具体的化学课，就是一个个真实的情境衔接、转换与推进。从一堂课的导入新课开始到巩固练习、总结评价、作业布置的设计，都要充满着奇、趣、新、有针对性、启发性或者有探究性价值。要改变传统式课堂的单一、乏味，缺乏实质性关系的转换模式。使课堂的每个阶段都成为一幅幅精美的"情境图画"，每个问题都成为一颗颗圆润的珍珠。

① 导入新课，应做到短（快）、新、精、平、奇。

短（快）——教师引入的语言简短明白，易懂，以激发学生学习兴趣和求知欲望。

新——导入新课要有新意，形式新颖。

精——精心设计开讲导语，做到内容精练、讲解精彩、抓住关键、画龙点睛。

平——教师在引入新课时的知识坡度不宜过大，最好以旧知识引入新知识时要先在一个平台上。

奇——就是在简单的导语中给学生留下一点奇妙和悬念，以吸引学生提高学习的注意力。

② 以丰富的情境推进课堂教学的深入。生成的新课堂形态应根据教学的需要，推出多样性的情境，并有机地转换，才能不断激发学生的学习积极性，使学生的思维始终处于兴奋状态，以推进课堂教学的深入。

（3）自学讨论与艺术精讲要落到实处

和谐的化学新课堂应注重对学生终身发展的关怀。著名的科普作家和人物传记作家叶永烈在大学时学的是化学，在大学毕业时，他的班主任对他们说："现在你们大学毕业了，就像一碗碗的'光面'，将来走向社会以后，给你放一块'排骨'你就是'排骨面'，给你放上一勺'炸酱'你就是'炸酱面'。谁给你放上一块'排骨'或'炸酱'？靠你自己。"一个人很难说在学校学什么干什么，走上社会后还得干什么学什么。从教育角度讲，教是为了不教，讲是为了不讲。我们在教学中观察、体会到学生听课注意力不集中有三个方面的原因，一是学生基础差、听不懂、没兴趣；二是教师翻来覆去讲学生已懂的知识，学生乏味；三是学生已有知识和思维途径与教师不"对接"，不能引起学生的思维共鸣。所以落实学生的自学、讨论是关怀与促进学生的发展和创造力培养的有效途径。教师要能忍得住，学生能自学懂的知识坚持不讲，学生通过讨论能理解的坚持不讲。一般操作顺序为，围绕教学目标，教师提出自学的具体要求和设计的自学思考题，创设自学情境。学生通过自学，对问题有了自己的见解，但理解的程度不同，这时应组织学生讨论、交流个人所得。讨论要紧扣教学目标或教师设计的具体问题。讨论时一般以四人小组（按学生水平不同合理搭配），也可以同桌同学讨论。组织学生自学讨论，体现了对学生的尊重与关怀，但不等于牧羊式的放任。还可以允许学生走出座位讨论。允许学生在讨论中展开争辩。在学生讨论时，教师要巡回辅导，及时"拨乱反正"，以免自学讨论离题太远或走过场。及时答疑，及时了解学生对教材的理解情况，为精讲奠定基础，有的放矢。

艺术精讲是和谐的化学新课堂形态的重要内容。这种课堂讲解不同于传统模式的什么都从头讲起，也不是一般性的知识灌输，而是有目的、有针对性的艺术化的讲解。

把板书纲要信号化是和谐的新课堂形态一个特点，是落实精讲的有效途径。所谓纲要信号是指用字词、数字、线条或字母等其他符号组成各种图或表，公式或句子简明扼要地把教材或讲课主要内容表现出来。"纲要"指的是提纲中要点，即教材或讲课中最核心的部分，"信号"是指把这些重点知识运用不同的符号表现出来，便于人脑对信息的识别、存储及提取。因此，它是一种升华了的并具有艺术性的板书。它可以避免学生边听边记笔记而阻碍学生积极思维活动的弱点，有利于学生记忆、理解教材和形象思维。为减轻学生负担、提高学习效率、减少教师占用讲解的时间提供了可能性的条件保障。例如"氧化钙＋水→氢氧化钙"是生石灰与水反应的纲要信号。"一贴、二低、三靠"，是理解记忆过滤要点的纲要信号。"通气点灯红变黑，口下倾，熄灯再停气，不忘烧尾气"这是一氧化碳还原氧化铁的实验操作及其现象变化的纲要信号。

（4）激活练习

所谓激活练习，一是指激活学生的思维，使其积极参与，提高效率；二是指把课堂练习的形式激活，让学生在愉快轻松的氛围中巩固和运用知识。激活练习形式是激活思维的基础。如何激活练习形式呢？根据初中生求新、求趣、争强好胜的心理特点，教师在设计练习形式时选题要和学生的知识水平相适应。要源于学生生活经历，需要挖掘和落实教育层面中的人文环境和人为素养，要渗透人文精神和科学精神。初中化学教学中要努力渗透①环保教育，②资源教育，③培养节约意识教育，④自我保护意识教育，⑤诚信为本意识教育，⑥科学方法教育，⑦探究精神教育，⑧合作意识养成教育，⑨问题意识教育，⑩爱国主义教育等。尤其要加强化学教学与科学、技术、社会、环境等的有机融合。

（5）达标测试

要充分体现研究过程。我们要充分体现科学的研究方法和发现问题、提出问题、猜想与假设、制订计划、进行实验、收集证据、解释与结论、反思与评价、表达与交流的研究过程，要使学生经历全过程。要指导学生用所学知识，通过对一个问题的深入研究，了解科学研究的过程。达标测试是检测一节课目标达成状况的手段。

和谐的化学新课堂既是线性的，又是流变性的、不确定性的，即从课堂的纵向的内在逻辑联系上是系统的、完整的、成体系的，整体教学过程是有序的，师生间共同探讨的话题是逐步深入有层次的。但在课堂的进行过程中，不可能始终定位在师与生的二元对立上的"单向度"课堂形态上。随着课堂教学的发展，需灵活调整教学方案，用什么样的教学素材，按什么样的形式进行教学，往往具有很大的偶然性，这就是常说的"教学有法，教无定法"。因此上述策略仅供在教学中参考。

3. 教师要保持敏捷的思维

教师应在日常教学过程中养成经常设疑的习惯。

其一，应在教学过程的最佳处设疑。因为适当的目标设置能够唤起对象的多种需要等，并促使对象激发相应的动机。选择好的设疑时机可以有效地提高教学效果，及时得到学生反馈的信息。但教师要做到思维敏捷，教学的最佳处可以是以下几种情况：即当学生的思想囿于一个小天地无法"突围"时；当学生疑惑不解，厌倦困顿时；当学生各执己见，莫衷一是时；当学生受旧知识影响无法顺利实现知识迁移时。教师在课堂探究活动中几乎只是一个旁观者，整个课堂是生与生之间对话，不再是"师问生答"而是"生问'师'（优生）答"，没有"师问"的压力，课堂气氛显得异常活跃，这样就能充分发挥化学学习骨干的作用。这样，学生的兴趣能较好地得到激发，并促使学生去认真地研读教材。

其二，应在重点、难点处设疑。教学内容能否成功地传授给学生，很大程度上取决于教师对本节内容重点、难点的把握。有教学经验的教师往往在备课时就非常注意对重点、难点教学方法的选择，而在重点、难点的教学上恰当地设疑则能起到事半功倍之效。当然，教师此时所提的问题也应当是经过周密考虑并能被学生充分理解的。例如"氢氧化钠性质和用途"的教学。教材思路：氢氧化钠用途→物理性质→化学性质。以往按教材思路进行教学，教师总感到很难突破"碱与酸性氧化物反应"这一难点，学生往往处在被动观望、机械接受知识的地位，不利于学生思维的发展，课堂缺乏生气，学生缺乏主动参与和应用所学知识解决一些实际问题的机会和能力。

其三，应在关键处设疑。众所周知，中学化学教学中注意提高四十五分钟的课堂效率是极为重要的，在关键处设疑不仅能起到对教学内容的承上启下的作用，而且能激发并维持学生良好的学习状态。重点、难点是关键处，内容与内容之间的过渡是关键处，一节课上学生最疲劳时也是关键处，由于学习内容的抽象性而使学生感到乏味时更是关键处。教师应该在教学过程中用自己敏锐的眼光捕捉学生心灵的信息，巧妙设疑、及时设疑，能有效地提高学生的学习兴趣，并在质疑中提高学生分析问题、探究问题、解决问题的能力。

其四，教师在设疑时首先应注意恰当地组织问题，人为增加问题的不一致性，从而起到激发学生的学习动机的作用。其次，教师应鼓励学生主动质疑。其另一作用在于让学生学会质疑。"给人以鱼，不如授之以渔"。在日常教学活动中，教师应充分肯定学生所提出的问题并耐心予以解答，并应以不同的方式肯定并鼓励学生质疑，努力培养学生的自信心。因为学生是否具有适宜的充分的自信，是影响其活动积极性和效果的必要条件。教师应在教学中强化学生的提问意识，这也就要求教师在教学中要教给学生发现问题的方法，应引导学生特别注意对关键词的理解。具体来说，就是在讲解新课时要鼓励学生敢于追问；在知识的上下联系比较中要敢于反应；在总结知识时还要不断追问。在教学中对不同视角的问题应引导学生善于用不同的方式给予解决。主要有因果法、反问法、推广法、比较法、极端法、转化法、推理验证法、变化法等等。教师激发学生质疑的另一途径便是善于逼着学生提问，有经验的教师经常在课堂上讲解某个学生在课外的提问，或是直接鼓励学生自己来讲，并对经常提问的学生给予适当的表扬或奖励。例如赞扬问题提得巧妙、提得深刻，或是赠书给某个学生，这些方法都能在其他学生身上引起震动，因为好胜心是每个学生的天性。这样长期坚持，必定会激活学生的思维，从而提高教学效率。

　　总之，形成生成型的课堂教学激发学生形象思维是学习化学的基础，是学生发展过程中所应重点培养的能力。且形象思维能力的培养途径是丰富、复杂而深刻的。我们在实际运用中应结合不同的实际运用不同的表象语言、模型等方式进行。想象思维能力的增强，会伴随或者带动其他能力的发展提高，会使学生在学习和以后的工作中受益匪浅。在探究性学习过程中，无论学生得到什么样的结果，只要他们认认真真地经历与体验了探究的过程，这就是最大的收获。值得注意的是，在探究过程中切忌"问而不议"、"议而不思"、"论而不争"、"做而不探"、"探而不究"。无论教师采用哪种指导方法，关键是要尊重学生，以学生发展为本，把每一个学生引领到探究性学习中来，这样的探究性学习才真正具有生命力。

案例　　　　　　淀粉和油脂（平衡膳食宝塔）

　　师：同学们平常最喜欢吃什么？

　　生1：我最喜欢吃鱼。

　　生2：我最喜欢吃肉。

　　生3：我最喜欢吃苹果。

　　生4：我最喜欢吃麦当劳。

　　生5：我最喜欢吃青菜。

　　……

　　师：我们每个人都有自己的最爱，但我们现正处在生长发育的关键时期，需要摄入多种营养成分，那么我们该如何合理膳食呢？

　　平衡膳食宝塔（见右图）是根据我国居民膳食指南结合我国居民的膳食结构特点设计的。它把平衡膳食的原则转化成各类食物的重量，并用宝塔形式表现出来，以直观的方式告诉人们食物分类的概念及每天吃各类食物的合理范围，便于大家理解和在日常生活中实行。

平衡膳食宝塔图

具体地说，平衡膳食宝塔共分五层，包含我们每天应吃的主要食物种类。宝塔各层位置和面积不同，这在一定程度上反映出各类食物在膳食中的地位和应占的比重。谷类食物位居底层；蔬菜和水果占据第二层；鱼、禽、肉、蛋等动物性食物位于第三层；奶类和豆类食物合占第四层；第五层塔尖是油脂类。平衡膳食宝塔建议的各类食物摄入量是一个平均值和比例。每日膳食中应当包含宝塔中的各类食物，各类食物的比例也应基本与膳食宝塔一致。

膳食宝塔要求每人每天应吃的主要食物种类，分别为谷类 300～500 克；蔬菜和水果 400～500 克和 100～200 克；鱼、禽、肉、蛋等动物性食物 100～200 克；奶类 100 克和豆制品 50 克；油脂类不超过 25 克。宝塔各层位置和面积在一定程度上反映出各类食物在膳食中的地位和应占的比重。宝塔没有建议食糖的摄入量，儿童、青少年不应吃太多的糖和含糖食品。

但是，日常生活无需每天都样样照着宝塔推荐量吃。例如烧鱼比较麻烦，就不一定每天都吃 50 克鱼，可以改成每周吃 2～3 次鱼，每次 150～200 克较为切实可行。实际上平日喜吃鱼的可多吃些鱼，愿吃鸡的多吃些鸡都无妨碍，重要的是一定要经常遵循宝塔各层、各类食物的大体比例。

第六节　对话型课堂

对话已成为当今社会的关键词，从处理国际事务到人与人间的关系，从政治领域到学术领域。对话已成为人们追求的一种方式，同时也成为人们达到目的的有效策略。

在对话课堂教学中强调对话，意味着倡导平等、民主的人际关系和个体开放心态，意味着尊重差异和鼓励独特性、崇尚个性和主体性。这些正是有效的、高质的对话前提，同时它还内含着教师必须更新教育观念的要求，即对教师而言，上课是对话交往，而不是单纯的劳作；是艺术创造，不是单向的知识传授；是引导学生积极探索和有创意的理解世界真理的过程，而不是简单地向他们展示结论。

实施对话课堂教学应遵循如下原则：

1. 营造和谐的课堂环境

首先以首篇艺术萌发学生的求知欲，一堂好课的开头如同一出好戏的开端。开头讲得好，就能先声夺人，造成渴望追求的心理状态，激发起了强烈的学习兴趣，吸引学生注意力，从而引出"探究反射"。其次以点拨释疑的方式，发挥教师的主导作用和学生的主体作用。课堂导入后，只有通过点拨释疑，才能使学生在解开疑团的基础上，切实掌握知识，提高认知能力；才能使得学生的学习进一步深入下去。只有这样，才能变"苦"为"乐"。增强知识的吸引力，使学生想学、乐学、勤学，从而提高对话效果。再次巧设练习，促进学生思维能力的发展。认知心理学认为：学生的学习过程是一个把教材知识结构转化为自己的知识结构的过程。有效的练习可以促进它的完成。课堂练习不仅仅是对所学新的知识的简单的重复和反馈，而是成为学生掌握知识，形成技能，发展思维培养兴趣的广阔天地。教师要用练习设计的艺术粘住学生的心，使他们找到"用武之地"，将对话进行到底。

2. 促进教学目的的成功实施

强调师生间、生生间动态的信息交流，通过信息实现师生对话，相互沟通、相互影响、相互补充，从而达成共识、共享、共进，这是教学相长的真谛。教学过程不是教师的教与学生的学机械的相加，传统的严格意义上的教师的教和学生的学将不断让位于师生互学，彼此将形成一个真正的"学习共同体"。

对于课堂教学而言，和谐意味着对话、意味着参与、意味着相互建构。它不仅是一种教学活动方式，更是弥漫、充盈于师生之间的一种教育情境和精神氛围。对学生而言，师生对话意味着心态的开放、主体性的凸现、个性彰显、创造性解放；对教师而言，对话意味着不是上课传播知识，而是一起分享理解。上课不是无所谓的牺牲和时光的消耗，而是生活活动、专业成长和自我实现的过程。

对话的本质属性是主体性，教师和学生都是教学过程的主体，都是具有独立人格价值的人，两者在人格上完全平等即师生之间只有价值的平等，而没有高低、强弱之分。师生关系是一种平等理解、双向的人与人的关系，这种关系得以建立和表现的最基本形式和途径，便是课堂环境下的对话，离开了对话，师生关系就是外在的，就不能成为教育力量的真正源泉甚至会成为教育的阻力。

3. 促进学生与文本间的对话

接受美学认为，任何文本都具有不确定性，都不是决定性或封闭性的存在。同一文本可以有不用的解读，作品的意义只有通过读者才能建构，读者在其中的作用具有不可替代性。因此学生和文本对话是对话课堂教学中不可缺少的组成部分，也只有这样才能使学生收到良好的效果。有利于提高学生的学习效率。

教师利用对话，有目的地引入或创设形象生动具体的场景，如演示实物、模型、卡通画、录像等形式对新材料进行生动形象的描绘，把学生带到特定的课堂艺术境界中，以引起相同的情感体验。在较短的时间内激发学生情感、激发学生学习动机、调动学习的积极性，从而有效地提高了课堂效率。

4. 实施对话课堂教学应从以下三个方面入手

（1）对话式课堂教学的真正落实，很大程度上取决于教师对这种新型的教学理念的理解和掌握以及教师本人的教学水平。

如果教师并未充分认识对话教学的实质，简单地理解为只要教师提问学生回答就是对话教学，而不考虑是否真正启动、激发了学生的思维，是否体现了追问和启发精神。某些教师只是为了营造一种师生互动的课堂教学氛围而专门提问一些事实性的、记忆性的却根本无须调动学生思维的问题。表面上整个课堂热热闹闹，而事实上是为问而问，学生活动并没有真正展开，也就是无意义的对话。因此，对话式课堂教学实际上向教师素质提出新的挑战，需要教师根据恰当的教学内容，在恰当的时机，选择运用最为恰当的教学方法在没有疑问的地方创设疑问，使学生思维中的矛盾激化，并能够将学生思维的着眼点引导在"对"与"错"、"是"与"非"的对立点上。

（2）对话式课堂教学的真正落实，体现在把学习的主动权完全交给学生并建立合作式的学习。

CHU ZHONG HUA XUE

攻略大全

JIAO XUE GONG LUE DA QUAN

首先,把主动权交还给学生是平等意识、人格尊重在教学中的体现,也是对话的前提。只有把主动权交还给学生,才能唤醒学生的主体意识。让学生根据自己的能力水平提出问题,并由学生讨论、阐述自己的见解,而教师只是在适时地参与学生的交流讨论。这样的教学,学生的主动性得以充分调动,对话在教学中才能有效地得到贯彻和体现。其次,现代教育理论表明,教学是一种沟通现象,"没有沟通就没有教学"。只有沟通、合作才有对话,才有师生间的智慧的碰撞,心灵的交会。由此可见,合作学习是对话教学的组织形式,让学生参与合作学习活动,有利于他们之间的情感沟通和信息交流。

(3)对话式课堂教学的真正落实,体现在尊重每一位学生的发言,建立平等、民主、和谐、愉悦的课堂。

教师与学生、学生与学生在各方面都存在差异,要达到真正的对话,达到思想上真正的相互回应和碰撞,就必须以尊重为原则——对学生的创建要充分鼓励,对学生的意见尊重理解,对学生的误解要宽容理解。在教师与学生交流时,要置学生于平等地位,避免居高临下的发问,甚至责问,消除学生在交流中的畏惧、紧张的心理,让学生愿意与你倾心交谈。这样才能使学生主动言说、质疑问难,才能对话,达成共识。此外教师还要善于倾听,并且要教会学生学会倾听;要善于进行角色换位,能够从学生的角度去看待学生的问题和观点。只有向在场的每一颗心灵都敞开温情双手的怀抱,给予他们充分的理解和尊重,对话课堂教学才能散发出浓浓的充满人情韵味的温馨,才能听到发自学生内心深处最真实的语言。

总之,对话双方是相互依存、相互作用的,对话是沟通,其实质是互动。对话教学中的教师与学生都是主动参与者、平等对话者。对话过程是师生和生生间积极互动、共同发展的过程。对话的结果是师生认知、思想情感的提升。在对话过程中要求教师既要重视对话的设计,又要关注学生的主动言谈,善于倾听、积极回应、指导沟通、引发交流,使对话及其过程成为教学的重要内容和目的,真正实现对话的课堂。

案例　　　　　　　　　　除锈专家

师：同学们在生活中见到过哪些除铁锈的方法，用到过哪些除锈的方法？

生：小瓦片磨铁锅、砂纸打磨生锈的部位等。

师："刀不磨要生锈"，在砖头上磨刀，小瓦片磨铁锅等，这都是物理方法除锈。那么能否用化学方法来除锈？（教师演示实验，稀盐酸的用量掌握合适，请学生描述实验现象。提示：要控制好时间。）

（学生观察到铁锈逐渐消失，溶液由无色慢慢变成黄色。）

师：我还要请同学们帮助我分析其中的原理。（教师强调用文字表达式和化学方程式来说明）

（一组学生展示自己小结的表格内容）

文字表达式 三氧化二铁（铁锈的主要成分） ＋盐酸＝氯化铁＋水	化学方程式 $Fe_2O_3 + 6HCl = 2FeCl_3 + 3H_2O$

生：（另一组学生发言）老师在做实验的同时我们也做了几个实验，把锈铁钉放在 NaCl 溶液、水中不反应，这些实验也反证化学方法除锈只能用酸，而且是酸中的 H^+ 在起作用。

生：（第三组学生发言）我爸是电焊工，他说电焊前都要用酸除锈。我认为金属氧化物都能和酸反应。

生：（插言）我家的小铁铲放在腌蛋的盐水缸里，过一段时间后，发现小铁铲已锈的不能使用，这是为什么？

师：这个问题提的非常好。这也与 NaCl、水、H^+ 有关，待到高中学习时大家就会明白。但应知道 NaCl 溶液、水不与铁锈反应，不代表带锈的铁器就可以存放在 NaCl 溶液中。现在请同学们自己做一次实验。

（学生分组实验，由于没能掌握好酸的用量，出现了多种实验现象。开始时观察到铁锈逐渐消失，溶液由无色慢慢变成黄色，当铁锈消失以后，铁钉表面会冒出气泡，溶液颜色变淡，最后由黄色变成浅绿色。学生

之间发言出现多种内容，一种与老师实验现象相同，另一种是如实描述实验现象）

（教师强调应当实事求是地汇报实验现象，即使实验失败，也可以从失败的实验中得到教训。）

（学生通过争论一致赞同第二种意见。）

师：原因是什么？

生：取用的稀盐酸或稀硫酸的量不同造成实验现象不一样。我们认为：当酸不足或适量时，铁锈与酸反应；当酸过量时，与铁锈反应剩余的酸就会继续与铁反应。

师：同学们从自己实验、观察、汇报及大家的讨论中得到什么启示？

生1：酸也能和铁发生反应，所以清除铁锈时不能把铁制品长时间浸在酸中。

生2：反应产物氯化铁与氯化亚铁颜色不同。

生3：做实验一定要有科学的态度，要实事求是地描述所发生的现象。

师：为了进一步证明酸是"除锈专家"，请你们利用桌上的仪器和药品，设计一个实验来证明。

（学生自主实验中出现了多种实验方案，其中一些组的学生展示了造"铜锈"和除"铜锈"的实验）学生代表上台演示：将粗铜丝的一端缠绕在试管夹上，把另一端在酒精灯上灼烧，形成约3厘米长的黑色氧化铜薄层，趁热插入装有稀硫酸的试管里，20秒后取出，黑色消失，溶液由无色变为漂亮的淡蓝色。反应原理：$CuO + H_2SO_4 = CuSO_4 + H_2O$。

第七节　创新型课堂

创新是一个古老而宽广的话题。早在15世纪，人们就运用到了"创新"这一术语，其原意是引入新东西、新概念。所谓创新是指在认识、利用、改造自然，认识和改造社会、完善自身的过程中，为推进物质文明和精神文明建设首次产生崭新的精神成果或物质成果的思维与行为。这个概念包含四层意思：

第一，认识自然、改造自然、认识社会、改造社会、完善自身是创新的对象；推进社会的物质文明和精神文明建设是创新的目的。

第二，人是创新的主体，创新的人特定的思维或行为。各种形式的创新活动可以归结为两种主要形式，一是人的创新思维活动，属于认识的范畴；另一种是创新思维活动的外在表现，即行为，属于实践的范畴。在多数情况下，作为创新的思维活动和行为表现是有机地结合在一起的，相辅相成，难以分割。

第三，创新思维或行为（或两者结合）产生了一定的精神成果或物质成果。创新成果的表现形式多样，可以是发现新事物，总结新规律，也可以是建立新学说；可以是发明新技术、提出新方案或新方法，也可以是开发新产品、创作新作品等等。

第四，创新成果以首次获得为条件，以前所未有、超越以往或推陈出新为特征，其共性是新，新是创新的核心或本质属性。创新的含义随着时代发展而不断丰富。

教育上的创新，就是根据时代要求和教育功能拓展的需要，运用创新思维的方法，对传统的教育构成要素进行抛弃，更新其内涵，拓展其功能，从而创立新的，适应时代要求和教育功能的拓展需要的教育要素，使教育自身不断得到完善，并进而更好地完成自身价值的社会活动。教育创新的目的，就是要通过改革创新，实现教育自身的完善，从而使教育适应时代的要求，适应教育功能拓展的需要。教育创新能使教育更好地促进民族创新精神的塑造和创造能力的培养，更好地促进创新人才的造就，使教育更好地服务于21世纪的经济建设和社会进步，从而更好地实现教育自身的价值，并在服务中取得自身的可持续发展。教育创新的手段是改革和创新不破不立，只有坚持改革，才能有所创新。要对传统的教育要素进行分析，继承其合理因素，改革其不合理因素。有所继承，才能有所创新、有所发展。

实践证明，实践创新教育是开发创新潜能最根本、最有效的方法。实施创新教育关键在于深化课堂教学改革，传统的化学课堂教学模式以传授知识为目的。从理论到理论，以题目练习为手段，往往是重教有余而重学不足，灌输有余启发不足，在很多方面压抑了学生的创新意识和创新能力。因此，推行创新课堂教学，一定要更新课堂教学理念，一定要变革传统的、固有的教学观念，打破由教师单向传授知识的旧格局，在课堂上给学生留下更多的自主活动时间与空间，让学生主动参与、全力参与、全程参与。在教学中充分发挥教师的主导作用和学生主体性，让学生积极主动地学习，让情感学习、社会学习、智能学习、操作学习等一切与学生一生的发展密切相关的因素都走入课堂，溶入教学。课堂教学因创新而绚丽多彩。

案例　　　《新制 Cu（OH）₂检验糖尿病方法》案例片段

师：人是铁饭是钢，一顿不吃饿得慌。这是什么原因？

生：人要维持生命，需要一定的能量，吃饭或摄入糖类碳水化合物等，是给人体提供能量的主要方法。

师：同学们想得很好，正常人每天要摄入一定量淀粉和碳水化合物等，在人体的血液中也要维持一定浓度（质量分数）的葡萄糖。如果摄入的这些化合物不够，就会造成血糖含量低，（医学上简称"低血糖"）严重者会昏迷、休克等，要尽快补充葡萄糖。若偏食会导致人体内葡萄糖等营养过剩，会导致肥胖，易患糖尿病，会使葡萄糖等在人体内代谢不正常，葡萄糖易随尿液排出。目前，在全国各种病例中糖尿病例占 75.7%，死亡占 7%，因此患糖尿病的人可通过尿液来检查病情，如何检验尿液中的葡萄糖呢？

小组探究：

甲组同学用新制的 Cu（OH）₂和糖尿病患者尿液，乙组同学用以前制的 Cu（OH）₂和糖尿病患者尿液。

甲组：

在试管中加入 2ml 10% NaOH 溶液，滴加 5% 的 CuSO₄ 溶液 4～5 滴，混匀。再向上述试管中加入 2ml 10% C₆H₁₂O₆ 溶液，并在酒精灯上加热至沸腾，可观察到试管中出现砖红色絮状沉淀。

乙组：

在试管中直接加入以前制的 Cu（OH）₂，再滴加 2ml 10% C₆H₁₂O₆ 溶液，在酒精灯上加热至沸腾，却没看到砖红色絮状沉淀。

小组交流：

甲组同学代表小结，我们学会了检验糖尿病的方法，非常高兴。乙组同学代表小结，我们的实验失败了，我们要认真总结经验，我们没有用新制的 $Cu(OH)_2$，导致实验没有成功。

师：今天的学习，同学们都有不同的收获，在本节课的探究中应注意用新制的 $Cu(OH)_2$ 检验葡萄糖，是利用葡萄糖能还原 $Cu(OH)_2$，生成红色的 Cu_2O 反应。反应要在加热煮沸和碱性溶液中进行，可观察到有砖红色沉淀生成。乙组同学失败原因除了没用新制 $Cu(OH)_2$ 外，另一个原因是没有在碱性溶液中进行。为了保证新制的 $Cu(OH)_2$ 中含有过量的碱，实验时要在过量的 NaOH 溶液中滴加 $CuSO_4$ 溶液，由于 $Cu(OH)_2$ 加热时会分解生成黑色的 CuO，所以只能用新制的 $Cu(OH)_2$，使用时应现用现配，其效果会更好。

第三章 初中化学知识分单元课堂教学举例

第一节 "身边的化学物质"单元教学举例

化学对于初三学生来说是一门起始学科，而本单元又是学生接触化学学科的第一个单元，能否学好这一单元，并在学习中激发学生的学习兴趣，让学生掌握一定的学习化学的方式，增强学生学习化学的自信，对今后的教与学都起着至关重要的作用。

教学重点：化学学习的情感、态度和价值观等方面的教学。

教学难点：引导学生主动参与科学探究的过程和方法等方面的教学。

课题1 化学使世界变得更加绚丽多彩

本课题从学生的实际出发，提出了许多富有想象力的问题，使学生亲身感受到生活离不开化学，同时也感受到许多美好的愿望不是一朝一夕能实现的，而是要靠化学家的智慧和辛勤劳动逐步实现的。由此产生了希望了解化学的强烈愿望。教材抓住了这种情感，导出了"什么是化学"、"化学与人类有什么关系"，并以丰富多彩的图画和语言，概述了人类认识化学、利用化学和发展化学的历史和方法，充分展示了化学的魅力和学习化学的价值。

本课题不同于以往教材中的绪言课，属于非知识性的表达性教学内容，编者的意图应该是让学生结合已有的知识和经验，从生活走进化学。这就为教师创设了较大的教学空间和教学自由度。

教学中，建议通过趣味性实验、图片、影像资料、学生已有的生活经验和体会等创设教学情境，利用相关网站、自建专题学习网站、自制课件等教学手段，使学生能以轻松愉快的心情去认识多姿多彩的世界，从而产生浓厚的化学学习兴趣，加深对化学的了解，感知化学的重要性，知道什么是化学、化学与人类的关系、学习化学的要求等。要实现的目标最重要的有两点：一是激发兴趣；二是激起学生"我能学好化学"的自信。

课题 2 化学是一门以实验为基础的科学

本课题第一次出现"活动与探究"，是学生进行化学探究的开端。通过两个探究活动来加深对化学是一门以实验为基础的科学的认识。这两个探究活动都是从学生的生活实际中提炼出来的，会给学生以新的感受和启迪。

对蜡烛及其燃烧的探究，通过对蜡烛在点燃前、点燃时和熄灭后三个阶段有引导的观察，着重培养学生对现象的观察、记录和描述能力；对我们吸入的空气和呼出的气体有什么不同的探究，通过给出实验原理的信息和图示实验步骤等方法，着重培养学生对现象的观察和分析能力，并能明确地表述探究所得到的结论。

"对蜡烛及其燃烧的探究"的教学中，要鼓励学生创造性地参与此项探究活动，看谁观察到的现象越多，描述详细、准确；要鼓励学生将自己的实验结果与别人进行交流，善于取长补短。要引导学生在小结中亲自感受化学学习的以下特点：（1）关注物质的性质；（2）关注物质的变化；（3）关注物质的变化过程及其现象。

"我们吸入的空气和呼出的气体有什么不同"的探究活动趣味性较强，较易引起学生参与的兴趣。但该探究活动的实验步骤较多，且收集呼出的气体的操作有一定难度，因此可在课前要求学生预习该探究活动的内容，并在家里利用吸管、瓶子、盆子等进行收集呼出的气体的操作练习。

在学生实验的基础上，教师重点引导学生掌握"比较学习法"。在比较过程中，学生容易进入的误区是："呼出气体全部是二氧化碳"（因为学生还不了解空气的成分）。此时，教师要在比较上下工夫。收集呼出气体用排水法，与后续学习有矛盾时，教师应把矛盾放到后面去处理。

在两个探究活动中，都不要过分追求实验操作的规范和熟练，在注意安全的原则下，只要能按照图示方法进行实验操作并获得有价值的实验结果就可以了，要强调在动手的过程中，手脑并用的重要性。

习题"整理本课题的探究活动记录，按探究目的、步骤和方法、现象和结论等写出探究报告"很重要，这是培养学生严谨的科学态度和学习科学探究方法的重要一环，应对学生有严格的要求。可展示有创意和有特点的探究报告，并鼓励学生互相交流，培养学生自我反思的能力，以及对自己的探究报告进行修改并使之完善的能力。

课题3　走进化学实验室

学生在参与了课题2中的两个探究活动后，对化学实验的重要性已有初步的亲身体验，此时，不失时机地引导学生走进化学实验室，是符合学生的心理特点的。教材没有采用单纯的基本操作训练的方法，而是结合具体实验进行操作练习，这样更能激发学生的学习兴趣。

教学中，在学生走进化学实验室前，应对学生进行实验的目的性和重要性的教育，并提出化学实验的要求。例如，要遵守实验室规则，注意安全；课前要做好预习准备，明确实验要求；实验时要仔细观察，实事求是地做好记录，认真分析现象并写好实验报告；实验后废物要妥善处理，仪器要及时清洗，保持实验室整洁，等等。可利用多种媒体或实物表演为学生提供不遵守实验室规则和操作规程所带来危害的事实，进行安全教育，以使学生从中领悟遵守实验室规则和操作规程的重要性。

可以根据学校的具体情况，组织学生参观化学实验室，结合实物，对一些常用仪器的名称、性能和用途等做一简单介绍，然后组织学生进行药品的取用、加热和洗涤仪器等基本操作训练。

教师要注意示范操作的规范性和学生互教互学的重要性。实验中所涉及的化学原理暂不要求学生了解，可告诉学生这些问题在后续的学习中将会逐个解决。

案例　《化学使世界变得更加绚丽多彩》教学设计

一、趣味实验

1. 滴水生紫烟：向锥型瓶内的碘粉和镁粉的混合物中滴入少量水，盖上瓶塞，观察现象。

2. 烧不坏的手帕：将棉手帕用70％的酒精溶液浸泡后，将其展开并点燃，仔细观察发生的现象。

3. 变色的液体：向氢氧化钠溶液中滴入酚酞试液，溶液变红，再滴入稀盐酸，红色消失，再滴入氢氧化钠溶液，溶液再次变红，如此反复。

4. 空杯生烟：将滴有浓氨水和浓盐酸的集气瓶分别盖上玻璃片，将其中一集气瓶倒置在另一集气瓶上，抽去玻璃片，观察现象。

5. 魔棒点灯：取少量高锰酸钾晶体放在表面皿中，滴加2～3滴浓硫酸，用玻璃棒蘸取后去接触酒精灯的灯芯，观察现象。

（以上实验操作简便，现象非常明显，且用时少。现象有趣，学生在观察中异常兴奋，不断发出赞叹声："真有趣""真好玩"。）

（通过向学生展示很有趣味的几个实验，从一开始就抓住了初中学生的好奇心，使他们真正体会到：化学真有趣，我最喜欢上化学课，最喜欢做化学实验的激情和兴趣。）

二、资料展示

1. 多媒体图片：蓝天白云、高山瀑布、森林草原、纵横交错的道路、高楼大厦、三峡工程、纳米铜……

（通过多媒体课件，给学生展示丰富多彩的物质世界。）

2. 实物材料展示：橡胶、塑料、化纤布料、不锈钢刀、陶瓷勺、有机玻璃扣、树脂眼镜片……

（通过师生收集以上实物进行展示交流，让学生感到化学就在身边，贴近生活，贴近实际。）

3. 幻灯片数据：青霉素的发现、人造器官、光导纤维……

（通过以上数据展示，同学们感受到化学无处不在，我们生活在多彩的物质世界中，而物质都是在不断运动变化的，化学科学的发展使人类得以享用更先进的科技成果，它极大地丰富了人类的物质生活，也就是说，化学使世界变得更加绚丽多彩。那么，什么是化学？化学与人类发展和社会进步有何关系？）

三、教师引领

指导学生带着问题阅读教材，解读插图，联系生活实际初步认识化学。

四、归纳总结（由师生共同归纳）

化学是研究物质的组成、结构、性质以及变化规律的科学。它和人类发展进步有着密切的关系。

（教师引导学生联系生活实际，谈谈自己对化学的理解，四人一组讨论。）

五、讨论交流——"我心中的化学"

（1）讨论化学这门学科如何产生的，让学生"从生活走向化学"。

（2）讨论、列举生产生活中的化学——衣、食、住、行、医、用等方面，让学生"从化学走向社会"。

交流"我的美好愿望"：

（请同学们把自己的美好愿望写在纸条上，同学们交流、选读一部分。）

以下是搜集到的一部分学生写的美好愿望：

我想研制一种能治疗艾滋病的药品。

我想有一个方便的水源处理器，将污水净化。

我想让废旧塑料变成燃料，使汽车奔驰。

我想发明一种变色染料，用它染的衣服可随温度变化而变化，热时衣服颜色变浅，冷时变深。

当我路过一堆堆垃圾时，心中就会产生一个愿望：如果这些垃圾能变成燃料该多好！

……

还有一位学生将纸条折叠起来，出于好奇，教师打开看了一下，写着"我想获得诺贝尔化学奖"。他示意老师不要读他的纸条，并向教师伸出两个指头，意思是"我会努力的"。

六、拓展延伸

请学生参与完成以下实验：白纸显字——向用酚酞试液书写的白纸喷

洒稀氨水，白纸上出现红色字迹，"变化中学，探究中学"。

（以实验手段向学生推荐化学的学习方法——"变化中学，探究中学"，联系实际，积极探究，并指导学生利用网络获取知识，充分利用小区资源获取信息，树立大课程意识。）

（通过本节课的学习，同学们对化学有了初步认识，知道化学很有趣，也很有用，化学就在我们身边，同学们产生了很强的探究欲望。接下来设计家庭探究小实验，让学生亲身体验探究过程，获得探究乐趣，为以后的学习奠定良好的基础。）

练习设计：

1. 观察厨房中的食盐、味精、苏打，比较它们在水中的溶解情况。

2. 向少量苏打和蛋壳中分别加入食醋，观察发生的现象，并进行比较。

3. 请同学们利用多媒体收集数据，论证：现代人们生活水平的不断提高，在很多方面都得益于化学科学的发展。

板书（略）

（乔俊娟）

第二节 "物质构成的奥秘"单元教学举例

本单元内容是初中化学"双基"的重要组成部分，涵盖了本册教材近一半的双基内容，是初中化学的核心内容，对学生来说是十分重要的，既是他们今后学习化学的理论基础，也是必不可少的工具。这部分内容比较抽象，远离学生的生活经验，再加上学生学到的元素化合物知识不多（主要是空气、氧气和水），感性知识不充分，这就给教学带来了一定的困难。针对这一问题新教材作了一定的调整，降低了教学要求，不过分要求把握概念的严谨性，只要求初步形成概念即可；也不必一步到位，只要学生能结合实例正确使用概念，理清它们的区别就行。如只要求初步认识元素周期表，知道它是学习和研究化学的工具，能根据原子序数在元素周期表中找到指定元素和有关该元素的一些其他信息；对离子形成的过程仅用一幅图画作初步介绍，只要求知道离子也是构成物质的一种粒子；化合价只要求知道大致意思，但要记住常用元素的价态，会运用有关化合价的知识推求实际存在的化合物的化学式。

本单元重点：原子的构成、离子的形成、元素、元素符号及化学式。

本单元教学的难点：核外电子排布观念，化合价。

本单元教学要注意以下几个问题：

形象思维与抽象思维统一。本单元抽象概念较多，像原子结构模型、相对原子质量、元素、核外电子排布、离子的形成、化合价等。这些抽象概念在学生的认知图式中没有适当的生长点，难以被学生同化，引起学生认知结构的修改或重组，以适应新的认知情境。为了使学生顺应新的认知情境，调节自己的内部结构以适应特定刺激情境，从一个认知平衡走向另一个新的更高水平的认知平衡，教师必须选择适当的教学手段，如实物模型、图表、电化教学、多媒体课件、影视录像等，加强直观教学，把抽象概念具体化、形象化，以形象思维强化认识的表象，从而推进抽象思维的发展。另一方面，在学生初步形成了抽象概念以后，要加强运用，把抽象概念演绎到具体的问题解决之中，使抽象认识具体化、形象化。

接受学习与探究学习并重。由于本单元知识远离学生的生活经验，学生的感性知识积累不够，一开始就采用探究学习有一定的困难。但若采用"传递—接受"式的教学方式对学生的思维和能力的发展是不利的，这就要求教师要设计"有意义接受"式教学方式。要针对学生的特点，唤起学生的兴趣，可用不同的词语陈述相同的内容，从而有助于理解；教学中要注意师生的情感交流，师生的相互作用，相互强化；教师可以根据学生、设备和教材以及情境对讲授内容做灵活处理。这样，既发扬了接受学习信息密度大，教学效率高的优势，又加强了对学生的思维训练和能力的培养。本单元的活动与探究基本上是调查、资料分析、寻找规律式的，可以作为"有意义接受"式教学的一种有效的补充。

独立学习与合作学习互补。本单元知识从类型上讲主要包括化学用语、化学基本理论和化学计算。这些内容是需要学习者进行记忆，独立思考，尝试运用，进行一定量的独立练习才能掌握的，所以必须强调学生学习的自主性。要鼓励学生在学习活动之前自己能够确定学习目标、制订学习计划、做好具体的学习准备；在学习活动中能够对学习进展、学习方法作出自我监控、自我反馈和自我调节；在学习活动后能够对学习结果进行自我检查、自我总结、自我评价和自我补救。在独立学习的基础上也要加强合作交流。要让学生在合作中明白自己承担的角色是什么，应该先干什么，再干什么，如何表现自己、关注他人。因此，要培养学生"三会"：一是学会倾听，不随便打断别人的发言，努力掌握别人发言的要点，对别人的发言作出评价；二是学会质疑，听不懂时，请求对方作进一步的解释；三是学会组织、主持小组学习，能根据他人的观点，做总结性发言。使学生在交流中不断完善自己的认识，不断产生新的想法，同时也在交流和碰撞中，一次又一次地学会理解他人，尊重他人，共享他人的思维方法和思维成果。

课内学习与课外学习配合。由于本单元化学用语方面的知识点多，基本概念多，理论不系统也不可能很严谨，课堂学习的时间有限，学生学习起来有一定的困难。解决的办法是一方面充分发挥"有意义接受"式学习在教学效率方面的优势，并选准内容适当进行探究学习。对于化学基本理论的教学，教师应尽可能使用电影、录像、多媒体等电教手段、生动的比喻和充分利用书上的插图，加强教学的直观性（包括教师的语言直观），让学生仔细观察、细心体会，启发学生的想象力。对于化学用语的教学，一是分散难点（在化学课一开始就注意化学用语的教学，让学生逐渐熟悉，自然记住，到学习本课题时，已经认识并记住了一些化学用语，以减轻对枯燥乏味的化学用语的记忆负担），讲练结合，逐步记忆；二是组织好与化学用语有关的活动与探究，发挥学生学习的积极性。另一方面可以把学习活动向课外拓展。从教的方面讲，教师可以制作专题教学网站，利用电子邮件、BBS论坛、化合价歌谣或快板、组织化学晚会等，拓宽与学生互动的时空；从学的方面说，学生可以通过自己设计专题学习网站，利用电子邮件、BBS论坛、PPT演示文稿等，加强师生、生生之间的互动对话，实现多向互动形式的拓展和本质的深化。

案例　　　　　　　　《分子和原子》教学设计

仪器药品：

锥形瓶、烧杯、注射器、集气瓶、量筒、胶头滴管、试管、试管夹、酒精灯、品红、酚酞试液、花露水、蔗糖、多媒体教学课件、棉签、氨水、水、醋酸、方糖、酒精等。

教学过程：

一、设疑激趣

（教师引导）人们常说：八月桂花遍地香，桂花飘香人团圆。现在正是农历八月，金秋送爽，丹桂飘香的季节。同学们有没有想过，桂花为什么会"飘香"？

（一名学生操作）在教室里喷洒花露水，让学生闻。

（学生猜想，以小实验引起注意，学生凭自己的想象、猜测来描述、解释上述现象。从真实的情境中发现值得研究的问题，产生探求欲望。）

教师讲：我们用好奇的双眼去认识世界，却依然难以看透物质内部的奥秘，让我们通过进一步的实验去探求和发现物质内部肉眼看不见的秘密吧。相信换一个角度看世界，变一种观点解读物质，能帮助我们揭开许多不解之谜。这一问题与我们今天要学的内容有关。现在，我就和同学们一起学习第三单元课题2，分子和原子。

（板书：第三单元　课题2　分子和原子）

二、实验探究

氨水使"树"上沾有酚酞的棉花变红。

教师追问：是氨水使酚酞变红，但氨水并没有与酚酞接触呀？

（学生边听、边看、边疑，各人通过实验验证假设。活动可能性预测：1.棉花蘸水；2.棉花蘸酚酞；3.蘸有酚酞的棉球移近氨水；4.棉花蘸品红。此时教师做好学生活动可能性预测和应接准备。）

教师追问：以上实验说明什么问题？

（播放氨分子从水中向空气扩散的微观过程。）

教师向同学展示各种分子、原子的照片（先进的科学仪器已经拍摄到了一些分子和原子的照片)，苯分子图像，以及由硅原子构成的最小的汉字图像"中国"。说明分子、原子的真实存在。

(学生边听、边思考)

师生共同得出结论：物质都是由我们肉眼看不见的微小粒子——分子、原子构成的。

1. 微粒的性质

教师追问：微粒有什么性质？

学生思考：一杯水长久静置会不会减少？若加热这杯水呢？这些现象该如何解释呢？

(播放水分子的自述)"嗨！同学们，我是水分子，我的质量和体积都很小，一个水分子的质量约是 3×10^{-26} kg。在每一滴水中大约有 1.67×10^{21} 个水分子。我这么小，当然人类用肉眼是看不见的。如果用 10 亿人来数一滴水里的分子，每人每分钟数 100 个，日夜不停，需要数 3 万多年才能数完啊。我想请你们猜一猜：我们这么小，我们会运动吗？当分子聚集在一起构成水时，彼此之间是否会存在空隙？"

(边听、边思考，从具体的数字中用拟人化的手法感知分子的质量和体积都很小；从猜一猜的问题中引发探求新知的欲望。)

(学生得出结论：微粒的性质。)

(板书：(1) 分子的体积和质量都很小)

讨论：构成物质的分子会不会运动？

提出问题：

1. 衣服晒在太阳下，变干了，为什么？

2. 路过花丛，为什么能闻到花的香味？

(板书：(2) 分子处于不断的运动中)

(学生思考) 物质分子运动的快慢与哪些因素有关？

(实验探究) 品红在不同温度的水中的扩散实验。

(学生得出结论) 温度越高，分子运动速率越快。

师问：生活中的哪些现象说明分子是在不断运动的？

(学生 4 人一组讨论。)

现象列举：当你漫步于花园小道、走进火锅城、路过臭水沟时，你都能闻到别样的气味；酒精自然挥发；以及在 SARS 病毒流行期间，大街上的人们戴着大口罩，防止 SARS 病毒近距离的飞沫传染；夏天，湿衣服比冬天易干，等等。

（运用新知识，解析常见的生活现象。）

探究活动：构成物质的分子间是否有空隙？

（教师演示）用带刻度的长玻璃管做 50mL 水与 50mL 酒精混合的实验。取一根细长的玻璃管，一端封口，把酒精染成红色（其目的是与水的颜色加以区别，使现象更明显），用胶头滴管分别将水和酒精大约各一半注入玻璃管中，用手指堵住玻璃管的另一端，来回倒转玻璃管几次，让两种液体混合均匀，再竖直玻璃管。可以观察到玻璃管中的液面下降了，进而得出酒精与水混合后体积会变小的结论。

此时不失良机地问学生：为什么酒精与水混合后体积会变小呢？难道 $1+1\neq2$ 吗？

学生讨论后交流。（回答预设）①水与酒精发生了化学反应；②可能是不同物质的分子大小不同造成的；③可能是物质的分子之间有间隔，一种物质的分子穿插到另一种物质分子空隙里去了……

观察实验现象，发现问题：$1+1\neq2$，真实情境里获得启发，理解分子间是有空隙的。

（板书：（3）分子之间是有间隔的）

家庭实验：

1. 在一个玻璃容器中加入 100mL 水，向水中放入一块糖，在外壁沿液面画一条水平线。过一会儿发现糖块不见了，而杯中的水却变甜了，液面比原来水平线降低了。这一现象能用分子的知识解释吗？

2. 取一注射器。吸入一定体积的空气，用手指顶住针筒小孔，将栓塞慢慢推入。另取一注射器，吸入一定体积的水，用手指顶住针筒小孔，将栓塞慢慢推入。

（学生实验与观察、思考与讨论。在掌握知识的同时，提高学生的思维能力和探究能力。）

思考：通过以上研究，我们知道了分子是一种质量和体积都很小、不断运动、分子间存在间隔的微粒。那么分子还能不能再分呢？

动画模拟：
$$\begin{cases} 水 \xrightarrow{\triangle} 水蒸气 \\ 水 \xrightarrow{通电} 氢气＋氧气 \end{cases}$$

（联系新旧知识，提出问题，并借助计算机模拟出水分解生成氢气和氧气的过程，给学生以直观的印象，让学生"看见"分子再分就不是原来物质的分子了，物质的性质也就随之发生了变化。）

（板书：分子是保持物质化学性质的最小粒子）

2. 原子

（利用多媒体技术，生动、形象地模拟其变化的过程，使学生看到放大了的原子世界和化学变化中分子可分、原子重新组合的过程，有效地把教师头脑中正确的微观图像传递给学生，降低了学习的难度，让学生在一种轻松愉快的气氛中掌握知识。）

归纳：原子与分子相似，都是构成物质的基本粒子，都具有质量小、体积小、不停地运动和粒子之间有一定的间隔等特征。

（板书：原子是化学变化中的最小粒子）

三、总结归纳

分子、原子的定义，分子的基本性质。

提问：为什么在分子定义中只强调化学性质，而不提及物理性质？

在学生分析解释的基础上点津：如同一个人站不成任何队形一样，单个分子既无色、态、味可言，也无气、液、固之分，所以在分子的定义中自然不会提及物理性质。

（本节课的小结：可安排同桌交流，各自说出在本节课中学到了哪些知识？这样可以让学生相互取长补短。并有助于学生间的相互交流以及语言表达能力的培养。）

四、分层训练

（一）必做题

1. 下列有关分子的说法是否正确？

（1）流动的液体中分子是运动的，静止的液体中分子是静止的。

（2）分子可以分成原子，所以分子一定比原子大。

2. 用分子、原子知识解释下列有关问题。

（1）在距加油站一定距离的范围内为什么要严禁烟火？

（2）常见的混凝土水泥地板分成许多块，主要是为了美观吗？

（二）课外延伸

列表比较分子和原子的相似点和不同点。

（李振云）

第三节　"碳和碳的氧化物"单元教学举例

碳和碳的氧化物是继学习空气、氧气和水以后，学习的又一个元素及其化合物。学习碳及其氧化物的性质以及它们之间的衍变关系，为以后学习燃料及其利用、酸和碱、盐和化肥等单元的内容打下一定基础，具有承上启下的地位。本单元的学习是在学生具备了一定的化学基本概念和基本技能之后深入、细致地研究具体物质，内容紧密联系社会和高新科技，可以冲淡学生在学习物质构成以及元素符号、化学式、化学方程式等化学用语中产生的枯燥感。

教材注意引导学生采用体验学习与探究学习的方式；在呈现方式上注意教学情境的创设和联系学生的生活实际；教材内容紧密联系社会和高新科技；教材中许多内容是以图代文，图文并茂，有利于激发学生的学习兴趣。

教学重点：碳及碳的氧化物的性质；实验室中制取二氧化碳的装置；引导学生以发展的观点看待碳的单质；培养学生关注社会和环境的责任感。

教学难点：探究实验室中制取二氧化碳的装置。

本单元教学应注意以下几个方面。

引导学生弄清物质的结构与性质、性质与制法、性质与用途之间的关系。充分利用教材中的图片，让学生比较不同碳单质的结构与性质的关系，树立结构决定性质的观念。通过实验室制取二氧化碳的研究与实践，让学生从反应物的状态、反应条件等方面比较、选择气体发生装置，从气体密度、溶解性等方面比较、选择气体收集装置，列表比较、分析二氧化碳和氧气制取实验及相关性质，使学生认识物质性质决定制法。通过不同碳单质的性质与用途，二氧化碳、一氧化碳性质与用途的讨论、归纳，使学生理解物质性质决定用途。

组织好实验室制取二氧化碳的活动与探究。这种探究与质量守恒定律的探究有所不同，是由实验室具体条件设备出发，围绕药品、原理、装置、收集、检验这一主线来进行的探究，药品可增加 Na_2CO_3 和 HCl，学生通过直观的实验现象分析出选择石灰石和稀盐酸的原因，同时为后面灭火器反应原理的学习埋下伏笔。探究学习中要坚持创设探究情境、提出探究问题、营造探究氛围、亲历探究过程、启迪探究思维、体现探究价值的设计思路，使学生通过探究学习体验科学研究的方法和途径，培养学生的科学态度和科学思维品质，提升学生的科学素养。

做好有关碳的氧化物性质的实验。本单元的实验，不论是保留或修改的老教材中的部分实验（如保留下来的二氧化碳灭蜡烛火焰的实验，修改的二氧化碳和水反应使小花变色的实验），还是新增加的实验（如一氧化碳使鸡血变色的实验等），都力求贴近生活，以学生生活实际素材创设情境。这样编排的目的最主要的是使学生以轻松愉快甚至兴奋的心情，去主动体验探究过程，保持学习化学的兴趣，提高学好化学的信心。关于二氧化碳的物理性质的实验，"倾倒二氧化碳"、"二氧化碳的溶解性实验"，都具有很强的趣味性，要保证一次成功，引发学生学习的兴趣。二氧化碳溶于水使饮料瓶瘪下去的实验与物理学中气压的变化很好地结合在一起，使学生能利用已具备的物理知识分析实验现象、得到正确结论，增进了学科之间的融合。二氧化碳与水的反应，教学时可以先提供酸可使紫色石蕊试液变红色的信息，然后提出研究课题"如何设计实验证明二氧化碳可与水反应生成碳酸"，并引导学生将自己设计的方案与课本设计的小花变色相比较，再通过讨论、交流，分析哪种方案更科学，从而培养学生的思维能力和探究性学习方法。一氧化碳还原氧化铜的实验在目前中学实验室条件下，大多采用演示实验来教学，但这丝毫不会影响到学生的观察、思维、讨论、设计、体验等活动。在教学中建议根据教材中实验装置示意图，按反应原理和反应条件、实验装置、实验顺序、尾气处理这一主线来组织学生分析、讨论，对将尾气用导管连至加热氧化铜处燃烧的这一既防止了一氧化碳污染环境又节约了能源，化废为宝的尾气处理方案，给予充分肯定，使学生不仅认识一氧化碳的还原性，更有对安全意识、环保意识的领悟。一氧化碳的毒性实验按教材实验内容做很难观察到血液颜色变化的情况。可以将这一实验制作成一个多媒体课件（血液的颜色可调整）播放给学生看。但不要回避做不成此实验的事实。组织学生课后去查阅资料或请教医生或生物教师，分析实验不成功的原因，把"坏事"变成好事——学生的知识面广阔了，相关知识也丰富了。（陆菁，《碳和碳的氧化物》的实验教学，《教学仪器与实验》2003 年第 5 期）

　　帮助学生完成家庭小实验。本单元有 3 个家庭小实验，由于缺少试剂，学生回家不一定都能完成。如鸡蛋壳与醋精反应放出二氧化碳使澄清石灰水变浑浊的家庭小实验，教师可向缺少试剂的学生提供澄清石灰水。使学生顺利完成实验，加深对二氧化碳性质的印象，同时也了解了鸡蛋壳和醋精的主要成分和相关知识，为后面的学习奠定了基础。

　　切实完成调查与研究。本单元教材在最后安排的"温室效应的影响及防止温室效应"的调查与研究，是落实培养学生关注社会和环境的责任感这一教学目标的重要载体，必须切实认真地组织实施。

案例　　　　《一氧化碳的性质和用途》教学设计

一、问题引入

CO 和 CO_2 都是碳的氧化物，因为它们的分子结构中相差一个氧原子，导致它们的性质完全不同。在前面已经学过 CO_2，那么，CO 的性质又如何呢？本节课我们一起来探究 CO 的性质。

（板书：CO 的性质）

二、自主探究

（教师展示 CO 的样品，并要求学生通过自学总结 CO 的物理性质；学生观察实物、快速阅读教材、讨论后展示结果。）

（多媒体展示结论。）

CO 的物理性质：

1. 通常状况下，是无色无味气体；

2. 难溶于水；

3. 密度比空气的略小。

根据 CO 的物理性质，你能知道收集一氧化碳的方法吗？

（教师提问，学生回答。）

CO 的化学性质又有哪些呢？如何用实验验证 CO 的化学性质？

（两个实验均有危险性，由教师演示实验 6—7 和实验 6—9。学生边观察实验，边思考下列问题。）

（多媒体展示。）

（1）CO 有何燃烧现象？点燃前为什么要验纯？CO 有什么性质？

（2）CO 和 CuO 的反应中，主要的操作顺序是怎样的？实验的现象有哪些？

（3）实验前为什么要先通 CO 再加热？实验后为什么停止加热后还要继续通 CO？

（4）CO 是空气污染物，多余的 CO 是如何处理的？还有什么办法？

（5）CO 和 CuO 的反应中，CO 做_____剂，表现它的_____性；此反应是不是置换反应？

三、合作交流

（学生对所提问题分组进行分析讨论，教师加以点拨，然后全班交流。）

（多媒体展示。）

CO 的化学性质：

1. 可燃性

现象：发出蓝色火焰，放热。

（如果 CO 不纯，点燃可能会爆炸。）

$2CO+O_2 \xrightarrow{\text{点燃}} 2CO_2$

2. 还原性

现象：玻璃管中黑色固体变为光亮的红色固体；澄清石灰水变浑浊。

$$CO+CuO\xrightarrow{\text{加热}}Cu+CO_2$$

交流讨论：

问题1：CO的化学性质与哪些物质的化学性质相似？

问题2：H_2、C、CO三种物质与氧化铜的反应有何异同？（从反应现象、反应类型、反应装置、操作步骤等方面回答。）

日常生活中，我们常听说有人煤气中毒，你知道煤气中毒是由什么气体引起的吗？中毒的机理又是怎样的？我们应该怎样防止煤气中毒呢？（CO有毒，它对我们是不是没有用处呢？）如果有用，它有哪些用途呢？

（联系生活提出问题，让学生带着问题自学。）

［学生积极阅读教材，认真思考，寻找答案。小组选代表汇报发言。］

（多媒体展示。）

1. 煤气中毒是CO引起的；因为它能与血液中的血红蛋白结合，使血红蛋白不能和氧气结合，从而造成人体缺氧；使用时要注意通风、排气。

2. CO虽然有毒，只要我们合理利用，它还是大有用途的。CO可用作气体燃料，还可冶炼金属。

教师提问：CO有毒，又对环境有污染，在日常生活中，我们应该采取哪些措施来减少CO的排放呢？

（学生回答。）

引导学生对本课所学知识进行小结（用多媒体展示）。

四、分层训练

（一）必做题

1. 冬天用煤火取暖，使用不当会发生煤气中毒，为了防止中毒，在炉子上放一盆水，管用吗？

2. 不能用来鉴别CO_2和CO的方法是（　）

A. 通入澄清石灰水　　　　B. 观察颜色

C. 通入紫色石蕊试液　　　　D. 通过灼热的氧化铜

3. 除去 CO 中少量的 CO_2，最好的方法是（　　）

A. 点燃　　　　　B. 通过灼热的氧化铜

C. 通入水中　　　D. 通入澄清石灰水中

4. 5 月 31 日是世界无烟日，香烟的烟气中含有几百种有毒物质，其中有一种极易与血液中的血红蛋白结合，这种物质是（　　）

A. CO_2　　　B. SO_2　　　C. CO　　　D. NO_2

（二）选做题

调查报告：CO 对空气的危害。

（渠秀文）

第四节　"金属和金属材料"单元教学举例

本单元主要介绍了铁、铝、铜等重要金属和合金。教材内容包括金属的物理性质（如导电性、导热性等），金属的化学性质（如与氧气、盐酸等反应）以及反应的规律性知识（如金属活动性顺序），金属资源的利用（如铁的冶炼以及冶炼时有关杂质问题的计算），金属资源的保护（如金属的腐蚀和防护、废旧金属的回收利用）等。教材比较集中地介绍了金属和金属材料的有关内容，涉及的范围很广，包括了它们的性质、用途和资源保护等多方面的内容，与以往的初中教材相比，体现了义务教育阶段化学学习的全面性；注意从学生的生活经验和实验事实出发，采用对比的方法，引导学生亲自感受纯金属与合金的性质、金属与氧气以及盐酸等反应的不同，以加深学生对物质的性质与物质用途的关系的了解，认识到金属既有通性，又有各自的特性；注重对学生学习能力的培养，尤其注意对一些重点内容（如置换反应、金属活动性顺序、金属腐蚀的条件等）采用探究的方式，通过实验，层层引导，深入讨论，并归纳得出结论；在活动与探究的过程中，注意激发学生的学习兴趣，培养学习能力，同时使他们获得新知识；注意对学生进行金属资源保护意识的教育，注意介绍一些新科技成果如形状记忆合金等，以事实来说明化学学习的价值。

本单元教学重点：铁、铝、铜等金属和合金的重要性质和用途，金属活动性顺序，有关化学方程式计算中的杂质问题计算，铁锈蚀的条件及其防护，合理利用金属资源的意识。

本单元教学难点：对金属活动性顺序的初步探究，对铁锈蚀条件及其防护措施的初步探究，有关化学方程式计算中的杂质问题计算。

在本单元教学中，要注意以下几个方面：

1. 课堂教学生活化

在教学中，一方面从学生的生活经验和已有知识背景出发，联系生活讲化学，把生活经验化学化、化学问题生活化，体现"化学源于生活、寓于生活、用于生活"的思想，以此来激发学生学习化学的兴趣，学会运用化学的思维方式去观察、分析、认识社会，去解决日常生活中和其他科学学习中的问题，为学生的终身可持续性发展奠定良好的基础。另一方面，在教学中突出学生主体地位，弘扬个性。

例如，在课题 1 的教学中，课前可以由学生收集一些常见的金属材料，由实物或事实入手，使学生认识金属材料与日常生活以及社会发展的关系，并进而引入到对金属的物理性质的教学。在课题 2 的教学中，可以通过对一些实例和习题的讨论和分析，让学生感受金属活动性顺序在工农业生产和科学研究中的重要应用。在课题 3 的教学中，关于地球上及我国的金属资源情况的教学，可以结合地理课的有关内容，利用矿物标本或实物照片、图表等进行教学，应鼓励学生主动查找有关资料，并在课内外进行交流。我国冶炼铁的历史及解放前后我国钢铁工业的发展等内容的教学，也可以采用相似的教学方法。

2. 学习方式重探究

运用科学探究的学习方式学习化学知识，是新课程课堂教学的一个亮点。新的教学理念强调课堂教学不仅仅是为了让学生获得知识，更重要的是要引导学生主动参与知识的获取过程，学习科学探究的方法。本单元教学中要注意根据不同内容采用不同的探究形式。

例如，在课题 1 的教学中，采用"基本问题驱动——对比实验——收集整理数据——分析作出结论——解释基本问题"的探究形式，探讨"为什么目前纯金属只有 90 余种，但由这些纯金属按一定组成和质量比制得的合金已达几千种?"这一基本问题,使学生认识物质组成的改变会使其性能发生改变的重要依据。在课题 2 的教学中,采用"实验——收集整理数据——分析讨论——发现规律"的探究形式,探究金属活动顺序和转换反应发生的条件。在课题 3 的教学中,采用"发现问题——提出假设——制订方案——实施方案——收集整理数据——结论——解释——交流"的课内外相结合的探究形式,探究金属的腐蚀及其防护的知识。

在学生探究学习过程中,教师的组织和引导作用非常重要。尤其要注意控制相似的实验条件,在实验的基础上组织好讨论,对实验现象进行正确的对比和分析,这是学生的探究学习活动能否成功的重要保证。

3. 知识拓延多发散

在对本单元知识进行拓展和延伸时,要注意思维的发散性训练。例如,在课题 1 的教学中,引导学生对"物质的性质在很大程度上决定了物质的用途,但这不是唯一的决定因素,在考虑物质的用途时,还需考虑价格、资源、是否美观、使用是否便利,以及废料是否易于回收和对环境的影响等多种因素。"这一问题的认识时,要引导学生从多个角度思考问题,重点组织好教材中的"讨论",对有些讨论题应说出不止一个理由。也可以结合当地的实际情况提出一些学生感兴趣的讨论题。

同时,要注意学习方式的多样性。例如,"金属之最"以及"形状记忆合金"这些内容可以引导学生进一步查阅有关资料,办一期化学小报或墙报等。钢的淬火和回火实验具有很强的趣味性,且简单易做,应鼓励学生课外尝试去做。关于金属资源保护的教学,可以利用电化教学手段,将教材中的一些矿物可供开采的年限图制成投影片或计算机软件等,并配合其他资料,使学生强烈感受矿物资源是有限的,以及保护金属资源的重要性。废旧金属的回收利用是每个学生都随手可做的事情,可结合本课题末的"调查与研究",使学生了解废旧金属回收的意义,并积极主动地去做。有关金属的腐蚀和防护的"活动与探究",可以鼓励学生开动脑筋设计出多种方案,允许多种方案同时试验,以小组或个人等多种方式活动。本单元小结可以按照教材中所给的思路,采用讨论、填表和填空等多种方式进行。

4. 知识应用重归纳

让学生感受金属活动性顺序在工农业生产和科学研究中的重要应用，并认识金属活动性顺序可以作为有关金属能否在溶液中发生置换反应等的判断依据，可以通过对一些实例和习题的讨论和分析进行归纳，也可以结合课题 2 的复习和小结进行。

化学方程式计算中的杂质问题计算是一类在实际生产中具有重要意义的计算，讨论这一类计算题的解法时，关键是归纳出解题思路：即有关化学方程式的计算都是纯物质的计算，要把含杂质物质的质量换算成纯物质的质量。可以视情况进行课堂练习，当堂讨论和评析一些错误的解法以及出现错误的原因，以加深学生的理解。

案例　　　　《金属资源的利用和保护》教学设计

实验准备：

教师：多媒体课件（内容为常见矿石的图片、我国钢铁冶炼厂的简介、一氧化碳还原氧化铁的实验模拟演示、根据化学方程式计算的例题讲解幻灯片等）；金、银戒指；镊子；酒精灯；火柴等。

生锈的铁锁、因锈蚀穿孔的铜壶、长期未用的菜刀、几段生锈的铁丝、不能用的水龙头等。

学生：课外收集的我国钢铁厂情况简介材料；重晶石等矿石样品。

在一周前做好铁钉锈蚀条件探究的对比实验。

实验过程：

一、情境导入

教师演示金、银戒指在酒精灯上灼烧的实验，讨论：为什么"真金不怕火炼"？

这种问题的选择和提出符合教材的内容特点和学生的认知水平，并引起学生的悬念，激发学生的好奇心和求知欲。

二、指导阅读

阅读课本，解读插图，讨论炼铁时铁矿石选取的方案，使学生弄清楚为什么选取这种矿石的原因。理解化学与社会和技术的相互关系。

（培养了学生热爱祖国的思想，关注与化学有关的社会问题。）

课堂教学中指导学生看书理解含义，把握概念的内涵和外延，画出知识要点，归纳表述知识要点并找出疑难点共同讨论。

三、讨论分析

出示多媒体课件：高炉炼铁过程中的一氧化碳还原氧化铁的模拟实验。

讨论：①实验前先通入一氧化碳的原因；②尾气处理办法；③分析工业炼铁的原理；④分析原料产物是否为纯净物；⑤得出哪些结论等。

例题自学：指导学生阅读审题，尽量抓住有效信息。小组讨论读题后的感想，学会概括，抽出有用的、具体的条件。

例题剖析：多媒体展示例题的语句、数据的含义，已知和未知量的关系；计算的过程分解；各步骤之间的关系；不纯物质如何转化为纯物质等。

四、自主评价

学生小组之间、学生自己进行评价，谈谈收获和看法，教师总评。

五、升华训练

用如图装置测定某铁的氧化物中铁元素和氧元素的质量比，记录如下：

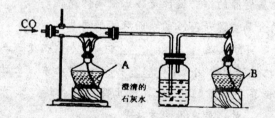

① 装铁的氧化物的硬质玻璃管的质量为20g。

② 硬质玻璃管与铁的氧化物的质量共为23.6g。

③ 广口瓶与澄清石灰水的质量共重686g。

④ 通入CO并加热至铁的氧化物全部转变为铁后，再称盛石灰水的广口瓶，其质量为688.2g。

根据以上实验记录，计算此铁的氧化物中铁元素和氧元素的质量比。

六、交流展示

由各小组的同学将一周前做的铁钉生锈的对比实验用品展示给大家

看，交流说明操作方法、现象、结论和解释等。

七、巩固基础

1. 下列有关铁生锈的叙述错误的是（　　）

A. 铁生锈时一定伴随物理变化

B. 铁生锈时，铁发生了缓慢氧化

C. 铁生锈的实质是铁与空气中的氧气反应，生成氧化铁

D. 铁生锈时会有难以察觉的热量放出

2. 被雨水淋湿的自行车，应（　　）

A. 先用布擦干，再用带油的布擦拭

B. 在自行车表面刷一层油漆

C. 用布擦干即可

D. 晾干后，用盐酸除去锈层

3. 有关金属资源的叙述错误的是（　　）

A. 地球上金属资源大多数以化合物形式存在

B. 目前世界年产量最高的金属是铁

C. 保护金属资源的唯一途径是防止金属的腐蚀

D. 地球的金属资源是有限的，而且不能再生

4. 铁生锈，实际上是_____、_____和_____等物质相互作用，发生氧化的过程，因此铁锈中至少含有_____等_____种元素。全世界每年因生锈损失的钢铁占世界年产量的_____，防止铁制品生锈，除了要保持铁制品表面_____和_____外，最常用的方法是_____。

5. 炼铁的主要反应原理是在_____条件下，用_____从含铁的矿石中将铁还原出来，常见的铁矿石有（填主要成分）：赤铁矿_____，磁铁矿_____，菱铁矿_____等。

6. 我国西汉时期就开始冶炼铜，方法是先用硫酸与氧化铜作用，再用铁置换出铜，称为"湿法炼钢"，写出上述两步反应的化学方程式：_____。

八、拓展延伸

最近一些学者研究发现，古罗马人的遗骸中含有大量铅，古罗马帝国的灭亡竟与铅中毒有关。原来古罗马贵族惯用铅制器皿（瓶、杯、壶等）

和含铅化合物的化妆品，甚至输送饮水的水管也是用铅做的，从而导致慢性铅中毒死亡。

根据上述材料回答下列问题：

（1）人们日常接触的哪些物质中含铅？

（2）铅对人体有哪些危害？

（3）为防止铅中毒，请你提出几条合理建议。

（4）以小组的形式组织一项调查活动：到附近的加油站，调查：汽油的种类，是否还在使用含铅汽油？是什么时候停止使用含铅汽油的？并进行环保宣传。

（张桂萍）

第五节 "溶液"单元教学举例

本单元的教学内容与学生的生活实际有密切联系，分三个课题。第一课题从定性的角度初步认识溶液，其中涉及溶解过程，包括溶液的形成，溶质、溶剂、溶液的概念，溶解过程中的吸热和放热现象等。第二课题从定量的角度研究物质溶解的限度，是以物质的溶解度为核心展开的。第三课题进一步从定量的角度认识溶液组成的表示方法，主要围绕溶液的浓、稀，即一定量的溶液中含有多少溶质这一问题展开，引出溶液中溶质的质量分数的概念，并结合这一概念进行一些简单计算，初步学习配制溶质质量分数一定的溶液。三个课题密切相关，逐步深入，比较符合学生的认识规律。

本单元的教学内容除了正文外，在"资料"、"拓展性课题"等栏目中还补充了一些内容，以扩展学生的知识视野。本单元中编排了较多学生参与的活动，教材中也留出较多的空白，供学生观察、思考后填写，有些内容则完全以学生活动展开。本单元的许多教学内容是要求由学生在活动与探究中完成的，并在"讨论"、"调查与研究"、"习题"、"家庭小实验"等活动中引导学生学习和运用科学方法。

本单元教学重点是：溶液、溶质、溶剂的概念；饱和溶液和溶解度的概

· 125 ·

念；溶液中溶质的质量分数；在学习化学的过程中，对科学探究的体验。

本单元教学难点是：从微观角度理解溶解过程；对溶解度概念的认识；溶液中溶质的质量分数的简单计算。

本单元教学应注意以下几个方面：

1. 遵循"同化"与"顺应"规律建构认知结构

学生在日常生活中已经有了一些有关溶液的生活概念，教师一方面应了解学生已有的有关溶液的知识，尽量从学生熟悉的事物引入溶液的学习；另一方面要充分利用新旧知识经验的冲突，以及由此而引发的认知结构的重组，引导学生把生活概念向科学概念转化。

教学过程要遵循同化（扩大"相似块"，建立连接点）、顺应（消除"结构差"，建立生长点）的规律，促进学生认知结构的建构，并在"平衡——不平衡——新的平衡"的循环中得到不断的丰富、提高和发展。

例如，由糖水、盐水等生活概念（旧平衡），经过组成分析（破坏旧平衡——产生不平衡）形成溶液的科学概念（达到新平衡）；由水是溶剂的生活概念（旧平衡），分析碘酒的溶剂（破坏旧平衡——产生不平衡）形成溶剂的科学概念（达到新平衡）；由水是溶剂的生活概念（旧平衡），分析酒精中的溶剂（破坏旧平衡——产生不平衡），形成"两种液体互相溶解，相对而言，量多者为溶剂"的正确认识（达到新平衡）。

又如，由饱和溶液质量分数大（旧平衡），经硝酸钾的浓溶液不饱和与氢氧化钙的饱和溶液浓度小的对比分析（破坏旧平衡——产生不平衡），形成对"饱和"与"浓溶液"、"稀溶液"的正确认识（达到新平衡）。

2. 组织好"活动与探究"让学生体验学习过程

教材中安排了①"溶解时的吸热和放热现象"、②"饱和溶液"、③"绘制溶解度曲线"三个活动与探究。为了提高学习效益，教师应引导学生抓住"探究点"。像①中溶质溶解前后的温度差；②中的"一定温度"、"一定量溶剂"和"不能继续溶解"；③中曲线上每一点表示的意义，两条曲线交点的意义，曲线形状的特点等。

活动与探究最好是分组进行。各小组成员既要分工负责分内的工作，又要协作完成组内的任务；在小组内交流前，每个小组成员要独立作出探究结论并对结论作出解释；小组间交流时小组代表应随机确定；教师的评价到组不到人。这样，保证100％的学生都能参与到学习中来；保证小组内的分工合作落到实处；保证学生间的相互作用充分发挥而尽量减少生生间的学习效果的差距；保证每一个学生都能获得学习的体验。

3. 有关溶液的计算要把握好深广度

关于溶质的质量分数的计算，大致包括以下四种类型：

（1）已知溶质和溶剂的量，求溶质的质量分数；

（2）要配制一定量的溶质的质量分数一定的溶液，计算所需溶质和溶剂的量；

（3）溶液稀释和配制问题的计算；

（4）把溶质的质量分数运用于化学方程式的计算。

其中第（1）类计算在填［实验9−5］和［实验9−6］的表格时已练习过，这实际上是直接运用溶质的质量分数的关系式，计算并不困难。

［例题1］属于第（2）类计算，实际上这类计算也是直接用关系式计算，只是把关系式稍作变换。

［例题2］属于第（3）类计算类型。这类溶液稀释和配制问题的计算比较复杂，需要教会学生从另一角度去思考这类问题。要让学生理解，加水稀释和配制溶液时，溶质的质量总是不变的。因此计算时要以溶质量不变为依据来建立等式关系。

例如，设某溶液 A g，溶质的质量分数是 $a\%$，稀释后得到溶质的质量分数为 $b\%$ 的溶液 B g，则有：$A \text{ g} \times a\% = B \text{ g} \times b\%$

课题3习题5、6和习题7，属于第（4）种类型计算。这类计算的重点是化学方程式的计算，只是其中涉及溶液中溶质的质量分数的概念，要求综合运用化学反应知识、溶液知识以及必要的密度关系式等。

在建立溶质的质量分数的概念之后，应让学生了解，化学计算不等于纯数学计算，在计算时要依据化学概念、尊重化学事实，明确溶液的组成是指溶质在溶解度范围内，溶液各成分在量方面的关系。某溶质的质量分数只能在一定范围内有意义。例如，在20℃时，氯化钠的水溶液最大质量分数不能超过26.5％。离开实际可能性，讨论更大质量分数的氯化钠溶液是没有意义的。

　　千万不要引入过难的有关溶液的计算，以免影响学生学习的自信心。

　　另外，组织学生做好"家庭小实验"，可以使学生在运用学科知识解决日常生活中的问题中，看到了所学知识的用途，增强了学好化学知识的心理需求，同时，也深化了对学科知识的理解。利用"调查与研究"，用好"资料"，阅读"拓展性课题"，可以拓展学生的视野。拓展性课题"溶液、乳浊液和悬浊液"为学生以后学习分散系埋下了伏笔。

　　充分用好教材的这几个栏目，对达成本单元教学目标能够起到很好的辅助作用，老师们切不可弃之不顾。

案例　　　　　　《溶质的质量分数》教学设计

教学准备：

药品：红糖固体、NaCl（s）、H_2O（l）

仪器：天平、量筒、烧杯、药匙、玻璃棒

相关课件及其教学投影片

教学过程：

一、创设情境

同学们，你们在夏天喜欢游泳吗？

（学生自主发言。）

教师追问：你们如果不会游泳，到了水里后，是漂浮在水面上，还是沉在水下呀？

（学生自主发言。）

教师：请同学们看下面几幅图片（死海图片）。

（死海图片导入，简明扼要。）

老师引导：这是死海里的景象，你能解释一下，为什么人可以漂浮在水面上吗？

二、实验探索

在三支试管中各加入 20 毫升水，然后分别加入 2 克、4 克、6 克红糖。

（学生观察现象，比较三支试管中溶液的颜色。）

（从熟悉的事物入手，有利于激发学生的学习兴趣，创设一种良好的学习氛围。）

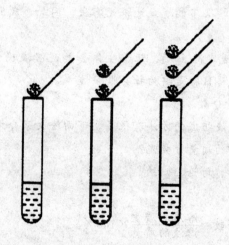

三、分析讨论

1. 如何判断溶液的浓与稀

三支试管中溶液的颜色是否相同？

（学生归纳，并完成表格。）

试管编号	溶液颜色	溶剂质量	溶质质量
1			
2			
3			

教师提问：如何判断溶液的浓与稀？是否精确？

（学生根据自己掌握的情况自主回答，教师给予及时点拨并与学生一起归纳小结。)

小结：

（1）教师对于有色溶液，可以根据颜色来粗略地区分溶液是浓还是稀：一般来说，颜色越深，溶液越浓。

（2）对于无色溶液来说，显然就不能用颜色来判断溶液的浓与稀了。

教师：在实际运用中，常要准确知道一定量的溶液里含有溶质的质量。例如：在医院给病人输液时，葡萄糖溶液或生理盐水的浓度，不能高也不能低，否则会引起危险；在施用农药时，如果药液过浓，会毒害农作物，如果药液过稀，又不能有效地杀死害虫。因此，我们需要准确知道溶液的组成。

（从生产、生活实际出发，让学生体会知道溶液确切组成的必要性，知道学习化学的最终目标是要为社会服务。）

2. 溶液的质量分数

教师：表示溶液组成的方法有很多，下面给大家介绍的是溶质的质量分数。什么是溶质的质量分数呢？

（1）学生分析、讨论、归纳。

（2）教师板书：

$$溶质的质量分数 = \frac{溶质的质量}{溶液的质量} \times 100\%$$

（3）师生共同归纳，课堂气氛融洽。

教师小结：

同学们归纳得不错，这正是溶质的质量分数的概念。刚才在同学们的实验中出现了多组资料，请你在表中任选1～2组数据来计算对应溶液中溶质的质量分数。

（4）学生尝试练习，并很快顺利完成。教师及时给予鼓励。

学生实验：按下表所给的量配制氯化钠溶液

溶质的质量/克	溶剂的质量/克	溶质的质量分数
10	90	
20	80	

① 学生按要求实验，并计算溶质的质量分数

（结合做过的实验，配制溶液，在此基础上理解公式中各个量的意义。）

② 已知溶质和溶剂的质量，这样的溶液我们会配制了，那么告诉你一定量的一定溶质质量分数的溶液，你会配制吗？

（投影）欲配制 50 克质量分数为 6％ 的氯化钠溶液，该如何操作？大家不妨试一试。

（学生分组实验，教师对各组的实验进行客观的评价与指导。）

分析讨论：该实验的步骤及所用仪器。

（让学生尝试着进行实验，激发学生探究欲望，增强学生解决实际问题的能力，增强学生的动手能力。）

学生归纳，教师板书：

配制溶液的步骤：计算，称量，量取，溶液配制

所需仪器：　称量：托盘天平　药匙

量取：量筒　胶头滴管

溶解：烧杯　玻璃棒

（在学生亲身体验的基础上，进行总结，把学生的情感知识上升为理性知识。）

（5）应用公式求解

教师：在溶液的配制过程中，同学们已学会了使用溶质质量分数的公式，那么你能用公式来解这一题吗？

例题 1：配制 150 千克质量分数为 16％ 的氯化钠溶液，需要氯化钠和水的质量各是多少？

根据提出的问题进行分析讨论，提出解决问题的方法。

（问题导思，引导学生计算，由教师将学生的讨论结果更正并板书，使学生能够尽快掌握重点内容。）

四、教师点拨

教师：同学们完成得非常不错。其实，溶质的质量分数这个概念，在生活中应用是非常广泛的。如下面这道题目，同学们可以先尝试着做一

做：冬天，人们常给皮肤抹上一点甘油溶液，使皮肤保持湿润。用 400 克甘油溶解在 100 克水中，配制的甘油溶液效果最佳。该甘油溶液的溶质的质量分数是多少？

（有不少学生在一分钟之内就完成了，教师及时鼓励。）

〔让学生再次感受化学与生活的密切联系，同时熟悉计算公式。〕

教师点拨：

如果我们能将这两个等式熟练运用，那么只要知道了"溶液的质量"、"溶质的质量"、"溶剂的质量"以及"溶质的质量分数"四个量中的任何两个，我们就可以求出另外两个。

根据以上所学，完成表格填空

（投影展示）

溶质质量（g）	溶剂质量（g）	溶液质量（g）	溶质质量分数
10		200	
	96	100	
		150	16％
35.7	100		

（学生分析讨论，以小组完成，互相检查。）

师：下面同学们再做这样一个练习：在一次探究活动中，小江同学收集到如下标签：

> 医疗用葡萄糖注射液
>
> 规格：250mL
>
> 内含：12.5 克葡萄糖
>
> 5％

请你利用标签中的数据设计一个简单的关于溶质质量分数计算的题目，设计好后与同桌交换练习。完成后交由同桌批改。

（学生进行设计并交换完成。目的是：培养学生思维能力，合作交流能力。）

〔设计习题贴近生活，体现了化学学科的实用性。〕

教师（在教室巡回指导后）：好，刚才我看到同学们设计的题目以及同桌同学的批改后，发现同学们的想象力真是超出了我的想象。看来，同学们这节课还是挺有收获的。

（引导学生归纳）学完本课题你知道什么？能用我们所学到的知识解决什么问题？

（学生讨论交流，自主发言，教师点拨。

要求每一个学生都能积极参与到讨论中去，这样有利于知识的脉络化、系统化。）

〔灵活处理教材，更符合学生的学习特点。〕

作业：生活中你们都见到了哪些溶液，请你找到溶液卷标、记录的内容并计算其中各种溶质的含量。

（王二爱）

第六节　"酸和碱"单元教学举例

本单元分为两部分。第一部分从生活和实验中常见的酸和碱出发，介绍了几种常见酸和碱的性质及用途，并说明酸和碱各有其相似性质的原因。第二部分在酸和碱性质及用途的基础上，进一步介绍了酸和碱之间发生的反应——中和反应以及中和反应在实际中的应用，溶液的酸碱度等。

本单元在内容安排上，注意联系学生的实际，选择学生日常生活或平时实验中常见的物质，通过实验来说明酸和碱的性质和用途。同时，注意通过活动与探究、讨论、调查与研究等方式，培养学生的创新精神和实践能力，训练学生进行科学探究的方法。教材中安排了 6 个"活动与探究"，每个课题 3 个，是探究学习安排得最多的单元。

本单元教学重点是：运用酸碱指示剂检验酸溶液和碱溶液；酸和碱的化学性质；中和反应；pH 的意义。

本单元教学难点是：从离子观点了解什么是酸、碱；活动探究酸碱中和反应的原理和生活应用。

本单元教学建议：

1. 充分利用实验发现问题驱动新知识的学习

通过观察实验现象，发现问题，以问题解决为任务，驱动学生思考，从而解决问题，学习新知识与新技能。

像［实验10－1］说明酸碱能使指示剂变色，通过实验概括出酸碱指示剂的概念，抓住指示剂在酸或碱溶液中不同的颜色变化，结合"讨论"，加强利用指示剂检验溶液酸碱性的学习。

用［实验10－2］促进对物质物理性质的研究内容和方法等知识的学习；用［实验10－3］促进对浓硫酸的腐蚀性的学习；用［实验10－4］促进对浓硫酸稀释过程中的热效应知识的学习；用［实验10－5］促进对浓硫酸稀释操作知识的学习；用［实验10－6］促进对氢氧化钠的潮解与氢氧化钠溶于水时的热效应知识的学习；用［实验10－7］促进对氢氧化钠的腐蚀性的学习；用［实验10－8］促进对氢氧化钙与水反应的热效应与氢氧化钙的腐蚀性的学习；用［实验10－9］促使学生从酸碱在水溶液中解离出氢离子或氢氧根离子的角度认识酸与碱的共性。

2. 熟练运用"活动与探究"学习新知识与新技能

学生在前面的学习中已经比较熟练地掌握了探究学习的方法，本单元应该是让学生运用探究学习方法学习新知识与新技能的好机会。

课题1中的第一个"活动与探究"实际上就是让学生自制酸碱指示剂。在活动与探究中，不仅要有成果——制得酸碱指示剂，而且要引导学生归纳总结"化学模型"：

（1）原料的准备：植物的花瓣或果实，有汁挤汁，无汁取皮。

（2）制备：能挤压出汁液的，像葡萄，将挤压出的汁液用蒸馏水稀释到所期望的程度即可。不能挤压出汁液的像桃子、苹果等，取其皮捣烂如泥，置于一个烧杯（可用瓷杯代替）里，加水到刚好淹没住果皮泥，在低于其沸点的温度下文火加热约10分钟，冷却，滤出溶液，用蒸馏水稀释到合适的程度。也可用酒精（或白酒）将切碎的果皮浸泡一昼夜，滤出溶液，再将蒸馏水稀释到合适的程度。

（3）实验：取新鲜的稀释液加入酸或碱溶液中，观察颜色变化，作好记录。

（4）思考理解：可引导学生阅读一些科普材料，了解花青素的颜色变化条件，理解植物花朵的颜色万紫千红的原理。

对于酸、碱性质的"活动与探究"，教师可引导学生回忆、类推，并指导学生进行简单的归纳和小结。

酸的化学性质的"活动与探究"应重点引导，从都能使指示剂变色、都能跟活泼金属反应产生氢气、都能跟金属氧化物反应等方面发现其共性。抓住学生试图解释酸具有共性的原因的心理需求，把［实验 10－9］中有关酸的内容加入进来，有条件的学校可以用 FLASH 动画辅助展示盐酸、硫酸的导电过程，发现存在相同的阳离子——氢离子，归纳出酸的概念和酸的通性及其解释。

由于有了酸的化学性质的"活动与探究"的经验，所以，碱的化学性质的"活动与探究"可以让学生自主进行。

课题 2 中的 3 个活动与探究，目的是通过学生的亲身体验，增强对这部分知识的认识。中和反应的"活动与探究"中，用胶头滴管慢慢滴入盐酸的操作是为了清楚地看出指示剂的变化，课程标准中没有要求中和滴定，不必做中和滴定的实验。关于测定 pH 的"活动与探究"，实验室中的酸和碱可根据具体情况由学生自行选择，每种酸或碱最好有两种以上不同的浓度进行比较；测定对象可在教师提示下由学生根据实际情况自行选择生活中的一些物质。

3. 以合理知识结构促进学生认知结构的建构

本单元知识之间联系紧密，在教学中应引导学生抓住知识之间的联系与区别，随着学习进程的展开，逐渐建立并拓展知识网络，形成合理的知识结构框架，以促进学生认知结构的建构。把知识结构框架用关联图表示，有利于学生认知结构的建构。

案例　　　　《常见的酸和碱》教学设计

仪器、药品：

白醋、稀盐酸、稀硝酸、稀硫酸、食盐水、石灰水、氢氧化钠溶液、紫色石蕊试液、酚酞试液、点滴板、滴管。

课前准备：

组织学生查阅有关生活中常见酸的资料。

学生收集生活周围的指示剂。

一、情境导入

我们周围生活中充满了酸性物质和碱性物质。酸性物质和碱性物质是两类基本的物质。例如，人的胃液里就含有胃酸——盐酸，没有它，我们就不能有效地消化各种食物；若胃酸含量过多，又容易得胃病，需用含碱性的药物进行治疗。今天我们先学习几种常见的酸。

二、演示实验

教师用石蕊和酚酞分别滴加到酸和碱的溶液中进行显色反应，以提高学生的学习兴趣。

三、学生探究

（学生阅读课本，教师板书问题。）

学生自己阅读课本中有关酸的一节：

常见的酸和指示剂有哪些？用指示剂来检验它们时会有怎样的显色反应？你对盐酸和硫酸有怎样的认识？有何特殊的性质和用途？

物质	颜色	状态	挥发性
盐酸	无色	液体	易挥发
硫酸	无色	黏稠、油状液体	难挥发

（学生带着问题阅读。）

	酸性溶液	中性溶液	碱性溶液
紫色石蕊试液			
无色酚酞试液			

所有的酸都有一些共同的性质即酸的通性你能列举一些常见性质吗？现有蒸馏水、盐酸和石灰水等无色溶液，如何把它们鉴别出来？

做实验指示剂和酸碱的变色反应，并观察实验现象，得出两种指示剂在酸、碱溶液里的变色规律。结果紫色石蕊试液遇酸变红，遇碱变蓝。无色酚酞试液遇酸不变色，遇碱溶液变红色。

学生讨论：

做实验镁和酸的反应，并观察实验现象。

学生讨论：

做铁锈与盐酸实验，并观察实验现象。教师启发学生思考：不溶于水的铁锈到哪里去了？

学生讨论：

浓硫酸的性质和浓硫酸的稀释实验，用玻璃棒蘸浓硫酸在纸上写字，用浓硫酸浸泡火柴梗。

学生讨论：掌握正确的稀释方法（酸入水）

四、分析讨论（略）

五、课堂拓展

1. 浓硫酸和浓盐酸敞口放置在空气中，它们的变化是（　　）

A. 前者质量变小，后者质量变大

B. 前者质量分数变大，后者质量分数变小

C. 二者质量都变大

D. 二者质量分数都变小

2. 下列物质中能做气体干燥剂的是（　　）

A. 硝酸　B. 盐酸　C. 浓硫酸　D. 稀硫酸

开动脑筋：

1. 硫酸_____水（填"易溶于""难溶于""溶于"）溶解时需_____。

2. 在稀释浓硫酸时，一定要把_____沿着器壁慢慢注入_____里并不断_____，使产生热量迅速扩散。

3. 向盛有氧化铜的试管里，加入适量的稀硫酸，观察到的现象是_____，反应的化学方程式是_____，此反应属于_____（填反应类型）。

4. 纯净的浓盐酸是_____的液体，工业品浓盐酸是黄色是因为_____。

5. 酸可用于金属表面的除锈，是因为_____。

（乔忠刚）

第七节 "盐和化肥"单元教学举例

盐的概念已经在第十单元酸、碱的化学性质中提出，本单元是对盐的相关知识作进一步拓展：课题 1 是从生活中的食盐拓展到化学意义上的盐类化合物，指出即使在生活中，人们常见的盐也不止食盐一种；课题 2 通过介绍化肥拓展盐在生产和生活中的应用。两课题都是从学生身边的事物出发，通过实际例子展现化学的魅力。

本单元还是初中阶段无机化学知识的最后部分，在介绍盐和化肥的同时，也对酸、碱、盐之间的复分解反应及其发生的条件、碳酸根离子的检验、分离提纯物质及化合物的分类（供选学）等内容进行总结、归纳和提高、延伸。

本单元的特点是寓化学知识的学习与化学实验操作技能的训练于实际应用中，学用结合融为一体。

本单元教学重点是：化学与生活、生产的关系；生活中几种常见盐的组成及用途；化肥的种类及应用；酸、碱、盐的反应——复分解反应；过滤、蒸发等分离提纯物质的基本操作技能。

本单元教学难点是：复分解反应发生的条件。

本单元教学建议：

1. 让学生学习身边的化学知识

盐是人们日常生活中常见的一类物质，像食盐、碳酸钠、碳酸氢钠、高锰酸钾、石灰石等，特别是食盐，更是天天接触的东西。课堂教学就可以先让学生列举生活中见到的盐，再通过教材的阅读，使学生从盐的生活概念向科学概念转化，由身边的化学物质学习化学科学知识。

化肥是农村学生常见的物质，其中无机肥料的有效成分都是盐类物质。教学中可以把新知识的生长点建立在学生已有的经验之上，使学生觉得化学知识就在自己身边，激发学生学好化学知识的动机。

2. 让学生学习规律性化学知识

课堂教学要解决两个问题：一是实现知识内化，即通过解决是什么（陈述性知识）和为什么（建立知识间的联系）的问题，把握知识规律；二是形成学科技能，即通过知识的应用，把握知识应用规律。本单元教学中，要让学生把握物质分离提纯的原理与方法、复分解反应发生的条件、各类物质之间反应的规律、物质分类等规律性知识。

学生学习新知识的过程，是通过师生的多向交流活动，使学生掌握基础知识、基本技能和学科基本思想方法的过程，是学科知识结构和学生认知结构有机结合的过程，这是实现学生在教学中认识主体作用的一次质的转化，也是教师的积极引导和学生积极思维的结果。这里"教"是条件，"学"是关键。从认知程序看，教师是从整体到局部，而学生是从局部到整体，教学过程正是在新知识这个认知连接点上实现认知的转化，即由教变学的转化。在新知识的学习过程中，一要强调学生的自主探索。这是主动学习的实质性的环节。不是教师直接讲授或讲解解决问题的思路、途径、方法，而是学生自主探索问题解决的思路、途径和方法。学生所要完成的主要任务是：在明确所要解决的问题的基础上形成解决问题的"知识清单"；确定搜集知识信息的渠道、途径和方法；搜集所需要的知识和信息并进行分析和处理；利用知识和信息解决提出的问题，完成学习任务。二要重视学生的合作学习。这是主动学习的拓展性的环节。学生群体在教师的组织和参与下交流、讨论自主探索的学习成果，批判性地考察所提出的各种理论、观点、假说、思路、方法等，通过社会协商的方式使群体的智慧为每一个个体所共享，内化为个体的智慧，拓展个体知识视野，是形成学生表现、交往、评价、批判能力的重要环节。要给学生留出发挥自主性、积极性和创造性的空间，要给学生提供在不同的情境下建构知识、运用知识、表现自我的多种机会，要让学生通过主动学习形成自我监控、自我反思、自我评价、自我反馈的学习能力。

3. 让学生学习有用的化学知识

氯化钠在生活中的用途很多，教材中只列举了一些最常见的例子。教学中可以发动学生结合课后习题多列举一些，如盐水漱口防治口腔炎症、预防感冒等，以开阔学生思路，活跃课堂气氛。

对氯化钠、碳酸钠、碳酸氢钠和碳酸钙的用途的教学，主要是把性质与用途联系起来，使学生掌握性质决定用途的规律，从而由物质的性质去发散分析物质的用途，再由实践确认，以此来培养学生思维发散的习惯与能力。

教材中安排了初步区分氮肥、磷肥和钾肥的方法的"活动与探究"；氮肥的简易鉴别资料的学习以及"调查与研究"家乡近几年来使用化肥的情况（包括品种和用量），土壤质量及作物产量情况等，并对这些情况进行归纳、分析，对当地化肥使用是否合理提出看法和建议的活动。教材中化肥的知识很有限，重点是让学生了解化肥和农业发展的一些趋势，树立一些观念。教学中教师可以适当补充一些相关资料，如化肥发展的概况和趋势等，也可以结合课题后的"调查与研究"发动学生收集资料，丰富教学内容，使学生感受到化学知识的运用及价值。

地处农村或靠近农村的学校，应结合当地农业生产的实际，补充一些具体种类的化肥、农药的应用知识和技术，使学用结合。也可以结合生物课的学习，开展化肥对植物生长影响的课外探究活动。

注意利用对有关化肥、农药使用利弊的思考，培养和训练学生的辩证思维，使他们认识到科学技术的发展在解决原有问题、促进社会和生产发展的同时，往往又可能会引出新的问题，因此使他们认识到科学技术的进步将是永无止境的。

4. 用教材教学生学习化学知识

"活动与探究中"的"讨论"是学生动手实验前的必要准备，也是培养学生应用所学知识和技能，提高解决实际问题能力的有效方法。应充分利用讨论，培养学生观察、分析、归纳实验现象的能力和习惯。

实验部分的一些操作在上一学期已经学习过，但由于练习不多，相隔时间又较长，应要求学生作好预习，提醒学生复习称量、过滤等操作，使学生实验时心中有数，以保证实验的顺利进行，同时避免盲目地"照方抓药"。对实验中出现的新仪器和操作技能，教师要加以指导。例如，蒸发溶液时要注意倒入蒸发皿里的溶液以不超过蒸发皿容积的 2/3 为宜，倒入过多溶液，加热至沸腾时易迸溅。另外，如果粗盐溶解后产生沉淀过多，应提醒学生：过滤时最好先让上层滤液滤过，然后再将混有大量沉淀的溶液倒入漏斗。以免沉淀先行进入漏斗后可能堵塞滤纸纤维的间隙，使过滤速度过慢。

在生活中利用碳酸钠较多的是它的碱性——去油污；在生活中利用碳酸氢钠较多的也是它的碱性——用作药物中和过多的胃酸。教材中有意回避了这一点。这主要是为了避免涉及水解问题。在教学中很可能遇到学生提出有关问题，可以简单告诉他们这两种盐溶于水呈碱性，不宜过多、过早讲述盐水解的知识。在这里留下一点悬念，还有利于激发学生的好奇心和求知欲。

案例 　　　　　　　**《生活中常见的盐》教学设计**

课前准备：

试管、带导气管的橡皮塞、碳酸钙、碳酸钠、碳酸氢钠、稀盐酸、澄清的石灰水。

教学过程：

一、激趣引题

学生观看数据图片实物引入新课（图片略）

二、精心设疑

生活中常见的盐有哪些？列举出来。

食盐与人体健康有什么关系？

食盐在自然界的分布情况如何？

氯化钠、碳酸钠、碳酸钙、碳酸氢钠在生产生活中有什么用途？请举例说明。

预习实验并做演示准备（思考 CO_3^{2-} 的鉴定）

总结盐类有哪些化学性质？

什么是分解反应？有什么特点？有哪些类型？

注意：教师应留有足够的时间让学生去思考、去整理、去理解。

三、主动探究

小组成员之间针对提纲互相讨论，发现存在的问题，组内互相交流，教师作必要的补充，给予恰当的点评。

小组选代表演示，记录实验现象，对此分析得出 CO_3^{2-} 的鉴定方法，突破难点。

四、归纳小结（略）

五、巩固练习

目的：自学以后命制题组，旨在掌握学生不懂的地方再作针对性的解决。

题组设计：

1. 工业盐与食盐有什么区别？

2. 工业盐能否代替食盐用于烹调？为什么？

3. 举例说明食盐的用途？（学生回答，其他学生再作补充，全部整理归纳，进行记忆）

4. 在我国某地曾经发生过把外形和食盐相似，有咸味的工业用盐误当食盐，食用后中毒的事件。这种工业用盐含有的有毒物质可能是_____

A. $KMnO_4$　B. $CuSO_4$　C. Na_2CO_3　D. $NaNO_2$

5. 胃痛时吃几块苏打饼干（含纯碱，可减轻胃痛）原因是_____；用化学方程式表示_____；碳酸钙是常用的补钙剂，服用的时候采用嚼服，理由是_____；反应的化学方程式为_____。

6. 下列物质不属于盐类的是_____；

A. 纯碱　B. 火碱　C. 小苏打　D. 高锰酸钾

7. 在用面粉制作馒头的发酵过程中会生成酸（是有机酸，设其化学式为 HR，R 表示其酸根成分）。若在蒸馒头之前先加一些 $NaHCO_3$ 或 Na_2CO_3 溶液，则蒸好的馒头，有很多小孔，吃起来松软可口无酸味，请写出所发生反应的化学方程式_____。

8. 盐在人体的新陈代谢中十分重要，它可以维持血液中适当的酸碱度，并通过人体复杂作用，产生消化液，帮助消化。这里的盐是指：

A. $CaCl_2$　B. Na_2S　C. $NaCl$　D. $MgCl_2$

9. 碳酸钠俗称＿＿＿＿、＿＿＿＿是＿＿＿＿色＿＿＿＿状固体，易溶于水，其溶液呈现碱性，我国化工专家侯德榜在改进＿＿＿＿的生产方面，作出了杰出贡献，发明了＿＿＿＿法。

下列各组物质（主要成分）的名称、俗称、化学式，三者不能表示同一种物质的是＿＿＿＿

A. 氯化钠、食盐、NaCl　　　B. 碳酸氢钠、小苏打、$NaHCO_3$

C. 碳酸钠、纯碱、Na_2CO_3　　D. 氧化钠、熟石灰、$CaCO_3$

10. 以下说法中正确的是＿＿＿＿

A. 食盐就是盐，有咸味都可食用

B. 从溶液中析出的晶体都是混合物

C. 纯碱是一种碱，广泛用于玻璃，造纸纺织，洗涤工业

D. 碳酸氢钠是一种盐，是制作糕点所用的发酵粉的主要成分

（合作交流：兵教兵，让所有学生都有收获。）

把所做的题分配到各组，选取代表讲解，学生讲解不清楚且达不到一定深度的题由教师作讲解，并命制相应的习题，让学生掌握不懂的地方。

分层训练：（设计基础题、链接题、思考题三个题组，旨在面向全体学生，使好、中、差三类学生有所收获。附题组）

基础题：

1. 下列关于氯化钠的叙述正确的是

A. 化工生产中用于制氯气，烧碱　B. 用于制玻璃造纸

C. 能吸收空气中的水分而潮解　　D. 加热易分解

2. 小凯同学建设自己的家庭小实验室时收集了下列物质，请按要求选择合适物质的序号填空：①活性炭②铝片③食盐④纯碱⑤熟石灰⑥烧碱⑦酒精⑧氧化铁⑨醋酸

3. 发酵粉可以使食品松软可口，属于发酵粉成分之一的是＿＿＿＿；常用来改良酸性土壤的碱是＿＿＿＿；我国著名化学家侯德榜研究成功的"侯氏制碱法"所生产的"碱"是＿＿＿＿；可用来除冰箱异味的是＿＿＿＿；属于有机物的是＿＿＿＿；能与稀盐酸反应的物质有＿＿＿＿。

4. 某工地食堂将白色的工业盐误作食盐用于烹调，发生了中毒事件，

这种工业用盐的主要成分是_____

A. $KMnO_4$ B. $NaNO_2$ C. Na_2CO_3 D. $CuSO_4$

链接题:

1. 将珍珠加入稀盐酸中,有气泡产生,生成的气体能使澄清的石灰水变浑浊,则珍珠中有下列离子中的_____。

A. 氯离子   B. 硫酸根离子

C. 碳酸根离子   D. 氢氧根离子

2. 新买的铝锅、铝壶用来烧开水时,凡是水浸到的地方都会变黑,这是由于水中含可溶性的_____。

A. 钠盐   B. 镁盐   C. 铁盐   D. 钙盐

3. 在发酵面团中加入下列某种物质的溶液糅合,既能除去面团中的酸,又能使蒸的馒头疏松多孔,这种物质是_____。

A. Na_2CO_3 B. $Ca(OH)_2$ C. CuO D. $NaCl$

4. 人体中含有的钠离子对维持细胞内外正常的水分分布和促进细胞内外物质交换起主要作用,人体中的钠离子来源主要是摄取下列物质中的_____。

A. 氢氧化钠   B. 亚硝酸钠   C. 苏打   D. 氯化钠

5. 下列反应属于复分解反应的是_____。

A. $CaCO_3 + CO_2 + H_2O = Ca(HCO_3)_2$

B. $2Fe(OH)_3 + 3Na_2CO_3 = Fe_2(CO_3)_3 + 6NaOH$

C. $Na_2CO_3 + BaCl_2 = BaCO_3 + 2NaCl$

D. $2NaOH + K_2CO_3 = Na_2CO_3 + 2KOH$

6. 为了测定此盐中的钙元素含量,取10g这种盐溶入水,加入足量盐酸,生成0.132g二氧化碳。请计算加钙食盐钙元素的质量分数。

思考题:

1. 2004年5月25日,佛山市某地发生了一起亚硝酸钠中毒事件,亚硝酸钠外观像食盐,且有咸味。亚硝酸钠和食盐的有关资料如表:

项目	亚硝酸钠	氯化钠
水溶性	易溶，在15℃时溶解度为81.5g	易溶，在15℃时溶解度为35.8g
熔点	271℃	801℃
沸点	320℃会分解，放出有臭味的气体	1413℃
与稀盐酸作用	放出红棕色的气体 NO_2	无反应

根据上表，请你写出亚硝酸钠的两个物理性质：_____。

写出检验食盐中是否含有亚硝酸钠的过程：_____。

写出下列反应的化学方程式：

① 氯化钡溶液与硫酸钠溶液混合_____。

② 碳酸钾溶液与稀盐酸混合_____。

③ 氢氧化钡溶液与稀硝酸混合_____。

在上述反应①中，实际参加反应的离子是 Ba^{2+} 和 $SO_4{}^{2-}$，而 Cl^-、Na^+ 则是"旁观者"，并没有参加反应。请你分析上述反应②中实际参加反应的离子是_____；上述反应③中实际参加反应的离子是_____。

2. 请根据你的想象，在下图右边的容器中画体现 NaOH 溶液和稀 HCl 反应产物的示意图。

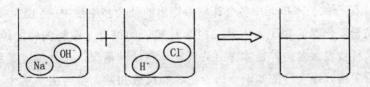

（学生展示）三组题都是组内解决，疑点教师作讲解。

教师小结（略）

（郭春湘）

第八节　"化学与生活"单元教学举例

本单元是一个突出体现新课标面向社会生活的学习单元，着重介绍了三方面的内容，即人类重要的营养物质、化学元素与人体健康和有机合成材料。从知识内容上看，它们不是初中化学的核心内容，属于知识的扩展与应用的范畴。因此课程标准对它们的教学要求不高，多属于"知道"、"了解"的层次。但是这些知识有利于联系社会实际，丰富学生的生活常识，能引起学生的学习兴趣。

本单元教学重点是：人类重要的营养物质；有机合成材料。

本单元教学难点是：蛋白质的生理功能；化学元素对人体健康的影响。

本单元的教学应体现以下特点：

1. 实践性。教材编写了阅读资料以及调查研究、课堂讨论、家庭小实验等活动内容，可以让学生通过自学和参加活动的方式，认识吸烟、居室装修、污染和食物霉变等对人体健康的危害，以及"白色污染"对环境的破坏，从而提高抵御有害物质的侵害、保护环境的自觉性。

2. 探索性。本单元中的实验探究有利于学生亲自体验科学探索的规律性和解释自然现象的方法。[实验 12—1]可以增加加热电木的内容，使之具有比较探索的性质。教学的重点由过去的应试转变到能力的培养上，转移到处理问题的过程上，突出用科学方法论处理问题，为他们今后从事各项工作奠定基础。

3. 综合性。本单元中各个课题中提出的社会和生活中的问题，都不仅仅是结合了化学的知识，而是几门学科知识的综合。课程内容的综合化，是当代科技发展对培养通才提出的要求。在这种情况下，教师应避免在教学中更多地以综合性的知识介绍为主，而没有扣紧化学与生活这个主题的做法。

各课题的教学建议如下：

课题 1 的重点应放在蛋白质的学习上。恩格斯曾在《自然辩证法》一书中说过："生命是蛋白体的存在方式"。首先要让学生知道蛋白质是构成人体细胞的基本物质，是机体生长及修补受损组织的原料，也是人体不可缺少的营养物质。其次要让学生通过血红蛋白和酶的实例，知道蛋白质在人的生命活动中执行着各种功能，从而引导学生认识到：为了维持人的正常生命活动，必须注意防止有害物质（如甲醛、一氧化碳等），对人的肌体蛋白质的侵害。

在糖类的教学中，要让学生了解淀粉食物的主要功用是为机体提供能量，了解淀粉在酶的催化作用下，逐步水解为葡萄糖并在体内消化吸收的简单过程。

本课题的教学艺术的发挥应体现在不讲明营养物质的结构和性质的情况下，要学生了解它们在人的生命活动中的作用及营养价值。

课题 2 的重点是介绍无机盐的生理功能，即一些元素与人体健康的关系。教学中要强调必需元素有其最佳摄入量，据此可引导学生讨论本课题的讨论题。

由于媒体中充斥着有关补钙、补锌等保健药剂的广告，为了增加对它们的了解，可组织学生调查市场上有哪些此类保健药剂出售，查看它们的标签或说明书，了解它们的主要成分。做好这一调查与研究，不仅有利于培养学生探究学习的能力，而且有利于培养学生"求真"的科学探究品质。

让学生完成好本单元的习题："收集有关微量元素与人体健康关系的资料，并了解人体是如何摄取这些物质的。"可以使学生了解文献研究的方法并扩充学生的知识面。对习题完成的要求不要太高，以免加重学生的学习负担。

课题 3 包括有机化合物和有机合成材料两部分内容。

有机化合物中，教材在学生已有知识的基础上设计了"活动与探究"，可以让学生通过填写并分析一些具体物质的化学式、组成元素和相对分子质量，自己归纳出有机化合物的共同点、有机化合物和无机化合物的区别。

有机合成材料是从学生的生活经验出发，主要介绍了常见的塑料、合成纤维和合成橡胶的性能和用途，以及一些新型有机合成材料。目的是使学生充分认识化学与生活、生产的密切联系，以及材料在人类社会的发展中所起到的巨大作用，提高学生的化学素养，这是本课题的重点。要让学生从结构与性质的密切关系的角度了解有机高分子化合物的结构特点和主要性质（热塑性和热固性）。让学生完成好"调查与研究"，了解治理"白色污染"的途径和方法，以培养学生关注自然和社会的责任感。

在教学中尽可能做到：

（1）紧密联系学生的生活实际。在有机合成材料的学习中可以让学生课前收集样品，查阅资料，或进行社会调查，以使学生对合成材料在生产和生活中的应用有一个直接的认识。

（2）建立构—性—用相关的观点。虽然教材中关于有机高分子化合物的结构、性质和用途之间的关系论述不多，但教学过程中应该注意培养学生建立结构决定性质、性质在很大程度上决定物质用途的基本观点。

（3）树立辩证的观点。使学生认识到虽然合成材料在人类社会的进步中起着巨大作用，但是不合理使用也会给人类带来危害，如"白色污染"。

（4）体现开放性。在讨论"使用塑料的利与弊"之前，可以布置学生查阅有关资料，讨论分组进行，还可补充除教材以外的参考论点，以增强辩论性。讨论中要注重培养学生的表达能力、合作意识，以使学生树立珍惜资源、爱护环境、合理使用化学物质的观念。

（5）开阔学生的视野。教学中应及时补充有机合成材料发展的新成就、新进展，注意教学内容的更新。

案例　　　　　　　　**《有机合成材料》教学设计**

一、设计课题

1984 年，在意大利东侧亚德里亚海打捞上来一头死鲸，解剖后发现，该鲸竟是吞食了 50 多个塑料袋窒息身亡。提出塑料垃圾对大自然的污染。录像播放新型有机合成材料。未来社会离不开有机合成材料，新型材料离不开化学，化学是人类进步的阶梯！

二、自主探究

指导学生填写教材 P99 的"活动与探究"中的表格；并利用实物投影学生的答案，引导学生根据表格内容比较和讨论。

编号	化合物	化学式	组成元素	相对分子质量
1	甲烷	CH_4	C、H	
2	乙醇	C_2H_5OH		
3	葡萄糖	$C_6H_{12}O_6$		
4	淀粉	$(C_6H_{12}O_6)_n$		几万至几十万
5	蛋白质	＝＝＝＝＝＝	C、H、O、N等	几万至几百万
6	硫酸	H_2SO_4	H、S、O	
7	氢氧化钠	$NaOH$		
8	氯化钠	$NaCl$		

三、分组研讨

（1）甲烷、乙醇、葡萄糖、淀粉和蛋白质的组成元素有什么共同点？都含有哪种相同的元素？

（2）甲烷、乙醇和葡萄糖的相对分子质量与淀粉和蛋白质的相对分子质量相比有什么不同？

两组中是前者还是后面两种分子的相对分子质量大些？

认真填写表格中有关化合物的化学式、组成元素、相对分子质量，并进行比较和讨论，得出讨论（1）的结论：这些化合物都含有碳元素；讨论（2）的结论：甲烷、乙醇、葡萄糖的相对分子质量较小，而淀粉和蛋白质的相对分子质量较大。

（从学生已有的知识着手，首先让学生填写表格，然后比较、讨论，自主归纳得出结论，符合学生的认知规律。）

引导学生阅读教材P99～P100，并依次出示下列问题：

1. 化合物分哪两大类？它们有什么区别？

2. C、CO、CO_2、$CaCO_3$等是有机物吗？为什么？

3. 为什么有机物的数目异常庞大？

仔细阅读课本积极讨论、思考并回答有关问题：

1. 有机物和无机物，主要区别是看组成上是否含碳元素。

2. C是单质，其化合物具有无机物的特点。

3. 由于有机物中原子之间的结合方式不同，所以形成了数目庞大的有机物，并且有机物结构不同，性质也就不同。（肯定和鼓励学生积极参与讨论和交流，这部分内容没有太大难度，可让学生自主归纳总结）

引导学生阅读教材 P100—P102，并依次出示下列问题：

1. 举例说明：什么是天然有机高分子材料？什么是合成材料？

2. 有机高分子化合物是怎样形成的？链状和网状有什么区别？（培养学生的阅读能力和认识图、理解图的能力）

（活动与探究）

实验一　拉扯塑料袋（横拉和竖拉）

拉扯方向	用力程度	撕口形状	原因分析
横拉			
竖拉			

实验二　加热两种塑料碎片（时间＜2min）

所用样品	操作步骤	现象	分析原因
聚乙烯塑料			
电线槽塑料			

注意：当加热熔化后或有烟产生时，立即停止加热，防止分解并产生有毒气体，并用玻璃棒搅拌一下，取出观察。并记录现象：加热后可熔化的是＿＿＿＿＿＿塑料；加热时不会熔化的是＿＿＿＿＿＿塑料。

实验三　用火点燃不同颜色的线

不同色的线	燃烧时的现象	燃烧的气味	结论
灰白色的线			
粉红色的线			

通过刚才的烧线实验，你发现了什么？认真聆听注意点，观察实验步骤和现象，并结合教材上的文字、插图思考回答问题；根据生活经验和刚学的书本知识，进行讨论并回答"讨论"题；根据教材上的插图或课前收集的各种塑料制品，分别说明它们的用途。

（进一步培养学生建立：结构决定性质，性质在很大程度上决定物质用途的基本观念。塑料、纤维是学生熟悉的生活用品，让学生把生活经验和刚学的书本知识融合在一起，体现了化学对人类生活的重要性。）

指导阅读：

引导学生阅读教材 P103 的文字和有关合成橡胶用途的插图以及 P103～P105 的文字和有关塑料等的插图。

（仔细阅读教材和插图，认真聆听老师讲解，体现循序渐进的认知规律。）

展示学生收集的标有"塑料包装制品回收标志"的塑料制品，请学生讨论回答各标记的含义。

投影学生从网上下载的合成材料发展的新成就。例如：淀粉塑料、导电塑料等图片。

观看投影和展示并积极评判、讨论。

（课前由学生收集数据，课上组织学生展示讨论，学生看到自己的"作品"投影出来，很兴奋，学习的积极性高涨。真正让学生成为课堂的主人。）

将学生分成甲（正方）、乙（反方）两大组，正方的论点是"塑料的利"，反方的论点是"塑料的弊"。挑选两位主持人以及双方的组长，课前进行指导。

辩论过程中维持好纪律，有时作一些指导。最后，呼吁大家珍惜资源、爱护环境、合理使用化学物质。

甲、乙双方面对面展开辩论，课堂气氛达到高潮，学生争着表现自己。

通过辩论和观看投影，学生意识到学习化学、爱护环境的重要。

（将辩论引入课堂，是一种开放式教学的尝试，它体现了新课程理念，培养了学生的表达能力和合作意识；使学生学会辩证地看问题，树立学好化学的决心。）

四、应用训练

（一）必做题

1. 可降解塑料是指自然条件下能够自行分解的塑料。研制、生产可降解塑料的主要目的是什么?

2. 依据物质的性质特点,判断下列物质属于链状结构的是(　　)

A. 有机玻璃　　B. 电木　　C. 大棚薄膜塑料　　D. 锅把的隔热塑料外壳

3. 某班同学进行"使用塑料的利与弊"的辩论。甲方认为"利大于弊",理由是:大部分塑料的抗腐蚀能力强,不与酸或碱反应等;乙方认为"弊大于利",理由是:回收利用废弃塑料时,分类十分困难,而且经济上不合算等。你愿意加入_____方(填写"甲"或"乙"),并说出你的一条辩论理由_____(与上面不同的理由)。

如何知道买回来的一件毛衣是纯羊毛的或是合成纤维做的?

方法一:_____。

方法二:_____。

(二)课外拓展

1. 试着修补家中断带、裂口的塑料凉鞋,试着给食品袋封口,并写下自己的体验和感受。

2. 试用简单的方法鉴别家中找得到的一些纤维,并把它们按照棉织物、毛织物、合成纤维来分类。

(林建霞)

第四章　初中化学课堂教学技能

第一节　导 入 技 能

课堂导入技能是指在上课之始或开展某项活动之前，教师引导学生迅速进入学习状态的教学活动方式。俗话说"良好的开端是成功的一半"。新颖有趣的课堂导入能紧扣学生的心弦，让他们学有目标，思有方向，具有集中学生注意力、激发求知欲望、指明学习方向、为新的教学技能铺路搭桥等多方面的教学功能。

一、技能结构

导入技能具有艺术性和创造性的特点，它是各种课堂交流基本技能的综合运用。透过灵活多变的导入形式，不难发现不同的导入技能有着大体相似的结构，即：引起注意，激发动机，建立联系，组织指引。

1. 引起学生注意

注意有两种方式，无意注意和有意注意，一般来说，强烈的刺激、鲜明的反差、新颖的事件、有趣的活动等容易引起学生的无意注意；而造成悬念，有用的知识、强调目标、指出学习意义则是引起有意注意的常用手段。在新课导入时要将学生迅速引入学习状态，必须设法吸引学生注意力，尽量抑制与教学无关的活动与情绪。

2. 激发学生动机

学习动机中最活跃的成分是认知兴趣，即求知欲。因而，导入新课应采用新奇有趣的现象、具体生动的事例，让学生自己操作实践，创设悬念或问题情境等方法激发学生浓厚的兴趣。自觉性是学习动机中最关键的成分。自觉性形成的标志是学生由"要我学"变成"我要学",主动发现问题,积极思考问题和竭力去解决问题。因此,引入新课要让学生清晰地意识到所学的内容不仅是有趣的,而且是十分有用的。要认识到学习的社会意义与现实意义,要紧密联系生活实际、生产实际和社会实际。

3. 建立联系

导入,不仅要让学生做好学习新课的心理、精神上的准备,还要做好知识和技能上的准备。为此,要充分利用学生原有的知识和能力,建立新旧知识的联系。

4. 组织指引

施教之功,贵在引导。导入的目的,不仅在于营造学习的最佳心理状态,调度必要的知识与能力储备,更重要的是将学生指引到特定的学习内容,使他们学有目的,思有方向。"引起注意"、"激发动机"、"建立联系"都要有的放矢,并且它们都要在统一的导入活动中协调组织起来,因此可以说"组织指引"是贯穿"导入"全过程的因素。即使在最为简洁明快的"开门见山"式的导入中,"组织指引"也是不可缺少的因素。"组织指引"的方法,一般是通过创设相关的课堂情境,将学生从无意识的感知,引导到有意识的学习中去。

二、基本要求

根据导入技能的构成和它在课堂教学中的作用,教师的导入技能应满足以下基本要求。

1. 导入要有趣

导入应引人入胜,有艺术魅力,切忌刻板乏味、陈词滥调。为此,教师的语言要风趣活泼,态度要热情开朗,引入方式要新颖多样,引入手段要形象直观。

2. 导入要切题

导入应从教学目标和教学内容出发,切合新学的课题,为之开道铺路，切忌随心所欲，为导入而导入。

3. 导入要引思

导入不仅要为学习内容定向，还要为学生的思维定向，使学生一开始就形成教学需要的"愤悱"状态，切忌平淡带过或机械灌输。为此，导入时应注重创设问题情境，以疑促思；要善于以旧拓新，促进迁移；要让学生参与活动，发现矛盾，积极思维。

4. 导入要简练

导入应简洁明快、内容精当，迅速将学生引入学习状态，切忌拖泥带水、啰唆冗长。

教师的教学技能训练，主要结合教学实践进行。导入技能的训练，一是要求备课时精心设计课题；二是要通过课堂教学实践有计划地尝试练习、获得经验；三是要动手、动脑、动口，总结经验，进行学习研究和交流讨论，不断提高导入技能水平。

三、类型

依据教学内容与目标、学生的年龄特征和心理需要，导入技能一般可分为以下几种类型。

1. 直接导入

教师开宗明义，直接点题，阐明学习的目的与要求的导入方式。这种方法开门见山，直截了当，突出中心或主题，一般在高年级采用，低年级学习能力与意志力较差，不宜多用。

2. 经验导入

从学生已有的生活经验或熟知的素材出发，通过生动的讲解、谈话或提问，引起回忆，导入新课题。这种方法使学生感到亲切易懂。

3. 旧知识引入

根据知识间的逻辑联系，找出新旧知识的联结点，通过复习、练习、提问，以旧引新导入新课。这种方法有利于将新知识纳入原有认知结构，降低学习新知识的难度。

4. 实验导入

通过演示实验和学生做小实验吸引学生注意，巧布疑阵或展示现象，利用学生观察发现的问题引入新课。这种方法有利于激发兴趣，活跃气氛。

5. 问题导入

编拟符合学生认知水平、形式多样、富于启发性的问题，激发学生回忆、思考，引入新课。这种方法有利于激发学生思维，有针对性地引导学生进入主题。

6. 事例导入

从学生关心熟知的事例导入新课。这种方法真实、亲切，容易吸引学生。

7. 悬念导入

以悬而未决的问题和现象引入新课。这种方法扣人心弦，易收到激发兴趣、启发思维、引人入胜的效果。

8. 故事导入

利用妙趣横生的典故、传说及创造发明的故事等来引入新课。这种方法不仅吸引学生而且有较强的教育性。

四、应用举例

为了更好地说明课堂导入技能在化学教学中的作用，方便教师灵活运用各种导入技能，下面举例说明几种常用技能的运用。

1. 导入方法之"直接导入法"

案例　　　　　　　**化学方程式**

采取巧妙设问

提问：从一写到一万要花多长时间？

这是一道脑筋急转弯的题目，走了捷径。在化学的学习中也有捷径可走。

提问：大家知道哪些化学反应？怎样用无声的语言表达出来？

学生演排：碳在氧气中充分燃烧的化学反应的文字表达式。

锦囊妙计：碳在氧气中充分燃烧的化学方程式。

比较分析，导入新课：体会化学方程式的优越性之一是简便、国际化；化学方程式突出的特点是用化学式来表示化学反应（概念），同文字表达式一样能告诉我们反应物、生成物和反应条件（化学方程式提供的信息）。

提问过渡：既然化学方程式有这么多优点，如果能将前面所学的化学反应都用化学方程式表示该多好！如何正确书写化学方程式呢？

2. 导入方法之"旧知识引入法"

案例 ## 金属的化学性质

[回忆与再现]

金属与氧气的反应

（1）填表。

实验	现象	反应的化学方程式	活泼性比较
铁丝在氧气中燃烧			
_____在空气中燃烧			

（2）铝与铁相比，具有哪些优良性质？

（3）为什么铝具有优良的抗腐蚀性能？

（4）分析"真金不怕火炼"蕴含的科学原理。

3. 导入方法之"故事导入法"

案例 ## 化学元素与人体健康

贵州某山区盛产芭蕉，一外地人问卖蕉人怎么卖？答：1角钱3只。4只行不？答：不卖。2角钱卖一串（少的也有十多只）行吗？答：行。这个卖蕉人数学概念为何这样差？原来他在婴儿时期因缺碘而得了呆小症，智力缺陷。本节课我们一起来探究人体的元素组成和一些元素对人体健康的影响。（板书课题）

第二节 板书板画技能

板书板画是教师书写在黑板上或投影片上的文字、符号、表格、图形和色彩的总称。在课堂教学中，板书板画与教学口语结合，视听兼容，有利于学生对知识的感知、理解与记忆。板书板画与实践操作结合，与实物对照，有利于学生从形象思维向抽象思维的转化，解决教学的难点。板书板画贯穿教学过程的始终，提纲挈领，自然形成体系，有利于学生掌握知识结构，形成便于记忆的线索。板书板画充分体现教师的思路与教学策略，有利于启发学生思维，教给学生学习的方法。板书板画还显示教师的艺术风格，以其独具匠心的特色吸引学生的注意，激发学习的兴趣，给学生美的熏陶和书写的示范。因此，板书板画对学生的学习有着全方位的影响，板书板画技能是教师课堂教学的又一重要的基本功。

一、技能结构

这里所说板书板画技能不是一个简单的能写善画的问题，而是一项综合性强、灵活性大的教学方式。它由板书板画设计技能、粉笔（硬笔）书画技能和板书板画运用技能等组成。为了便于操作，有利于进一步分解训练，达到先各个击破再全面掌握的目的，可将该项技能分解为精心选材、合理布局、认真书画、灵活运用几项要素，板书板画技能各要素的具体要求如下。

（一）认真选材

板书板画是教师配合教学用最凝练的文字和最简明的符号、图形展示教材的结构和教学内容的教学手段。优秀教师独具匠心、简明扼要的板书板画都是他们精心选材、潜心设计的结果。板书板画的选材要注意以下"四性"：

1. 目的性

板书板画都是为实现既定的教学目的服务的，其内容的选取一定要紧扣教学目标，突出教学重点，有利于突破教学难点。

2. 简明性

布鲁纳在《教育过程》一书中指出："详细的资料是靠简化的表达方式保存在记忆里的。"一节课学习的详细资料，如果能用简明的板书板画表达出来，就能更便于学生的记忆。因此，板书板画的选材要力求简明扼要，对学习的内容进行高度的概括和提炼，以最精要的文字和最简单的图形表达出来。这不仅是由于黑板的面积有限，上课的时间宝贵，而且是为了便于学生理解和记忆，因为繁杂的板书会使学生不得要领。因此，我们在设计板书选材时，一定要反复推敲，一方面要使书写简明扼要，另一方面要利用心理学、美学原理使之更易于联想记忆、经久难忘。

3. 准确性

教师在课堂上展示的板书板画，不仅以鲜明的形象存留在学生的脑海里，而且将长期地保存在学生的笔记之中，因此必须准确无误。内容不可有科学性错误；语法和各种符号、图表要符合规范；不可有各种逻辑错误或引起学生思维混乱的失策之处。

4. 启发性

板书板画的内容要忠于教材，但又不应总是课文的简单摘录，它是教师创造性劳动的成果、艺术的结晶，好的板书板画是学生理解记忆的线索，是引发思维联想的火花，是开发智力的杠杆。

一幅精湛的板书设计取材构思、布局设计，凝聚着教师辛勤的劳动，反映出教师的智慧和艺术水平。板书板画要达到艺术的境界，不是一朝一夕的事，也不是短期培训能奏效的，它需要教师掌握板书的要领，按照其基本要求，进行持续不断地严格训练、自我探索。

（二）布局合理

板书设计不仅包括选材，还有赖于布局。布局合理指的是板书整体不仅给人脉络清晰、匀称得体的感受，而且给人计划严谨、水到渠成的体验。

从具体操作来说，先要在黑板上计划安排好主体板书和辅助板书的区位。主体板书又称正板书。主体板书一般是一课一板，应条理清晰、纲目有序，既有内在的逻辑结构，又有外在的形式美。它是教师在备课过程中精心设计的。辅助板书又称副板书，它是指教学过程中，因为学生听不懂，临时注释的内容或向主体板书过渡的内容，一般随写随擦。主体板书一般在黑板的中央或左边；辅助板书往往写在两侧或右边，以突出主体板书的地位。

主体板书的布局，不仅要在空间布局上符合美学规律的要求（如均匀、对称、奇异、平衡、黄金分割等）；而且在时间布局上也要计划在前，根据教学的进展和学生认识的需要有顺序地展示，做到前后呼应、浑然一体，伺机而发。有计划地在板书中间留下空白，到一定时间画龙点睛；或逐步给板书内容加着重号，用彩笔圈点，画上线条或箭头等，都是加强板书效果和引起学生注意的有效措施。

总之，板书的布局要根据整体教学的设计早作安排，不可无计划地信手涂鸦、改来擦去，造成混乱无序的局面。

（三）用心书画

板书板画是在学生众目睽睽之下书写绘制的，教师应做到字迹工整规范，图形形象美观，书画流利迅速，色彩醒目典雅。

（1）字迹工整规范。指粉笔字整齐清秀、笔顺正确、结构匀称、大小适宜，行间疏密适度，字画搭配平衡，板面清洁美观，并遵循板书的书写格式。板书宜用规范的正楷字，不写草体字、错别字和不规范的简化字。

（2）图形形象美观。板画一般采用简洁明快的简笔画，寥寥数笔，一挥而就；但要求勾画出生动的轮廓，绘制均匀的线条，突出事物的典型特点，不仅要给学生生动的印象，还要给学生美与乐的享受。

（3）书画流利迅速。指课堂教学客观要求板书板画都要又快又好，尽量节省时间，提高课堂教学的效率，增强流畅的节奏感。

（4）色彩醒目典雅。指板书板画中要巧用彩色粉笔，使板书板画鲜明醒目、重点突出、易于感知，并给学生以色彩美的享受。但是彩笔运用也要适度，过分花哨，不仅不利于突出重点，而且使人眼花缭乱。

（四）灵活应用

板书板画是一种辅助教学手段，它的作用应与讲授、演示、练习、讨论等教学过程有机配合，要与学生的思维与操作活动密切协同。根据不同的需要常有几种呈现使用形式：

（1）挂板式。上课前教师将有关内容写或画在小黑板或投影片上，教学时挂出或放映运用即可。这种形式可节省课堂上书写的时间，特别是对信息量大的板书和复杂费时的板图的使用有独到的优势。其缺点是板书板画整体呈现，不利于与教学配合逐层深化有序启发思维，并容易分散学生的注意力。

（2）遮幅式。这种形式也是在课前书画就绪，但用纸条或其他方法遮住。上课时视教学进程的需要逐条揭示板书内容。它保留了挂板式的优点又克服了不足之处；但运用时机动性较差，且书写绘画的示范性也欠佳。

（3）随堂式。这是通常使用的一种方式，根据教学进程有步骤地在黑板上现场书画。它给学生直观的示范和亲切感，并能适应课堂情况的变化，有利于启发学生思维，特别是可吸收学生的发言内容加以板书；但对容量大而复杂的板书来说显得费时劳神。

教师在运用板书特别是边讲边写时，要尽量避免自己的身体或教具等遮挡学生看板书的视线。板书与其他教学方式配合时应注意留给学生记笔记和思考板书的时间，主体板书一经展示一般保持到课终。要巧妙反复地利用板书，强化板书，提高板书的利用率。

二、注意事项

从当前的教学现状来看，在板书板画方面普遍存在以下两个问题：一是将板书看做教师的专利，看做一种既定的框架，学生只能通过抄抄记记钻进框架去理解记忆教材，很少见学生在这一领域发挥主体作用；二是一些教师的板书格式比较陈旧单调，多是"一、二、三……"式，甚至是课本的照搬。这样久而久之，不但不利于学生概括能力的提高，反而导致思想僵化。鉴于此，在训练板书板画技能时，应特别注意以下两点。

（一）发挥学生的主体作用

板书要有计划性，是要求教师重视板书设计，精心设计板书，重视钻研教材的创造性劳动，但是板书设计与教案一样，都应视为一种计划性的"草案"，要善于在实际教学中，在与学生一起探索研究的过程中随机予以调整修订。如果学生的说法正确，应尽量把板书变成学生的语言与思路，使之成为师生共同的创造，也可以教师只出示部分板书提纲，其余的部分留待学生补充。甚至还可以让学生在理解教材的基础上自己设计板书提纲，然后共同议论补充，教师给予必要的指导。

（二）使板书板画呈现多样化

板书的多样化既体现在板书内容的内在逻辑结构上的多种组合，又体现在板书的外在形式上的各种变换。从教学材料的逻辑结构来看，可以按时间顺序设计板书，也可以以空间关系为主线设计板书；还可以以事物发展的因果关系为主线来设计板书；可以用串联递进关系为主线设计板书，也可以用并联对比关系为主线设计板书，还可以用混联多种交叉关系为主线设计板书，可以用归纳为主线设计板书，也可以以演绎为主线设计板书，还可以以中心辐射为主线设计板书，等等。从板书的外在形式来看，可以用文字式、表格式、板画式、图示式、混合式等，文字式又可分为词语式、提纲式和结构式等。

基于上述逻辑结构和外在形式上的多样化，考虑教材的特点、教学目标的不同，以及学生年龄特点及班级学风的差异，板书应做到因文而异，因班而异，百花齐放，灵活多样，使教学板书常出常新，让教学活动呈现出生动活泼的局面。

三、应用举例

案例　　　　　**课题1　空气（第一课时）**

一、空气的组成

1. 测定空气中氧气的含量

（1）现象：集气瓶中有大量的白烟产生，并放出热量，打开弹簧夹，烧杯中的水倒流到集气瓶中，并上升至约1/5的地方。

（2）文字表达式：红磷＋氧气 $\xrightarrow{\text{点燃}}$ 五氧化二磷

（3）小结：

名称	氮气	氧气	稀有气体	二氧化碳	其他气体和杂质
化学式	N_2	O_2		CO_2	
体积分数	78%	21%	0.94%	0.03%	0.03%

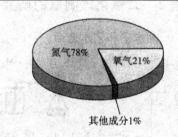

其他成分1%

2. 混合物与纯净物

纯净物：由一种物质组成，可以用化学式表示的，如氧气、氮气等。

混合物：由两种或两种以上的物质组成，如空气、河水、雨水等。

案例

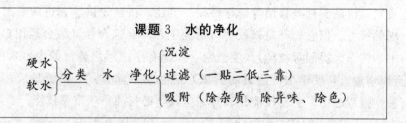

课题3　水的净化

硬水\
软水 } 分类　水　净化 { 沉淀\
过滤（一贴二低三靠）\
吸附（除杂质、除异味、除色）

案例 　　第八单元　课题1　金属材料

一、物理性质

1. 共性：常温下大部分为固体（汞是液体），有金属光泽，大多为电和热的良导体。

2. 特性：有延展性，密度较大，熔点较高。

二、性质决定用途

三、合金

1. 常见合金——生铁和钢。

2. 常见合金的主要成分、性能和用途。

案例　　　　　课题 2　二氧化碳制取的研究

实验室制取二
氧化碳气体的
思路和方法

反应原理:
$CaCO_2 + 2HCl = CaCl_2 + H_2O + CO_2\uparrow$

实验装置:

验证生成的气体: 澄清的石灰水

第三节　课堂讲授技能

　　课堂讲授技能是教师以语言为主要手段向学生传道授业，开发智力的教学活动方式。在课堂中讲述现象与过程、讲解概念与规律、讲读教材与资料、讲演明理与移情等统称讲授。讲述、讲解、讲读、讲演虽然各有不同的特点，但它们都是以教师口语为主，具有综合性（综合运用口语、板书、体态、提问等技能）、逻辑性（严谨有序地组织传授的内容）、情感性（以情动人，使学生产生共鸣共识）的教学活动方式，广泛地应用于课堂教学过程之中。讲授技能是教师课堂教学必备的一项重要技能。

案例　　　　　课题 3　有机合成材料

　　片段 1　导入语

　　师："China"表示我们的祖国，它还可以表示什么？

　　生：瓷器。

　　师：对！瓷器的出现已成为中华民族文化的象征之一，它创造了新石器时代的仰韶文化。人类社会经历了石器时代、青铜器时代、铁器时代等，如今有机合成材料成了人们关注的热点。

片段2

师：我们穿的衣服通常是纤维织成。实验台面上的三种不同颜色的毛线都是纤维制品。

学生实验：燃烧不同颜色的线。

师：买衣服时，怎样知道面料的种类呢？

生1：根据燃烧时的不同现象判断。

生2：可以看服装标签。

幻灯片展示：服装标签

师：穿不同布料的服装时，你有什么不同的感受？

生1：涤纶衣服挺括，不易皱，易洗易干。

生2：棉纶衣服弹性好，耐磨，烫后会变形。

生3：棉织衣服吸水、透气，感觉很舒服，但易皱。

以上是从优秀教师授课中截取的教学片段。由这些案例可见，现代课堂中的讲授，已不再是教师的独角戏。它虽然仍由教师支配课堂的大部分活动，进行以口语为主的传授与引导，但也十分注意与其他教学手段结合，注重吸引调动学生参与活动。

讲授的最大优点是能在较短的时间内传授较系统的知识，充分发挥教师的主导作用，易于控制学生的学习和直接传授学习方法。其缺点是容易形成教师唱独角戏、满堂灌的刻板局面，不利于学生主动性的发挥与个性的培养。特别是在教师观念陈旧和技能不精的情况下，讲授的缺点更为明显，甚至造成学生被动学习与厌学乏味的感觉。讲授在课堂教学中使用频率很高，因此我们必须更新教学观念，提高课堂讲授的效能。

一、构成要素

根据教育学、心理学理论，运用奥苏贝尔的观点分析，不难发现构成讲授技能的必备要素是：

（一）激发学生学习兴趣

讲授必须有利于学生形成意义学习的心向，引起学习兴趣，激发学习动机。一般来说，激发动机要贯穿讲授过程的始终。开头的导入要引人入胜；讲授过程应层次分明、环环相扣；列举的实例要生动，恰到好处；结语要留有余味，言虽尽而意无穷，给学生以深刻的印象。教师语言的艺术性和个性化对激发学习动机至关重要，照本宣科的讲授会使学生感到乏味而厌学。

（二）组织内容讲授

根据意义接受学习的第二个先决条件，讲授的内容必须对学习者有潜在的意义，要将讲授内容组织成学生易于理解、易于记忆、结构明晰的体系，并以恰当的顺序逐步将新内容融入学生已有的知识结构之中或形成新的结构。一般来说，课堂讲授应从既定的教学目标出发，根据学生的认识规律、情感与能力发展的规律编排好讲授的内容与程序，做到目的明确、重点突出、条理清晰、逻辑严密、难易适度。组织讲授内容的一般方法是：

1. 重点突破法

寻找教材中的重要概念、关键语段，来设疑激趣、精心点拨，重点突破，带动全局。这种方法有如画龙点睛，需要教师有较强的处理教材的能力。

2. 归纳法

在大量实例或论述的基础上总结出讲述的结论与推论，或者是在逐项讲授发挥后给出提要，这是一种逐步综合的讲授方法。

3. 总分法

从整体入手再分门别类、划分层次进行条理明晰的阐述，这是一种逐步分化的讲授方法。

4. 问题中心法

通过提出问题、分析问题、解决问题、得出结论的方法。这种方法具有一定的探索性，对启发学生思维和培养能力大有好处。

（三）丰富教学语言

讲授是以语言为主要手段传递信息、授之方法、引导学习的，因此，对教学语言运用应有严格的要求。这里所说的教学语言，既指教学口语，又指板书板画，还包括体态语，并强调它们的有机配合、综合运用。讲授中对教学语言的基本要求是：主旨明确，详略得当；科学规范，准确无误；情感充沛，亲切优美；开明豁达，启迪思维；风趣幽默，灵活生动。

（四）讲授形式灵活多变

生动活泼，始终保持对学生具有强烈吸引力的讲授，除了精心提炼教学语言外，还必须注意变换讲授形式。讲授形式的变换主要包括讲授手段（口语、板书、体态、提问等）的变换和讲授方式（讲述、讲解、讲读、讲演）的变换。通过它们恰当的变换组合，就形成了丰富多彩的讲授形式，不仅给学生多感官刺激，传递多方位的教学信息，而且给学生常讲常新的感觉，乐于倾听讲授。讲述，是以叙述和描述的方法向学生传授具体知识、提供表象、发展学生形象思维为主的讲授方式；讲解，是以解释说明和分析论证的方法向学生传授抽象知识，发展学生逻辑思维为主的讲授方式；讲读，是以讲述、讲解与阅读交叉配合的方法，加深对阅读材料（教材）理解为主的讲授方式；讲演，是系统阐明自己的观点和意见的讲授方式。在课堂教学中，讲读多用于文科教学，讲解多用于理科教学。但是，各门课程的教学都兼有培养形象思维与逻辑思维的任务，都要帮助学生理解教材和阐明教师自己的观点，因此，讲述、讲解、讲读、讲演往往综合运用于化学的教学。

三、基本要求

1. 要有科学性

讲授的科学性是指：第一，讲授内容正确无误，不出现科学错误。第二，讲授语言准确规范，恰当运用本学科的专业术语。

2. 要有目的性

讲授的目的性是指：第一，讲授要有明确、具体、恰当的目标。第二，讲授要紧紧围绕目标来组织教学内容，有的放矢。第三，善于从不同角度突出讲授重点，抓住关键，实现讲授目标。

3. 要有针对性

讲授的针对性是指：第一，讲授内容要切合学生实际，适合学生的年龄特征和发展水平。第二，要准确确定学生学习的难点，有效突破难点，分散难点。第三，要有针对性地运用典型实例，使抽象的内容具体化，枯燥的内容生动化。

4. 要有系统性

讲授的系统性是指：第一，讲授条理清晰、层次分明。第二，讲授内容构成逻辑严谨而又易于学生理解和记忆的简明体系。第三，讲授各环节衔接紧密，过渡自然，前后呼应，清楚连贯。

5. 要有启发性

讲授的启发性是指：第一，讲授要启发学生明确讲解的意义，激发学习热情与求知欲。第二，启发学生积极思考，参与讲授过程。第三，启发学生举一反三，实现学习迁移，培养能力。

6. 要有艺术性

讲授的艺术性是指：第一，讲授要以情动人，使学生产生共鸣与激情。第二，讲授要新颖活泼、风趣幽默、富于变化，使学习成为一种享受，充满乐趣。第三，讲述、讲解应与板书、演示、提问、学生活动巧妙配合，以长补短，相得益彰，体现整体和谐美。

四、教学中应注意的问题

讲授教学是学校课堂教学的主要方式。但是必须注意，讲授教学也存在一定的局限性，同时不恰当运用讲授法也会造成学生机械学习。

第一，纯言语形式的学习必然会给学生的理解和多方面的发展带来一些问题。这就需要在讲授中恰当地提供各种具体经验，并促进学生的活动，以圆满完成多维目标的教学任务。

第二，长期的应试教育的影响，学生对有潜在意义的讲授内容常常表现出一种机械学习的心向。其主要原因之一，是学生长期的学习经历，特别是在考试、提问中，要求他们逐字逐句地机械应答，而灵活、实质性的应答反而被扣分。原因之二，是学生对某些学科由于长期的失败、低分，而形成高度的焦虑感，对意义学习的能力缺乏信心，认为只有机械记忆方便现成。原因之三，是学生一开始就没有理解的内容，出于压力机械地死记却给人一种理解的假象，而又得不到教师的纠正，使他们认为这样比试图去理解意义容易得多，形成机械学习的心向。由于这种学习心向是长期形成的，并且各个学生的成绩不同，因而讲授教学务必着眼长期、着眼个别去影响改变学生的学习心向，同时改变教师自己的教学思想与教学方法。

第三，从目前来看，有相当多的教师仍然靠着机械的言语方式来教有意义的教材，造成学生机械学习。例如，对教材缺乏组织加工，不能形成有意义的精要的体系，往往照本宣科。不注意新的学习任务与以前学过的知识的联系，迫使学生强行记忆，评定学生的成绩只注重记忆性知识等。这样有意义的知识就成了学生机械习得的零星事实或生硬无意义的词句。鉴此，教师的讲授应按意义学习的两个先决条件来设计与实施，以教育心理学的原理指导教学。

第四节 结 束 技 能

结束技能是指教师在课堂教学中结束某项教学任务或完成一节课教学前所采用的教学活动方式。教学中学生学习了多方面知识、技能，经历了丰富多彩的活动之后。在结束这一阶段教学时，有必要做系统化的整理工作，使所学得的知识、技能有条理地纳入学生的知能结构之中；有必要帮助学生将课内学习的内容延伸拓展，顺势引导他们到课外更广阔的天地里去探索，激发他们自主发展的浓厚兴趣；有必要为后续课程创造条件、埋下伏笔，使学生更有热情、有准备地投入到新的学习任务中。可见，结束技能与其他教学技能一样具有多方面的教学功能，是教师必须掌握的一项重要技能。

一、技能结构

（一）归纳小结

归纳小结是最常用的结束课题的方法。在学习新课时，对学习内容进行了分解和展开，做了多层次、多侧面的剖析和细节的探究。结束课题时需要统揽全局、抓住主线，进行归纳小结。

归纳小结常用的方法是:

(1) 复述法。通常是利用教学过程中留下的主体板书,由教师本人或发动学生进行归纳小结,并利用彩色粉笔进行圈点强调。这种方法简便易行,可反复强化,便于学生记录,但无特色的重复不易引起学生的注意与重视。

(2) 讨论法。根据归纳小结的需要,教师有针对性地提出问题,或借学生在学习中产生的问题组织讨论,在讨论中梳理知识,解决疑难,形成体系,也是一种常用的方法。这种方法能发动学生参与小结,针对性强,有利于突破思维障碍,培养学生能力。对于那些易于发生混淆或难度较大的课题的结束,运用这种方法有其独到的优点,但要求教师有较强的引导与组织讨论的能力,以顺利达成归纳小结的目的。

(3) 图表法。运用图示或表格的形式来进行归纳小结,具有脉络清晰、形象扼要、一目了然的特点。设计图表要注意根据课题的特点从新的角度对教学内容进行组织与描绘,图形应形象直观,表格清晰简明。还可适当地让学生参与补图与填表,调动学生参与小结。

(4) 练习法。通过典型性的口头、书面、操作性的练习,让学生动脑、动口、动手活动。根据活动中的情况进行归纳小结,使所学知识得以强化,在反馈矫正中弥补漏缺,对运用知识解决问题的方法进行指导。练习的设计要简练,具有典型性与针对性,使之对归纳小结有导向作用。

(二) 延伸引探

归纳小结是对前面学习过程的整理与概括,但从发展性教学来看,结束技能还要把学生因势利导地引向课外发展的广阔天地,引导学生在课外继续探索。

课堂教学受时间的限制,重在突出重点、突破难点,不可能解决所有问题。结束时有必要提出一些与课堂教学紧密相关的、纵横延伸的问题,扩展学生视野、活跃思维,把学生的眼光引向课堂之外,扩大课堂教学的成果。

延伸引探的常用方法是:

(1) 悬念法。当学生过关斩将完成某一课题学习任务后,课堂上又一次引发出一些有趣并有一定难度的问题，或演示某一出人意外的实验现象，或利用课文的"空白"之处，诱发学生想象，让学生在悬而未决的问题的探讨中结束课题。这种结束方式使学生意犹未尽，促使他们课后复习、查找资料、进行实践或与人争议，使课堂教学得以拓宽延伸。

（2）扩展法。这种方法是在课题终结之时，以某一知识为出发点进行横向扩展，让学生进行发散思维和类比联想，它有利于拓宽视野、丰富知识、发展想象。

（3）引探法。这种方法是在上课时有意留有余地，或提出一些带技巧性、难度较大的问题，在结束时引起学生的兴趣，让学生去探索，开拓思路、发展智力。引探法要精心设计探索的内容，使之符合学生的实际，还要有趣，有实际意义，紧密结合课题。为引导学生探索，应给学生一些暗示，指明一定的探索途径和提供必要的资料。

（三）埋下伏笔

课堂教学前后几节课一般来说都有其内在联系，一节课中的几个课题更是密切相关的。为了引起学生对下一课题的认知兴趣，或为了巧妙分散下一课题的难点，或为了加强前后学习的系统关联，有经验的教师常常在前一课题结束之时为下一课题设置伏笔，让学生在"欲知后事如何，且听下回分解"的期待中结束教学。埋下伏笔的常用方法有：

（1）自然沟通。教师利用两个课题内容上的关联、教学目标上的关联、学习方法上的关联、情感兴趣上的关联，以及其他人为的关联，在结束前一课题时带出下一课题，引起学生注意和做好相关准备。

（2）暗中衔接。在结束前一课题时，顺势巧妙地解决下一课题的部分难点问题，或有意识训练进一步学习的一些特殊的学习方法，或布置某些隐含意图为下一节课做准备的作业等，暗中为进一步学习打下基础。

（3）设障导向。在结束前一课题时，利用所学知识的局限性，布设疑障让学生不得其解，从而将之引向下一课题，激起新的学习兴趣。

（四）布置作业

布置课外作业是结束一堂课的重要内容之一。课外作业与课内练习一样，它可以使学生巩固、消化和运用所学的知识，形成技能技巧，开发智力，发展能力；学会独立思考，慎思明辨；学会计划利用时间；还可以培养勤学苦练、勇于克服困难的意志品质；同时有利于教师获得学生的学习反馈信息。

布置作业应注意以下几点：

（1）作业应有明确的目的，应符合课程标准与教材的要求和学生的知能水平，要有典型性和启发性，兼顾知识、技能、能力和品德发展。

（2）作业要难易适度、分量适中，形式多样化。不要搞题海战术，使学生负担过重，更不要以作业当作惩罚手段，造成学生心理压力。作业要形式多样、精巧搭配，使学生感到有趣有益，收到较好的练习效果。根据学生的特点可因人而异布置作业，适当布置选做题，尽量让学生有作业的选择权。

（3）布置作业要提出明确要求，规定完成的时间与方式，还要对学生完成作业的方法给予必要的提示与指导。

二、基本要求

为了更好地实现结束的功能，在掌握技能构成的基础上，运用技能结束课题时还必须遵从以下要求：

1. 深化认识，突出重点

结束过程要站在更高的层次或从新的角度来进行概括，让学生温故知新；要在学生学习的薄弱环节上给以弥补与澄清，让学生学而后知不足；要在易混淆易忽视的地方进行辨析比较，使学生认识更全面准确；在最关键之处采取巧妙的手法予以点拨，使学生恍然大悟。

2. 立足发展，让学生参与

教师包办结束要立足于学生多方面的发展，启发学生思维，培养学生能力，让学生获得新的成功。现代教学论认为课程的结束并不是学习的终结，而是学习的新起点、新形式，是促进学生更进一步学习发展的一个环节。

3. 有吸引力，形式多样

一般来说，临近下课学生比较疲劳，精力易于分散，因而课的结束应设计得富于吸引力，形式要活泼多样，内容要丰富多彩，情理深远、耐人寻味，留给学生深刻的印象和善始善终的和谐美。

4. 紧凑有序，控制时间

教学的时间很短，教师必须言简意赅，学生活动要精要简练。当各种原因使课堂出现意外的情境时，教师要善于运用教育机智，因势利导，巧妙地给教学画上一个完满的句号。

三、类型

1. 归纳法

对教学的结构和主线进行归纳、总结，使之系统化、条理化，强化重点，明确关键。

2. 拓展延伸法

将所学知识与其他有关知识联系起来，使所学知识向其他方面延伸，拓宽学生的知识面，引起学生更浓厚的学习兴趣。

3. 新旧知识对比法

将新学知识与相关的旧知识联系起来，进行分析比较，对关键处妙手点拨，揭示异同。

4. 检查学习效果法

通过提问或小测验的形式对学生的知能情况进行检查，以巩固新课，促使学生认真学习。

5. 留问法

留下一些带启发性的问题，使学生产生继续学习的愿望，并使这节课结束成为沟通下节课的纽带。

6. 布置课外作业法

课外作业是课堂教学的继续与发展，它对巩固知识、形成技能、发展智力都有重要作用，用布置课外作业来结束教学，是许多教师常用的一种方法。

四、应用举例

案例　　　　　　　有机合成材料的结束

欣赏录像

录像播放新型有机合成材料。

师：未来社会离不开有机合成材料，新型材料离不开化学，化学是人类进步的阶梯！

课外拓展

1. 试着修补家中断带、裂口的塑料凉鞋，试着给食品袋封口，并写下自己的体验和感受。

2. 试用简单的方法鉴别家中找得到的一些纤维，并把它们按照棉织物、毛织物、合成纤维来分类。

案例　　　　　溶质的质量分数教学的结束

小结本节课我们学习了溶液组成的一种表示方法——溶质的质量分数，以及它在生活中的一些应用。有关溶质的质量分数还有很多作用，同学们课后以小组为单位，自己设计调查表进行调查。

案例　　　　　质量守恒定律教学的结束

反思评价

通过本课题，你获得了哪些知识？认识有什么提高？能力有什么长进？学的快乐吗？把你的认识和体会与大家共享。

教师评价

1. 通过本课题，体会科学探究的方法。

提出问题→作出假设→实验探究→搜集证据→得出结论→解释反思

认识的发展是一个理论和实践不断交锋和不断融合的过程，理论要经受实践的检验，实践要得到理论的说明。

2. 定量研究方法是科学研究的重要方法之一。化学家们用定量的方法对化学变化进行研究，发现了许多化学变化的重要规律。

作业思考：你能否用实际生活中的其他事例建立质量守恒的模型呢？

家庭实验：用一杯白醋、一杯牛奶及天平，探究牛奶变质前后质量是否发生改变。

第五节　指导学生实验的能力

化学实验技能，主要包括：仪器和试剂的使用，化学实验基本操作，简单化学实验设计，实验记录及处理，等等。要培养学生熟悉仪器、试剂名称、主要性能和使用方法、正确的仪器连接与安装。化学实验技能涉及面广，最基本的是：试剂取用、称量、加热、溶解、过滤、蒸发、结晶、蒸馏等。要注意加强实验教学，使学生逐步掌握并对主要操作逐步形成较熟练的操作技能。要注意思维能力的培养，注意简单实验设计和实验记录以及记录的处理能力，要遵守循序渐进的原则。

化学实验操作技能是指通过练习形成的，近乎于自动化的化学实验操作方式。化学是以实验为基础的科学，在化学教学中培养学生的化学实验技能是中学化学教学目的提出的基本要求。在化学教学中，要使学生顺利地形成化学实验技能，可采取下面的有效教学措施。

一、创造良好的教学环境条件

良好的教学环境即做好课前的准备工作，努力创设化学实验室等物质条件，并且积极进行教学改革、增创学生的动手实践机会。要确保实验成功，教师应与实验员密切配合，充分做好有关实验的一切准备工作。

（1）教师对实验内容要反复预试，掌握实验成功的条件和关键。只有教师做到心中有数，对于实验成功的关键条件了如指掌，才有能力指导、引导好学生安全顺利地完成实验。

（2）教师应充分准备好仪器、药品和器材。化学实验需要的仪器、药品多，且玻璃仪器易损坏，所以教师应与实验员密切配合，必须课前做好充分的物质准备，并将仪器、药品放置有序，保持实验室的清洁和整齐。

否则到实验进行时，学生一旦发现没有某种仪器，发现药品或者仪器已有破损，就会围住教师要这要那，造成混乱局面。

（3）要求学生做好预习，做到明确实验目的，搞清实验内容，并理解基本原理、操作步骤、实验装置和注意事项，做好笔记。

案例

在预习氧气的实验室制法时，教师提出了以下的提纲：（1）实验室制取氧气有哪几种方法？所需的药品是什么？（2）这些药品是如何进行反应的，其原理如何？（3）为什么用氯酸钾制氧气时，要加少量二氧化锰？它起什么作用？（4）实验室制氧气所需要的装置有哪些特点？（5）氧气如何收集，为什么要选择这样的收集方法？（6）氧气怎样进行检验和验满？（7）制取氧气过程中如何操作？应注意哪些事项？

这样的预习设计能集中学生的注意力，使学生带着问题去学习，增强了解决问题的自信；而学生在解决问题时，需要阅读课本和查阅资料以及进行独立思考和归纳。从而培养了学生自主学习的能力，为探究式活动的顺利进行做好了准备。

二、操作规范，反馈及时

针对学生实验操作中出现的问题和错误，教师应严格要求，积极地进行反馈，并及时地给予指导或纠正，必要时可通过演示对比正确和错误操作所产生的结果，防止形成错误的操作方式或方法。否则，错误的操作一旦成为技能，改正起来就比较困难。所以说，训练熟练的实验技能是对形成严谨的科学态度的一种历练。同时，基本操作的熟练掌握，使以后实验的顺利进行得到了保证，对学生进行高层次探究提供了有效帮助。

根据认知心理学的理论，化学实验技能的形成必须经过对有关知识和规则要求的认知，使学生在头脑中构建起明确的实验期望和目标，形成实验操作表象，这样学生应可选择合适的学习策略，在实际操作中努力去实现它们。在化学实验教学中，教师可通过演示实验、讲解、有关录像或多媒体资料等明确化学仪器和实验操作的规范和要求，认真细致地讲解化学仪器和实验操作的原理、作用、性能等，从中说明化学仪器和实验操作规范的科学性和合理性，使学生能自觉地按照化学仪器和实验操作规范进行实验操作。因为技能的学习不同于知识的学习，知识的学习，其遗忘规律遵循艾宾浩斯遗忘曲线；而技能的学习却不是这样，技能一旦形成就很难遗忘，它保持的时间要远远大于知识的保持时间。

三、根据目标，循序渐进

技能的学习不是一蹴而就的而是有阶段性的，它需经历一个从初步学会到熟练掌握的过程。

技能是通过多次练习形成的。一般来说，随着练习次数的增加，动作的连贯性、准确性、协调性和速度等都会逐步提高。化学教学实践表明：中学生对一种化学仪器的使用或一项化学实验操作，如要达到"初步学会"，一般要练习 3 次左右；如要达到"学会"，则需练习 3～5 次；如要达到"熟练掌握"，则应保证练习 6～7 次以上。而现在中学化学实验教学存在的主要问题是：由于受"应试教育"思想的影响，不少学校重视化学理论和描述性知识的教学，轻视化学实验的教学，以至于出现了有的教师在教学中让学生背实验操作原理、背实验操作步骤、背实验结果以及在黑板上"做化学实验"的怪现象；化学实验不是作为促使学生动脑、动手、观察和进行探索的科学手段和方法，而是作为"应试"的工具。所以，在化学教学中，要培养学生的化学实验技能，首先要转变教学思想，把实施素质教育落到实处，从重视化学实验和学生的实验技能培养开始。一方面要给学生提供能够进行化学实验的物质条件，如开放化学实验室、为学生提供足够的仪器和药品等；另一方面，要积极进行教学改革，增加学生的动手机会，如开发有关化学实验的活动课程、多进行边讲边实验、利用微型化学实验等。同时，要激发学生进行化学实验操作的兴趣，使学生积极主动地进行化学实验操作练习。因为根据认知心理学的观点，动作技能的形成不仅仅是刺激与反应的连结，而且有认知的成分参加，学生只有在有兴趣、积极参与的实验活动中，才能积极进行反应，在意识的引导下去认真领会操作要领，直至经过多次练习脱离意识达到自动化，形成化学实验操作技能。

四、提高实验技能的迁移能力

与一般的学习一样，动作技能的学习也存在着迁移，即已掌握的技能对新学习的技能会产生影响。这种影响有积极的，也有消极的。在化学实验教学中，教师要善于应用这一大批量，防止实验技能的负迁移，促进正迁移，提高化学实验技能的训练效果。因为，虽然实验操作的方式和现象类似，但此时的实验条件和操作目的却发生了很大变化。在化学教学实践中发现，许多学生，甚至有些教师，也没有掌握这一实验操作技能。遇到这种情况，教师就要首先研究实验的目的、原理和条件等，然后通过对比，给学生讲解清楚，对同一实验操作的方式，由于实验条件和操作目的变化，有时是可行的、合理的，而在其他情况下却是错误操作。这就要注意防止负迁移的产生。

综上所述，学生化学实验技能的形成是学生在认识了实验目的、原理和有关规则要求的基础上，经过不断的练习，逐步形成的。在实验教学中，教师要遵循这一规律，采取合理的教学措施，使学生形成化学实验操作技能。化学是一门以实验为基础的自然科学，化学实验是化学教学的一种最有效的科学手段。在教学过程中采用学生实验，对学生的心、智、体能起到统一开发的效果。尤其是整个教学过程中以体验过程、掌握方法、提高科学素养为主体，教师只是设计问题，提供材料。学生在化学实验中参与越多，对化学的"感情"也就越深厚，他们亲自做实验比教师演示给自己看，观察到的现象会更清晰，留下的印象会更深刻。使他们从感性认识上升到理性认识，这样有利于促进他们的学习。同时适当地增加实验次数，将易进行的演示实验改为学生实验，将可能会点燃学生的学习"激情"。

第六节　指导学生应用化学知识的能力

学为所用，学生要学会应用化学知识则需要教师具备一定的专业能力进行指导。所谓指导学生应用知识的能力在于课堂节奏的把握，在于严谨地应用化学教学语言，在于利用化学学科的实验特点挖掘学生学习的积极性，在于教师在现代教育背景下善用各种课程资源进行课程整合教育、多媒体教育等。

一、善于使用化学语言教学

化学教学语言是化学教师用语言向学生阐明、讲述化学教材，传授化学知识信息，进行指导，与学生交流的一种教学方式，是一切化学教学活动中最根本、最重要的基本教学技能。与普通口语相比较，它具有很强的科学性、教育性、规范性、启发性和感染力。

案例

在"氧化物"这一概念的教学中，先让学生总结学过的化学式 Al_2O_3、SO_2、MnO_2、H_2O_2、CO_2、Fe_3O_4，等等，然后写出名称"氧化铝、二氧化硫、二氧化锰、过氧化氢、二氧化碳、四氧化三铁"。再要求学生讨论名称的共同点，学生会惊喜地发现都有"氧化"二字，因此，非常自然地引出"氧化物"这一名称。接着做总结，像名称中有"氧化某"、"几氧化某"、"几氧化几某"的均为"氧化物"。接着继续让学生观察总结氧化物化学式的共同点，学生会看到，化学式中都有大写字母"O"，且都在化学式的后半部分。另外再要求学生看另外一部分，他们同样会发现也有一个共同点，就是均有一个大写字母；不同之处是有的还有一个小写字母，右下角的数字也不相同。总结了这些之后，向学生简要介绍元素以及元素符号的写法，学生比较容易接受，同时为化学式的书写埋下伏笔。再要求学生用元素来给"氧化物"下定义，80％以上的同学都能总结出来。学生自己总结出概念之后，会异常兴奋，印象非常深刻。

但是，知道了概念，并不是最终目的，目的是会应用。把前面学过的或者没有学过的化学式写出来，几乎每一个人都能辨别出来哪些是氧化物，哪些不是氧化物。再讨论两个问题：（1）是不是含氧化合物均为氧化物？（2）氧化物都叫"氧化某"吗？学生能够列出一些特例——水这种氧化物，知道如何区分氧化物。这一难点一旦突破，单质、化合物的概念也

就迎刃而解。概念理解起来比较容易，学生会感觉化学并不太难学。学生
自己能够深入探究，由自己亲自总结得出结论，因此对化学产生了极大的
兴趣。

二、善用探究实验，深化学科知识

案例

学生在学习了"原电池"一节后，了解了构成原电池的条件：两个不
同的电极，电解质溶液，闭合电路。某一学生出于好奇敲碎了一节干电
池，发现了干电池的结构：一个铜帽，一根碳棒，电池外壳（锌），一些
浆状物。他困惑了：什么是正极？什么是负极？电解质溶液呢？他去问老
师，老师没有直接回答这个问题，而是找来一些干电池，让同学们砸开，
观察结构，然后讨论。同学们各执一词：有的认为铜是正极，锌是负极，
浆状物是电解质溶液；有的认为碳棒是正极，锌是负极；还有的认为碳棒
是正极，铜是负极。最后，在老师的引导下同学们认识到：干电池中，碳
棒是正极，锌是负极，浆状物是电解质溶液。这一看似简单的实验，却很
大地激发了学生的创造性思维。

案例　　　　学习"金属与盐"反应时指导学生应用化学知识

将金属钠投入到盛有 $CuSO_4$ 溶液的烧杯中有何现象？学生会想当然地认
为：因为钠比铜活泼，所以可以置换出铜。如果是这样，可先让学生写出化
学方程式，然后让学生做探究：将从煤油中取出的一小块钠放入盛有 $CuSO_4$
溶液的大烧杯中。在探究实验中出现的现象更出乎学生们的意料：钠投入
$CuSO_4$ 溶液中，发生剧烈反应，有火球在液面上游动，且经过之处产生蓝色
沉淀，并没有出现他们想象中的红色固体铜。再一次的意想不到，更激起学
生们的惊奇，激发了学生的求知欲，探究热情空前高涨。在这种愤悱的状态
下，根据实验现象，组织学生讨论，得出合理的解释：钠放入 $CuSO_4$ 溶液
中，首先与水发生剧烈反应，放出的热量使产生的氢气燃烧，同时生成的
$NaOH$ 与 $CuSO_4$ 反应又生成难溶于水的蓝色沉淀 $Cu(OH)_2$。

试图通过学生的创造性思维去发明创造是不科学的，但探索性实验教学能培养学生的创造性思维却是不争的事实。它更能激发学生的求知欲望，引导他们去探求未知的领域，从而拓宽知识的层次，对知识的认识也更加规律化、条理化。上述案例就是初三以复习课居多，但所涉及的物质均为身边的常见物质，紧密联系生活，所以以生活化的相似性实验可以进一步调动学生主动掌握知识、应用知识的积极性。

三、善用教科书，巧设课题

案例

在学习《空气》一节中，就空气用途和污染，联系实际生活进行探讨。还可提供一定的阅读材料供学生阅读。如学生最感兴趣的假酒、假盐、煤矿爆炸等事件素材，学生通过素材的阅读，不但能使知识学以致用，而且能激发学生学习化学的内在动力。课后习题的选择与编排应突出层次性，可以设置巩固练习、拓展练习、探究性问题等多种层次。拓展和探究性习题对学生的要求也不尽相同，对于后进生只要积极参与其中，有所感悟，就是进步。在设计课题学习时，所选择的课题要使所有的学生都能参与，立意不能太高，在全体学生获得必要发展的前提下，不同的学生可以获得不同的体验。

新教科书的叙述中巧妙地创设了许多学习情境，这种情境式的呈现方式引导师生互动、生生互动及学生与教科书之间的互动，引导学生积极主动地学习。

在教科书中主要有以下情境类型：

① 事实情境。通过生动具体的事实呈现学习情境，主要包括日常生活中与所学内容有关的物品、现象、事件和经验，与化学有关的社会热点问题、工农业生产问题以及能体现化学与社会、经济、人类文明发展有关的事实和材料，还包括重要的化学史实等。

② 实验情境。即通过实验事实创设真实、直观而富有启发性的学习情境，引出知识内容，使知识的呈现显得可信。

③ 问题情境。通过运用文字、图片创设问题情境，提出问题，让学生进行思考、讨论、分析等思维活动，得出结论，形成积极主动的学习氛围。

④ 模拟情境。通过卡通图片、流程图、模型等手段，模拟与真实事物相似的学习情境，启发学生联想。新教材通过耳目一新的图表式表述方式，通过设计不同学习情境的组合，充分发挥不同学习情境的功能，激发学生的学习动机，将学生引入学习过程，促进学生主动积极地融入学习活动，形成自我意识上的意义建构。

四、联系生活，充分利用课程资源

课程资源的开发和利用，是保证新课程实施的基本条件，而化学课程资源虽然与其他学科的知识体系和教学重点有所不同，但课程资源存在的信息源大同小异，具体有以下几种。

书籍报刊，包括教科书、参考书、教学挂图、工具书及其他各类读物。

影视网络，包括电影、电视、广播、网络。

文化场馆，包括图书馆、博物馆、纪念馆、展览馆等。

板报广告，包括黑板报、墙报、布告栏、报栏、各种广告等。

人文自然，包括自然风光、文物古迹、景点介绍、风俗民情等。

重要事件，指国内外发生的重大事件。

生活及经验，教师和学生的日常生活（包括家庭生活、学校生活、社会活动）、知识经验以及各种话题等都可以成为课程资源，而且是非常重要的课程资源。对学生来说，生活是知识的源泉、实践的基地、发展的空间。所以，指导学生应用化学知识可以从以下几方面注意：

（一）体现学生的自主学习

案例

学习防锈知识时教师要组织学生进行"怎样防止自行车棚锈蚀"的探究活动，由教师指导，学生亲自完成。

具体步骤是：①提出问题：怎样应用所学知识来防止自行车棚钢架锈

蚀？②作出假设：车棚钢架锈蚀的主要原因是什么？③针对假设设计实验方案。④将设计的方案对比优缺点，确定较好的方案并实施验证。

这种教学手段已不局限于课堂，内容也不局限于课本了。它为学生提供了更广阔的发展空间，充分体现了学生的自主性，从而帮助学生实现由知识向能力的转化，这在传统的接受式基础教育是做不到的。

（二）坚持理论结合实际

案例

学生们知道活泼金属铁可与稀硫酸反应生成氢气，但浓硫酸具有强氧化性，不会与铁发生置换反应。当题目变一下，如：化工厂用铁罐来盛装、运输浓硫酸，但近年来一些个体修配厂的电焊工人在焊接用水清洗过的盛放浓硫酸的铁罐时，却发生了多起爆炸事故。这是什么原因造成的？学生就无法应对了。

上述案例就说明：学生们对书本上的概念或反应方程式等知识掌握了，却在实际问题中不会应用。所以，我们在教学的过程中，应该要善于联系生活中的材料，使理论联系实际，突破单纯灌输课本知识的限制，减少机械操练耗费的时间和精力，让学生有时间接触和认识社会，把学到的化学知识与生活结合，用化学视角去观察问题和分析问题，学以致用。

（三）使用多媒体教学

从教育心理学的角度看，人们从听觉获得的知识能够记忆约 15%，从视觉获得的知识能够记忆约 25%；如同时使用这两种工具传递知识，就能接受约 65%。故可以充分利用多媒体教育手段，向学生提供形式多样、功能各异的感性材料，如形象生动的图画、言简意赅的解说词、悦耳动听的MP3 音乐等，使学习内容图文并茂，栩栩如生。这种智能化的交互特性使学生能够积极主动地参与学习过程，充分发挥其能动作用，从而确保学习的成功。

如在讲授分子、原子概念时，使用多媒体效果展示化学变化中分子的变化和原子的重新组合，使得这些抽象概念理解起来更通俗易懂。恰当地利用图像、分子模型，特别是制作多媒体分子模拟动画来描述分子、原子，能更好地帮助学生掌握概念。

在初中化学教学中，可让学生留心周边不良环保倾向，关心当今社会主要环保问题，增强环保意识；积极参与实践，从我做起，从小事做起，节约每一张纸；不随意丢弃塑料包装袋和废旧电池；保护环境，植树造林；帮助父母和身边的农民合理使用农药和化肥，为周边的环保提出合理化建议，协助政府和环保部门处理已污染的小河等。这种教与学的行为，不但使学生获得了知识，在实践中发展了能力，而且激发了学习兴趣、学习热情，丰富了学生的内心体验和心灵世界，培养了学生求实的科学态度与宽容的人生态度，从而使学生内心确立起真善美的价值观，以及对人与自然和谐的认识。

五、唤醒学生的学习主体意识

案例

学习《二氧化碳气体制取的研究》一节，在前面《氧气》和《氢气》学习的基础上，教师完全可以放开手脚，让学生自主完成。教师只须有针对性地对个别学生进行"怎样学的"、"学了什么"的检测。从此学习方式中，学生得到了"自主"后的满足，学习化学的信心大增。对于开放性、探究性的课题和复习课，可由学生走上讲台，教师回到学生中去，谦虚地聆听"小教师"讲课。

在过程中，教师既可发现学生的思维能力和创造能力，又了解学生对所学知识的掌握情况；学生也感觉到自己真正成为了课堂的主人，学习的主体意识从心中建立起。

六、精选精练习题巩固

案例

初中学习 CO_2 制法时，一般是直接给出 $CaCO_3$ 与 HCl 反应制取 CO_2 的事实。为了增强实验探究性，可设置如下问题：

（1）在学生的生活常识及以前的学习中，还有哪些生成 CO_2 的变化？

（2）增补对比实验：碳酸钠粉末、碳酸钙粉末、大理石分别与稀盐酸、浓盐酸、稀硫酸反应。

（3）分析讨论对比实验中为何也有气体产生。

（4）综合上述，为什么必须用大理石与稀盐酸制取 CO_2？

在这样的问题设置下，学生头脑中已储存的十几种生成二氧化碳的方法都被讨论出来。当明确了气体制取需考虑科学性、安全性、可行性等方面的问题后，目的明确，理清思路，学生就能兴致盎然地分析出利用人与动植物呼吸的缓慢氧化过程、炭及含碳化合物（如蜡烛、酒精、甲烷、一氧化碳等）燃烧，炭及一氧化碳还原氧化物、碳酸盐（如 $CaCO_3$、NH_4HCO_3、$Cu_2(OH)_2CO_3$）分解，这些方法都不适于在短时间内用简便方法制取较纯净的二氧化碳，所以采用碳酸盐与盐酸制取二氧化碳。同时学生也清楚地记住 CO_3^{2-} 与 H^+ 可以通过产生二氧化碳互相鉴定验证的科学事实。

整个探究下来，学生受到了一次创造性思维的训练，也能掌握一般的思维过程，学会确定目的，利用对比、迁移法进行学习的科学方法。

案例

设计一个实验方案，从含有少量泥沙、氯化镁、氯化钙和硫酸钠等杂质的粗食盐中制取精食盐。

要设计这样一个实验方案，必须分 4 步走：（1）明确实验目的：除泥沙、氯化镁、氯化钙和硫酸钠，提取氯化钠。（2）构思除杂质的实验假设。要除去不溶于水的泥沙和 Mg^{2+}、Ca^{2+}、SO_4^{2-} 三种离子，即需要通过适当的试剂将它们转化，然后用合适的操作方式除掉。（3）运用已具备的化学知识和实验技能，进行知识、技能组合。（4）确定所需实验仪器。学生在考虑到可将 Mg^{2+}、Ca^{2+}、SO_4^{2-} 离子转变为沉淀物，与不溶于水的泥沙均可通过过滤除掉后，还必须具有严谨的科学作风，须考虑到选用试剂的加入顺序及新引进试剂可能形成的新的杂质影响。经过周密地分析确定，应先加入过量 NaOH 溶液，除 Mg^{2+}；然后加入过量 $BaCl_2$ 溶液，将

SO_4^{2-} 变为 $BaSO_4$ 沉淀；再加入过量 Na_2CO_3 溶液，除掉 Ca^{2+}、Ba^{2+} 形成的 $CaCO_3$、$BaCO_3$；最后加入过量的盐酸，除去 OH^-、CO_3^{2-}；最终蒸发使盐酸挥发。

实验习题既是化学教学上的一种特殊习题，又是要求较高的特殊形式的学生实验。实验的原理、使用的仪器和药品、操作的步骤和注意事项等均由学生自行设计，这对于学生综合运用基础知识和实验技能大有裨益，能培养他们借助实验研究解决问题的能力，以及培养严谨的科学作风。

通过这种在实验习题中的实验设计方案训练，培养了学生的实验设计能力，也贴近学生实际，让学生在本以为简单无比的实验过程有出其不意的严谨思考，获知科学求知过程中来不得半点虚假，从而掌握基本的应用化学知识的能力。

总之，化学是一门以实验为中心的基础学科，化学实验将教师、创意实验、学生群体三个要素有机地结合在一起，尽可能地发挥各自的作用，以达到培养学生"开拓创新能力和实验操作能力"这个整体目标。为了实现这一目标，教师应充分利用所传授的有限的化学知识，努力挖掘其中的内涵，加以体会、提炼和创造；融科学的教学方法于课堂教学之中、于实验教学之中，对学生在学习兴趣、观察能力、思维能力、创造能力等方面起到潜移默化的作用，以使学生素质得到全面发展和提高，能真正将所学化学知识运用于平常生活，做生活的有心人。这样，学生的观察力、实验操作能力和思维的积极性得以充分调动，能很好地培养学生的迁移应用能力，学习方法也得以科学化。

第七节　组织学生合作学习的技能

合作学习是指学生在小组或团队中为了完成共同的学习任务，有明确的责任分工的互助性学习。合作式学习与研究性学习一样，也是一种现代学习方式，所以，与研究性学习相比较，它们的根本目的是一致的，就是要改变学生的学习方式，其中以研究专题为载体的合作式学习与研究性学习在策略和方法上也十分相似。因此，两种学习方式有许多共同点，彼此交融，在组织实施时不能将两者割裂开来。

一、合作学习的特征

（一）目的清晰

合作学习的目的简单明了。虽然合作学习的根本目的也是服务于改变学生的学习方式，但是，它更侧重于培养与提高学生交流与合作的能力以及形成正确的情感态度、价值观等方面。就具体的活动目的而言，就是要使学生尽快、更好地获取知识、掌握技能、解决问题，因此易于得到学生的理解和认同。

（二）容易实施

合作学习中学生的主动性问题容易得到解决。主动性是现代学习方式的首要特征，然而，如前所述，在任何时候要使学生主动学习都不是一件容易的事情。不过，虽然初中学生的心理还不成熟，但是他们的某些心理特点却有利于合作学习的开展。例如：大多数学生都有强烈的表现自己的欲望，生生之间的关系一般都比较简单和融洽，在学习上不保守。因此，学习能力强、成绩好的学生都愿意帮助同学，而学习能力差、成绩差的学生不但需要帮助，而且特别乐意接受同学的帮助。显然，合作学习符合学生的学习需要，那么，主动性的问题就会迎刃而解。合作式学习没有繁杂的程序，不会受到许多客观条件的制约，也不需要学生专门学习，因此简单易行。合作式学习适用于所有学习的内容，对其中技能型知识的学习尤其有效。

（三）作用明显

一方面，由于学生通过合作学习可以立即解决自己的困难，因此学生在短时间内就可以"尝到甜头"，那么，无论什么层次的学生都会乐于合作，进而在潜移默化中形成习惯。另一方面，在合作学习的过程中，学生之间会逐渐建立感情，形成关系密切的学习组织，这个组织的作用也会延伸到课余甚至学生的生活中去，对培养学生良好的非智力因素会有很大的帮助。

二、合作学习模式的建立

（一）建立课堂合作学习小组

案例

　　在学习了分子和原子的概念以后，教师组织学生讨论、归纳两者的关系，师生的主要活动如下：

　　师：安排前后、左右四名同学为一组，讨论分子、原子有哪些区别、联系和相似点。

　　生：学生热烈地讨论。（教师巡视）

　　师：请每个小组派一个代表发言。

　　生：学生代表依次发言。（教师点评，板书记录）

　　师：总结、归纳。

　　生：抄笔记。

　　这是我们经常可以见到的课堂小组合作学习情境，通常课堂气氛非常热烈，过程很热闹，但是小组合作学习活动的最后阶段还是由教师总结知识，学生记录知识。其中最坏的一种情况是：大部分学生这一节课的收获就是一篇笔记，等同于一无所获。原因是什么？从这个典型案例中可以发现，整个学习活动过程都是随意的。首先是合作小组的随意性。一个班级中，学生的座位是相对固定的，一般情况下，班主任排座位依次考虑以下因素：身高、视力、性别搭配、学习成绩搭配、纪律性搭配等。个别情况下完全按学习成绩优劣编排，且每周要轮换一次。因此，按照座位分组时组员就是随机的。那么，气氛热烈的原因之一可能是学生有自由讲话的机会，讲话的内容可能是闲话，学生兴致所至时热烈就变成了喧哗，讨论就有名无实，讨论的时间就变成了部分学生放松的时间。其次，临时选出的小组代表一般是外向、有一点喜欢出风头的学生，表达能力不一定强，更重要的是不一定能代表四个人的观点，那么他的发言就失去了应有的意义。然后，在整个活动过程中，教师是一个旁观者和知识的整理者、传授者，游离于学生的合作学习，没有起到应有的作用。另外，如果教师的课堂组织能力稍弱，会形成一个学生发言而其他学生不注意听的局面，交流就变成一种形式。由此看来，在课堂内开展小组合作学习的基础是形成固定的组织模式。

1. 小组成员固定

课堂合作学习小组一般由四名学生组成，小组成员的选择遵循"异质性"原则。首先依据学生的学科学习能力和学习成绩确定小组成员，可以将全班学生划分为四个层次，每个层次挑选一人；其次要考虑学生的组织能力、书面表达能力和语言表达能力，在学科学习能力和成绩相当的情况下将学生合理调配，这样小组成员之间可以互补。另外，纪律性等非智力因素也要考虑，一个小组中不能够有两名在纪律性方面表现特别不好的学生。男女生性别比例影响不大，有些情况下编排个别男生组、女生组的形式更有利于组间竞争。初期的合作小组完全由教师安排，在实施过程中不断调整。调整要慎重，不要过于频繁，也不要过于随意。因为初中学生的心理还不成熟，在平时的交往中彼此之间容易产生一些小的矛盾，因此，调整的首要依据是看小组成员之间关系是否融洽，对不融洽的小组，教师要在充分了解情况、做工作的基础上再处理。第二个依据是看学习过程是否默契、是否有效。第三个依据是学生申请。学生提出申请换组的原因，除开关系不融洽的因素以外，要么是自负，要么是自卑。对这两种学生都不能被批准，对前者要教育，对后者则要帮助。由于按照以上原则编排的小组与班级原有座位安排不相适应，因此每次开展小组合作教学时学生都有一个换位的过程，会显得有点乱，不过一段时间以后学生就会习惯，小组也就相对稳定了。

2. 成员分工明确

在课堂合作学习小组中，每一位小组成员都要有任务：在自己努力学习的前提下积极参与小组活动是基本任务，另外还有组织、记录、发言、操作等其他任务。这些任务的执行者由小组成员讨论产生，并报教师备案。如果有课前准备的任务，也要提前安排并报教师备案，以便学生活动时教师掌握情况。小组成员所承担的角色要定期变换，尽量使所有的学生都得到锻炼的机会。值得注意的是，在这样的课堂合作学习小组中，成绩最好的学生往往有优越感，要么使学习活动变成一言堂，要么是不屑于参加小组活动；相反，成绩最差的学生往往在其他方面也较弱，因此学习难度也最大，会缺少承担任务表现的机会，即使承担了任务也可能完成不好，由此带来的最严重的后果是这些学生再不参与活动，甚至捣乱。对以上两种学生都要特别关注，给予教育和帮助。经过一段时间的训练，学生就会熟悉小组合作学习模式，明确自己的职责，从而提高合作学习的效率。

3. 交流形式多样

在案例中，教师采用每一个小组派一个代表发言的交流形式。这种形式的缺点是由于每一个学生各抒己见而耗时、重复，更重要的是缺乏思维碰撞。教师在教学中可以灵活处理。如可以根据自己掌握的情况，选择有代表性的一个小组发言，其他小组提出不同的意见展开讨论，或提出疑问由发言的小组成员解答；也可以先将记录材料在组间交流；有条件的学校还可以用计算机投影展示交流。

4. 建立评价机制

教师要对学习小组的学习过程和结果进行及时的评价，无论做得好与不好，评价都要客观、公正、科学，既要注意表扬与激励，也要指出不足。另外，对表现优秀的小组可以辅以一定的物质奖励。

（二）课内合作学习的其他形式

案例

学生这节课的学习任务是学会化合物化学式的书写方法并能熟练地书写常见化合物的化学式。在学生知道了根据化合价书写化学式的方法以后，学习进入了练习巩固阶段。教师板书十种不同类型的化合物的名称，要求学生在规定的时间内写出化学式，完成了的同学，就举手向教师示意。教师巡视、指导，逐一检查。随着完成的学生增多，教师应接不暇。这个时候就有性急的学生喊起来，有些学生书写较慢或遇到了困难，但又不甘落后，因急于寻求帮助而左顾右盼，询问之声不绝于耳，课堂顿时显得有些混乱。此时，教师停止巡视、指导、检查，重新组织教学，待课堂恢复秩序以后，有针对性地在每个自然小组检查一名学生的书写情况，再由这名学生检查小组其他同学的答案，对有困难的同学要给予帮助。教师此时只注意观察全班学生的活动情况，维护学习秩序，而不再参与其中。由于不同的学生一直都有明确的任务，因此，课堂恢复到一种良好的学习气氛之中。之后，教师下发讲义，巩固练习，当堂不能完成的部分作为课外作业。

就本节课的内容来看，化学式的书写属于技能的范畴，可以采用课堂小组合作的形式进行合作学习。问题是，在日常教学中不可能每节课都采用课堂小组合作模式，要根据不同班级、不同学生以及教学内容的不同探索其他的形式作为补充。案例中教师的行为固然是一种教学机智的体现，但是总结以后也可以成为一种课堂内的合作学习形式。我们看到，一部分学生完成任务以后急切地需要得到评价，而教师一个人是很难应对那么多学生的。那么，得到评价以后的学生又干什么？只能是坐着无所事事，或影响他人。而遇到困难的学生也不能得到老师及时的帮助。因此教师的做法满足不了所有学生的需求。由此看来，这种形式的合作学习的核心特征是充分利用了学生资源，部分学生代替了教师的部分作用，成为"小老师"，不仅提高了教学效率，也取得了好的效果。

（三）课外的合作学习

虽然学生在校时间很长，但对于一个学科来讲，课堂学习时间是有限的，并且每节课都开展合作学习也是不现实的，因此，课堂合作学习要延伸到课外。根据初中学生的心理特点和学业状况可以考虑以下几种形式。

1. 自然小组成员合作

在班集体中，自然小组是一个小的"行政"单位，班级的很多活动都是以这种小组为单位展开的。因此，成员之间比较熟悉，联系较多，有利于合作学习的开展。化学用语等很多知识的落实，都可以在组内解决。值得注意的是，如前所述，班级自然小组的编排对学科教学来说有其局限性，人员可能参差不齐，甚至组与组之间极不平衡。因此，教师除了观察了解情况以外，要适时参与、检查、督促、指导，分别要对组长加以培训。

2. 非正式 "团体" 成员合作

学生之间都存在着非正式 "团体"，团体中的学生之间因各种因素关系较亲密。虽然 "人以群分"，但是初中学生的心理特点决定了他们之间的差异性可能很大，如学习能力、成绩、性格等方面的差异都可能迥然不同。且初中学生在学习上不会保守，因此，教师可以加以利用，会取得较好的效果。值得注意的是，这种组织比较隐蔽，因此，需要教师细致地观察了解，在熟悉了所有学生的基础上，可以通过学习能力强的学生了解、选择、确定合作学习的对象，形成 "一帮一" 的形式。同样，教师也要加强指导。

3. 化学兴趣小组

在任何一个班级里，都会有一些对化学学习特别有兴趣也有天赋的学生。课内的学习完全不能满足他们学习的需要，而成立兴趣小组是一个很好的补充。兴趣小组的成立不宜过早，一般放在期中以后为宜，因为到这个时候学生的真正兴趣和天赋才能真实地表现出来。兴趣小组的成立以学生自愿申报和教师选拔相结合的原则进行，规模不宜过大，以 8~10 人为宜，以便于开展活动，当然，具体人数还要看学生的实际情况。小组的活动以课外的研究性学习为主，但课题不宜过多、过大，以免耗费学生太多的时间与精力，导致其他学科的学习受到影响甚至导致学生偏科。教师要提供研究性学习活动的保障，如开放实验室，并全程参与活动。

4. 课外合作小组

其具体的做法与自然小组合作的做法相似，其优点是课内与课外结合紧密，具有延续性；缺点是成员之间在课堂外的组织松散，开展合作学习活动比较困难。教师可以在尝试之后根据学生的实际予以取舍。

总的看来，课外的合作学习是对课堂内的合作学习的有益补充，对学生学习方式的转变起着至关重要的作用。"法无定法"，每一位教师在教学中都可以探索出适合自己以及学生的方法。

三、注意的问题

（一）要提前作出整体设计

教师在每一节课都采用合作学习方式是不现实的，也不是所有的学习内容都适合于合作学习，因此教师要提前作出规划和设计。一是内容的选择，需要合作学习的内容应该是大部分学生在预定的时间之内。个别独自学习难以达到预期效果的那一部分，如 O_2 的制取和性质实验，这些内容都要提前确定。还要注意初次合作学习的内容难度不宜过大，因为学生对这种学习方式还没有体验，小组成员之间还不熟悉，对各自如何履行职责还不明确，如果内容过难，会挫伤学生的积极性，不利于今后的学习。二是时机的选择。一般应在课堂合作学习小组建立以后，根据内容的选择原则尽快实施。三是设计好每一次合作学习活动。除了选择合适的内容以外，还包括学习目标、要求以及过程和结果的评价方案等。

（二）要充分发挥自身的作用

在学生合作学习过程中，教师是参与者而不是旁观者。首先，教师要监控活动过程，及时处理出现的问题，维护课堂的正常秩序，使每一个学生都融入小组学习之中。初中学生的自控能力不强，学习过程中因为意见相左就可能发生激烈的争吵，有时甚至可能动起手来。也有学生不积极参加学习，甚至干扰本小组以及其他小组的学习，这些情况都要及时处理。同时，要观察每一个学生、每一个小组的学习情况，为以后小组成员的调整做准备。其次，教师要适时地介入小组学习，可以参与讨论，也可以倾听，总的目的是掌握学生的学习效果，为总结评价做准备。

第五章　初中化学教学难点解答

第一节　怎样教学化学概念

一、问题的提出

（一）问题的表现

新教材中概念的出现没有逻辑顺序：在没有学习氧气时就出现了氧化物、氧化性、氧化剂，且没有明确的定义，我们究竟要不要讲解这些概念？元素的概念还没有出现，就出现了单质和化合物的概念，而单质、化合物的概念必须建立在元素的基础上，如何向学生解释？酸、碱、盐概念的黑体字也取消了，是否不要强调这些概念了？一时间教师都感到对新教材中概念的要求难以理解，不知道如何进行这些概念的教学。

课程标准中提出"化学概念教学不要过分强调定义的严密性，要注意概念形成的阶段性、发展性和学生的可接受性"，而化学教学中核心概念的教学是十分重要的。如何根据学生的可接受性，使学生既能掌握和应用概念，又不因此增加负担，达到课程标准提出的要求？在概念教学中具体应如何操作？如何把握每一阶段教学的要求？不讲不放心，讲了时间又不够，学生也难以理解，怎么办？

（二）问题思考

在现行教学中，我们发现初中学生刚开始学习化学时的积极性很高，神奇的化学现象让他们产生了浓厚的兴趣，然而一到接触化学概念和化学用语时，学习热情就逐渐下降，有相当一部分学生缺乏学习兴趣，有的甚至放弃学习化学，分化现象十分严重。教师为了避免分化就采用背、默的老办法，还让学生做各种变式的题目等方法强化概念，结果是教师教得累，学生学得苦，教师抱怨"越来越不会教"，形成恶性循环，化学概念成了制约化学教学的瓶颈。其实课程标准对概念的要求进一步调整了内容和相应的难度。纯理论知识的总量明显减少：如核外电子排布的初步知识、原子结构示意图、溶液的导电性等内容不再列入，原来要求"理解"或"掌握"的内容也做了适当下调（如单质和化合物的概念从"理解"到"能识别"），同时，对某些需要突出的内容也做了明确的界定，如"能用化学式表示某些常见物质的组成""能根据原子序数在周期表中找到指定的元素"和"能用微粒的观点解释某些现象"等。但是为什么化学概念教学难的现象依然存在呢？

我们认为问题出现的主要原因是：

1. 对课程标准中调整概念教学的意义、要求理解不够，长期受学科中心观念的影响仍然占主导地位。习惯于偏重知识的完整性和系统化，严谨的逻辑表述的教学方法一时难以改变，甚至在概念的语词上大做文章。尽管课程标准调整了概念教学的要求，教师仍然不放心，总觉得把概念的来龙去脉讲清才能让学生理解，结果是越涂越黑、适得其反，有些学生甚至感觉越学越不懂。

2. 初中学生对化学概念本身就比较生疏，严谨的逻辑表述常常使一部分学生无所适从，加之纯概念的"习题演练"盛行，一定程度上加重了学生的负担。有关调查表明，初中化学某些"知识点"（如化合价概念、溶解度计算、氧化还原反应等）一直是大多数学生学习化学的障碍，加上概念教学方法偏重于知识的灌输，较少考虑学生概念形成的阶段性、发展性和可接受性。

因此我们有必要研究和学习课程标准的要求，弄清初中化学概念教学的要求，调整教学方法。

二、问题的探究

（一）专业知识的学习

1. 理论学习

《化学课程标准》指出："化学概念要体现直观性、关联性和发展性的特点。"化学概念是课程内容的重要组成部分，是化学知识的"骨架"。抽象的化学概念往往使学生望而生畏。因此，从学生熟悉的身边的真实现象导入，使学生从感知概念到形成概念；在教材中引出概念不仅为了知识表述的简约性，更重要的是通过概念启迪学生进一步思维，拓宽知识视野，建立相关知识之间的联系，运用已学概念去理解新的事物，对化学现象做出合理的解释（如"催化"概念与许许多多的化学反应相关）。化学概念本身是发展的，应在认识过程中逐步深化。教材编写对某些概念做弹性处理，对义务教育阶段无法给出严格的科学定义或学生难以理解的概念，采用泛指、列举或比喻的手段说明（如"元素周期表中每一种元素都有一个编号，这个编号称为元素的原子序数"等）；也可通过对同类实验现象的分析，从经验中概括出有关的属性（如"酸和碱反应都生成盐和水，这样的反应称之为中和反应"等）；微观概念可借助宏观现象或学生的直接经验去描述。

初中化学中学生第一次涉及的化学概念较多，基本没有相关的知识经验，如分子、原子、离子、元素、化合、分解、复分解、化合价、氧化、还原等，然而这些都是化学学习的核心概念，不弄清这些概念，将会给学生学习化学带来很大的困难，甚至无法在后续的学习中继续学习上述概念和应用概念分析具体问题。例如不知道离子，就不能真正认识酸碱盐；不了解分子和原子，就不能理解化学反应的实质。因此，不过分强调概念的严密性并不能理解为降低了对化学核心概念教学的重要性。

《课程标准》还指出："化学概念教学不要过分要强调定义的严密性，要注意概念形成的阶段性、发展性和学生的可接受性。"也就是要从学生认知基础和认知规律上优化概念教学，使学生能够逐步理解、接受并学会应用概念。

从学习心理学的角度看，概念教学是建立在新旧知识相互作用，使新信息内化而获得新的心理意义，最后使新观念与认知结构中原有的有关观念进一步产生不断分化和综合贯通，从而组建成有系统的概念体系，形成科学知识群的过程。因此概念教学中，尤其是对学生来说很陌生的化学概念必须遵循循序渐进的原则，不可以一蹴而就，一步到位，否则不仅事倍功半，还会因此伤害一部分学生学习的积极性。

2. 他山之石

承德某中学董老师对"氧化物"这一概念的教学，应用探究、归纳的方法循序渐进，突破难点，使学生从感知概念到形成概念。她是这样做的：

在"氧化物"这一概念的教学中，先让学生写出学过的物质（氧化铝、二氧化硫、二氧化锰、过氧化氢、二氧化碳、四氧化三铁）的化学式：Al_2O_3、SO_2、MnO_2、H_2O_2、CO_2、Fe_3O_4；接着要求学生讨论名称的共同点，学生会惊喜地发现都有"氧化"二字，因此，非常自然地引出"氧化物"这一名称；然后做小结，像名称中有"氧化某""几氧化某""几氧化几某"的物质均为"氧化物"。

接着继续让学生观察总结氧化物化学式的共同点。学生会看到，化学式中都有大写字母"O"，且都在化学式的后半部分；再要求学生看另外一部分，他们同样会发现也有一个共同点，就是均有一个大写字母，不同之处是有的还有一个小写字母，右下脚的数字也不相同；总结了这些之后，向学生简要介绍元素以及元素符号的写法，学生比较容易接受，同时也为化学式的书写打下伏笔；最后要求学生用元素概念来给"氧化物"下定义，80％以上的同学都能总结出来。学生自己总结出概念之后，会异常兴奋，印象非常深刻。

知道概念并不是最终目的，关键是会应用。把前面学过的或者没有学过的化学式写出来，几乎每一个人都能辨别出来，哪些是氧化物，哪些不是氧化物。再讨论两个问题：（1）是不是含氧化合物均为氧化物？（2）氧化物都叫"氧化某"吗？学生能够发现一些特例，例如水这种氧化物。学生知道如何从组成上区分氧化物，这一难点一旦突破，单质、化合物的概念也迎刃而解，概念理解起来比较容易，学生会感觉化学并不太难学。由于学生通过自主探究、讨论得出结论，因此不仅不会丧失学习化学的兴趣，反而体验了学习的乐趣。

（二）教学实践探索

在经过学习后，我们尝试按课程标准的要求和心理学的规律，在概念最集中的主题——"物质构成的奥秘"单元，应用学生熟悉的身边的真实现象导入，通过列举或比喻等手段进行概念教学实践。

首先我们将大纲和课程标准对物质组成的学习要求进行对比。如表 5－1 所示：

表 5－1

大纲		标准
教学内容	教学要求	
原子、分子和离子	了解	认识物质的微粒性，知道分子、原子、离子等都是构成物质的微粒
原子的构成	了解	能用微粒的观点解释某些常见的现象
核外电子排布的初步知识	了解	知道原子是由原子核和核外电子构成的
$NaCl$，HCl 的形成	常识性介绍	知道原子可以结合成分子，同一元素的原子和离子可以互相转化
人类认识原子和分子的简史	选学	初步认识核外电子在化学反应中的作用

通过对比，可见课程标准对这一主题教学的要求提高了，体现在："课程标准"从"物质的微粒性"这一高度来选择和组织这部分内容，从而提高了对这部分内容的要求。也就是说，通过这部分内容的学习，学生应树立起"物质是由微粒构成的"观念。

初中生刚接触化学时，许多有趣的实验，让学生非常兴奋，而接着出现的原子、分子等一系列抽象概念，令学生望而生畏，感到很失落。因此，在教学中，要使用多种方法，使难于理解的概念简单化。奥苏泊尔认为："概念同化是学龄儿童获得概念的典型方式。"概念同化属于接受学习，要使学生有意义地同化新概念，在课堂学习中，首先必须满足意义学习的主观条件，除了新学习的概念本身必须具有逻辑意义，使之对学习者构成潜在的意义外，学习者还必须具备意义学习的心向和原认知结构中具有同化新概念的适当观念。根据这一心理原理，在"物质构成奥秘"这一主题学习中，我们采用了循序渐进的方法进行教学，取得了较好的效果。

（三）概念教学策略研究

1. 要和学生已有经验相结合，使学生易接受

概念教学要从学生熟悉的身边的真实现象导入，使学生从感知概念到形成概念。例如对酸的概念的建立，可以从学生生活中对"酸"的理解进行切入。结合在 CO_2 学习中对碳酸会使石蕊试剂变红的知识，使学生对酸的理解产生相关的类属性同化，扩大了对酸的认识范围。再通过一系列探究实验进一步加深对酸的性质的认识，新旧知识相互作用，使新信息内化而获得新的心理意义。最后使新观念与认知结构中原有的有关观念进一步产生不断分化和综合贯通，从而形成有系统的概念体系，上升为酸的概念。整个学习过程自然、流畅，概念的形成水到渠成。

2. 循序渐进逐步提高

化学概念大多是学生从未有过生活经验的，因此对某些学生难理解的概念要做弹性处理，对义务教育阶段无法给出严格的科学定义或学生难以理解的概念，要采用泛指、列举或比喻的手段去说明。例如：化合价的概念学生最难理解，如果从概念本身出发，教学困难很大，往往教师解释半天学生还是不懂。因此教学中干脆回避概念本身，直接以 Na 和 Cl、Mg 和 Cl 结合为例，从满足原子稳定结构的角度，说明原子间化合要有一定的原子个数比的关系就可以了。

3. 注意从形象到抽象的过渡

化学概念本身是抽象的，应在认识过程中逐步深化。对某些学生难以理解的化学概念，可充分采用模型、flash 动画、卡通图等形象的手段去说

明，帮助学生理解抽象的概念。

新教材上彩色图片较多，这些插图形象生动，有利于学生理解抽象概念。如第四单元《物质构成的奥秘》中的课题 3 对离子的认识过程，离子是构成物质的一种微观粒子，对学生来说比较抽象，而离子的形成是本课题教学的重点。新教材中配了彩色插图：钠原子一边踢着一个电子，一边说："电子走开，我要形成相对稳定结构"，氯原子赶忙捞住被钠原子踢来的一个电子，说："我需要电子，我也要形成相对稳定结构"，氯原子、钠原子得失电子后分别形成了氯离子、钠离子。由于静电作用，钠离子和氯离子手拉手地结合成化合物氯化钠。这样学生仔细观察了类似卡通人物的离子、电子，就能直观、形象地理解和掌握离子的概念。

4. 注意发展性

化学概念本身是发展的，所以教师应在认识过程中循序渐进，逐步深化，在新知识上加深有关旧概念的理解，要通过概念教学启迪学生的进一步思考，拓宽知识视野，建立相关知识之间的联系，运用已学概念去理解新的事物，对化学现象做出合理的解释。因此概念教学中教师要不断帮学生梳理上下位概念的关系，提升学生归纳总结的能力，从具体事实发展到初级概念，再到二级概念。随着学生所掌握的物质结构知识的加深。旧概念又可获得高层次的理解，成为高层次的新概念。概念本身的层次性决定了教师教学也要有层次性。例如，初三学生刚开始接触"氧化反应"，指的是有"氧气"参加的反应；当学习到"碳"的还原性时，会发现，"碳"与"氧化铜"中的"氧"发生的反应仍然是氧化反应，这一"氧化反应"概念中的"氧"不单独指"氧气"，而是指氧元素，这样氧化反应的外延在逐渐扩展。随着学生所学知识的增加，学生不但掌握了概念的内涵和外延，对概念的理解也逐步加深。概念教学要注意发展性就是要求教师要注意概念的广度、深度，分阶段教学，不能一次性教给学生。

5. 注意与物质的性质学习相结合

概念教学的目的就是要用概念去解释化学现象，因此要在联系实际的情景中巩固概念，提高学生运用概念解释问题的能力。例如：用分子、原子的观点解释质量守恒定律和化学变化的实质；用能否夺取氧元素和提供氧元素判断物质的氧化性和还原性；用 H^+ 和 OH^- 结合生成 H_2O 说明中和反应等。

三、效果与反思

（一）研究的效果

由于教师在教学中注意了学生对概念的可接受性、阶段性，学生对化学核心概念都能从理解的角度去认识事物，分析问题。例如对质量守恒定律的理解和应用、计算，对物质组成的探究和描述，学生都可以用准确的化学概念来描述。

学生在图片、模型、动画的帮助下建立了微观想象，符合初中学生的认知规律，学习轻松。例如物质的分类由于需要用分子、原子、元素等概念区分，过去一直是教学难点，我们采用图示的方法教学，使学生顺利通过了从宏观到微观的过渡，防止了分化。

对学生的要求循序渐进且适度，学生负担不重，不会产生厌学情绪，分化现象减少。学生对概念的理解，对分析问题的能力有了提高。例如学生对物质分类的方法按照自己的理解画出各种不同类型的分类图形，有括号图，有树形图，有集合图等。

虽然在概念教学中并没有强调概念的严格定义，但由于对概念的理解，学生仍然可以用自己的语言说出概念的内涵和外延，例如对单质的定义，学生可以说出单质是由一种元素组成的一种物质；氧化物是氧元素和另一种元素组成的一种物质。尽管语言并不精练，但可以看出学生对这些概念理解了，达到了教学的要求。

（二）实践反思

1. 认真学习并准确理解课标

在教学中要根据具体情况处理教材，既不可因课程标准不过分强调概念的严密性而忽视对概念的理解，也不能任意拔高对概念的要求，同时要注意与高中教学的衔接。例如氧化—还原反应的教学，在初中阶段只要求学生能从得氧失氧的角度理解氧化—还原反应，目的是了解物质的氧化性和还原性，但如果在教学中让学生注意氧化—还原反应中元素化合价的变化，就可以为与高中教学对氧化—还原反应的再认识的衔接做铺垫；再如对物质分类教学，课程标准要求认识物质多样性，从组成上识别氧化物，区分纯净物和混合物、单质和化合物、有机物和无机物，但在教学中我们要渗透分类思想，使学生认识到物质分类的方法是与研究的目的相联系的，因此分类的标准也随之不同。

2. 运用心理学知识巧妙帮助学生理解概念

由于个体差异，初中生在化学学习的过程中，会出现不同的认知状态，因此教师要充分了解学生的心理需求和认知的个性，选择适合学生的方法教学。例如初中学生对于抽象概念的建立更适合用形象的事例作为想象的方法。例如对于原子结构的空间概念的建立，一老师就用了这样的比喻："如果前面有一堵墙，我将一把沙子投过去，会有什么现象？"学生说沙子会弹回来。老师又问："如果前面没有东西阻挡会不会弹回来呢？"学生说："沙子撒出去，不会弹回来。""如果有极少数弹回来，绝大多数撒出去没有弹回来，说明什么？"学生说："前面有很大的空间，只有极小的东西挡住沙子。"老师说："这极小的东西就是原子核，在它的外面有很大的空间。"其实这就是卢瑟福实验的通俗解释，这个比喻帮助学生建立了原子组成的空间概念。

3. 在概念教学中提高学习能力

概念教学是整个化学教学的重要组成部分，我们应当积极采用各种教学方法，使概念易学，激发他们乐学的积极性，变被动为主动，就像德国教育家第多斯惠所说的那样："教学的艺术不在于传授本领，而在于唤醒、鼓舞和激励"。概念的形成，指的是学习者从大量同类事物的具体例证中以辨别、抽象、概括等方法发现同类事物的共同本质特征，从而获得概念的过程。任何一个概念的形成都经历着由感性到理性的抽象概括过程。如果这些过程在教师的指导下，学生能够主动参与规律形成的揭示，那么就能领悟到知识形成过程中蕴涵的思想方法，使学生知其然、知其所以然，避免囫囵吞枣、死记硬背。因此，教师在教学中根据概念的形成过程，先让学生从感性上认识一些物质，然后再归纳总结为理性认识，总结出概念的含义，最后用实例来检验学生对概念的理解程度，以此来达到应用的目的。

4. 应用练习加强对概念的理解

概念教学中不要在概念的词语定义上人为给学生设置障碍，而要把重点放在概念的应用上。在教材中引出概念不仅是为了知识表述的简约性，重要的是通过概念启迪学生的思维，拓展学生的视野，建立相关知识之间的联系，运用已学的概念去理解新的事物，对化学概念做出合理的解释。学生理解概念，也不能停留在对概念下定义、作注解的水平上，重要的是，应鼓励他们广泛运用概念，这样才能使概念来自于实践，应用于实践，达到学有所用的目的。

显然，根据课程标准的要求，考试已不再用考概念的定义方式考查概念，而是考查学生在实际情景中理解和运用概念的能力。

第二节　如何用好新课标中的情景素材

一、问题的提出

（一）问题的表现

打开课程标准我们惊喜地发现：课程标准中提供了丰富的环保资料、史料、研究性实验、家庭小实验、图片等情景素材。它为某一主题的学习提供了相关的背景资料，提示了教材研究和教学设计的线索，它犹如一阵和煦的春风，给化学教师带来了无限的遐想。情景素材利用情况如何呢？下面是对南京市溧水县五十几名化学教师听课后进行的统计分析：

初中化学课堂中情景素材利用情况	经常利用	偶然利用	一般不用
	占 42%	占 31%	占 27%

有的教师对课程标准中提供的丰富的情景素材一带而过；有的教师用原教材的结构和编排特点来理解和使用新教材内容；有的教师照本宣科，学生昏昏欲睡；有的教师在教学中简单地"堆砌"素材，不能把握所选素材的教学价值。情景素材的利用情况不容乐观，"新瓶装老酒"的现象相当普遍。

（二）问题思考

为什么在使用新教材的过程中会出现以上情况？情景素材的教学特点及功能是什么？如何利用这些情景素材？新课程真的离我们很远吗？

在和教师的交谈中我们发现问题主要有以下几点：

1. 评价方式的制约在初中最后一年开设化学课，师生面临升学考试的压力大，一张试卷定终身，不利于课堂教学的改革和创新。

2. 传统教学思想的影响长期以来占主导地位的"双基论"根深蒂固，教师在利用情景素材方面心中有顾虑，对情景素材的利用仅局限于知识和技能目标上。

3. 教师专业素质的局限，教师理解和利用情景素材、开发课程资源的能力有限，直接影响情景素材的利用。

二、问题的探究

（一）专业知识的学习

1. 理论学习

情景可以很快激起学习者强烈的兴趣，使其情不自禁地投入到教学活动中；可以克服传统教学脱离特定知识存在的实际背景的限制，从而避免形式化、抽象化、简单化的弊病；为学生提供真实性的任务，使学生寻求和自己生活密切相关的、感兴趣的、具有智力挑战的学习内容和活动，在"做科学"的过程中体验探究过程，逐步提高学生的科学素养；在"教师—情景—学生"之间形成积极的、多向的联系，有效促进教学活动的开展。

教师可在教学过程中利用这些情景素材为学生创设相关的情景，充分调动学生学习的积极性和主动性，帮助学生理解学习内容，体验科学与技术、社会的紧密联系，引导学生认识化学在促进社会可持续发展中的重要作用。

（1）课程标准中情景素材的内容（如表5－2）

表5－2

一级主题	二级主题	情景素材
身边的化学物质	地球周围的空气	1. 科学家对空气成分的探究　2. 灯管中的稀有气体　3. 温室效应
	水与常见的溶液	4. 鱼池缺氧现象与增氧方法　5. 胆矾晶体的形成　6. 海水制盐　7. 服装干洗
	金属与金属矿物	8. 中国古代金属冶炼的成就和当代金属材料的开发利用　9. 制造潜艇飞船的合金材料　10. 我国重要的金属矿物及其分布　11. 丰富多彩的金属矿物标本和图片　12. 金属的切割与焊接　13. 制造自来水材料的变迁
	生活中常见的化合物	14. 生活中常见的酸性和碱性物质　15. 洗发剂、护发剂的酸碱性　16. 海盐、岩盐、湖盐、井盐　17. 中国化学专家侯德榜
物质构成的奥秘	化学物质的多样性	18. 干冰的形成和升华　19. 金刚石、石墨和C60
	微粒构成物质	20. 布朗运动　21. 扫描隧道显微镜与原子操纵技术　22. 原子结构的发现
	认识化学元素	23. 农作物生长必需的化学元素　24. 门捷列夫与元素周期表
	物质组成的表示	25. 药品食品标签上有关成分的含量　26. 国家饮用水的标准

续表

一级主题	二级主题	情景素材
物质的化学变化	化学变化的基本特征	27. 往新制的氧化钙中加入水能煮鸡蛋　28. 照相底片的感光　29. 石灰石溶洞和钟乳石的形成　30. 中国古代的黑火药
	认识几种化学变化	31. 用石灰石或贝壳烧制石灰　32. 中国古代的湿法炼铜　33. 用碱溶液处理树叶，制叶脉书签　34. 酸性和碱性废水的处理
	质量守恒定律	35. 质量守恒定律的发现
化学与社会发展	化学与能源和资源的利用	36. 不同材料引起的火灾与自救　37. 城市环保汽车的兴起　38. 沼气、天然气，西气东输工程　39. 海底的可燃冰　40. 海水的综合利用　41. 原油泄漏对生态环境的危害及处理　42. 中国的石化能源　43. 中国的水资源危机
	常见的化学合成材料	44. 从石器、青铜器、铁器到高分子合成材料　45. 塑料制品的回收、再生与降解　46. 纳米材料　47. 导电塑料
	化学物质与健康	48. 人每天摄入的食物中所含的有机物　49. 有关误用化学物质危害人体健康的事件　50. 常见的食品添加剂，我国使用食品添加剂的有关规定　51. 吸烟者的肺病照片、录像　52. 被污染或变质的食物对人体的危害
	保护好我们的环境	53. 排放生活污水和工业废液的危害　54. 光化学烟雾　55. 空气污染指数　56. 富营养化污染与禁用含磷洗衣粉　57. 臭氧空洞和臭氧层保护

（2）情景素材的特点

① 基于"真实的情景"。所谓的"真实的情景"，就是指社会、生活及科技发展中具体、实在的事物和现象。如吸烟者的肺病照片、录像；扫描

206

隧道显微镜与原子操纵技术。

② 贴近学生的生活。如洗发剂、护发剂的酸碱性等。

③ 注重跨科学内容。涉及能源和资源、材料、健康以及环境保护四个方面。

④ 反映现代科学技术成就。如扫描隧道显微镜与原子操纵技术，导电塑料等。

⑤ 强调化学知识的应用。素材体现在化学科学知识在工农业生产、日常生活和人类社会的发展，以及科技进步等方面的应用。

⑥ 重视化学史料。主要涉及四个方面：有影响的化学家，如侯德榜；重要的化学现象和规律，如"布朗运动"、质量守恒定律；重要的发现过程，如科学家对空气成分的探究；我国古代的科技成就，如中国古代金属冶炼的成就、中国古代的黑火药。

（3）情景素材的教学功能

① 能有效地促进学生主动地学习，明确学习任务。情景素材不是提供现成的知识，而是需要学习者自己去建构知识，因此，它能有效地促进学生主动地学习，使学生真正成为学习的主体。

② 能提供给学生生动的学习材料，引导学生在真实的情境中进行探究活动。

③ 能有效地促进学生深入实践，理论联系实际，帮助学生认识化学科学。情景素材具有真实性，这意味着它来自实际，有利于学生深入实践。联系生活和实践可以促进理论联系实际，帮助学生认识化学是一门有用的科学。

④ 能促进学习者之间的合作，在真实的、应用性的情境中学习，常常不是一个人能完成的，它需要学习者相互合作、共同探究、讨论，有利于培养学生的合作和共事习惯。

⑤ 能促进学习的迁移，有效地提高学习质量。由于学习活动是在真实的情境中进行的，感知的材料真实，能在真实的情境中应用和检验，所以，只要用科学的方法对感知材料进行加工，学生获得的知识就比较可靠，学习质量便大为提高。

通过学习，我们对新课程标准中提供的情景素材有了进一步的认识，对用好情景素材充满了信心。

2. 他山之石

许多教师积极利用情景素材创设适合学生学习的真实情境，使学生在生动、活泼、亲自参与的情境中，探究物质的本质及变化规律。

案例　"金属的防护与回收"情境进行教学的片断

首先，老师提供一些常见的实例素材，如被锈蚀的自行车棚，生锈的铁制品的图片或资料，便于学生讨论。通过老师的引导及学生之间的交流，总结出导致钢铁锈蚀的主要因素。

接下来通过一组实验情景素材创设情景：

取 5 枚洁净无锈的铁钉，分别放入 5 支试管中，①在第 1 支试管中加入稀硫酸或醋酸，浸没铁钉后，倒去溶液；②在第 2 支试管中加入少量 NaCl 溶液，使铁钉的一半浸没在溶液中；③在第 3 支试管中把铁钉放在潮湿的棉花上；④在第 4 支试管中注满刚煮沸的冷却水，塞紧橡皮塞；⑤在第 5 支试管中加入少量干燥剂，再放一团干棉花把铁钉放在棉花上，塞紧橡皮塞。然后立即、一天后、三天后、一周后分别观察 5 支试管中的现象与变化。

学生亲自动手、观察、分析并找出铁生锈的主要因素。这时，教师再引导学生交流讨论日常生活中有哪些保护钢铁不受腐蚀的实例，根据对这些实例的探讨，总结出防止钢铁锈蚀的各种方法，并尝试对这些方法进行分类。

其次，在"视野拓展"中介绍"铝的自我保护"，增强了学生的学习兴趣，也拓宽了学生对金属锈蚀防护方法的认识。

最后，在"废金属的回收和利用"中，教师利用金属在现代生活中的重要作用和废金属对现代生活可能造成的危害等学习素材创设情景，然后组织学生交流讨论"回收和利用金属的途径有哪些"，"如何保护它们以延长其使用寿命"，等等。

评析

在利用多种情景素材创设的情景中，通过探究活动、交流讨论等环节可以逐渐增强学生参与社会决策的意识，逐步形成珍惜资源、爱护环境、合理使用化学物质的观念。

教材的空间是有限的，能提供的情景是有限的，但老师在此基础上可以开发的情景资源是无限的。教学中利用情景素材要注意以培养学生学习的兴趣为前提，诱发学生学习的主动性；以观察、感受为基础，强化学生对学习的探究性；以发展学生的思维为中心，着眼于培养学生的创造性。

（二）教学实践

心理学家皮亚杰认为："一切有成效的工作必须以某种兴趣为先决条件。"我们尝试利用课程标准中的情景素材，创设问题情境，激发学生学习兴趣和探究欲望。下面是一些实践案例。

案例　　　　　　　　《金属与人类》活动课

教学过程：

一、金属与历史

师：人类最早发现的金属是什么？

（学生回答后，展示收集的铜的资料）

（师展示资料：1. 铁的发现和利用。2. 钢铁的冶炼。3. 不受欢迎的铁锈。播放多媒体资料片《钢铁的冶炼》）

（生阅读《从黏土中提炼出的铝》，了解铝和铝合金）

师：有谁知道我们教室的门窗是由什么材料制成的？

生：是铝合金。

（师用电脑展示系列图片：1.《古代金鼎》《自然金》2. 天然金属矿物系列图片：《辰砂》《磁铁矿》《孔雀石》等等）

（师用电脑展示动画片转入第二专题："嘿！哥儿们！你这是怎么了？""唉！我病了啊，这不刚刚从医院回来吗！""什么病啊？""医生说我缺、缺、缺、缺元素啊！"）

二、金属与健康

师：图中这位病成这样。大家帮他分析一下，他可能缺什么元素呢！

生1：我分析他可能缺钙！（阅读资料：人体健康与钙）

生2：他可能缺少铁元素。（阅读资料：人血是"铁水"吗）

生3：我分析他可能缺少元素锌。（阅读资料：人体发育必需的元素锌）

（生阅读资料：缺铜会贫血吗？故事《长寿村与井水中的银离子》。）

师：金属元素有的有益，有的有害，摄入量过多或过少都会影响人体健康。

例如经常食用油条使人体含铝元素量增加。据医学资料报道，人体中摄入铝元素过量易会引起老年痴呆症。

（讨论：人体缺少某种元素会使人患病，有人说最好通过药物补充这些元素。你的看法如何）

师：是药三分毒！食补比药补好。如果已出现病态，仅从食物中摄取仍然不足，可通过食品添加剂或保健药进行药补，像高钙奶、补铁剂、加锌饼干等。

三、金属与发展

师：展望未来，金属将为人类作出更大的贡献。

（自制课件展示课本中提供的情景素材《记忆合金》、《钛和钛合金》）

（师用电脑展示资料：1. 未来国防科学发展所用金属。2. 现代兵器中的新金属。3. 金属家具、金属用品）

四、金属之最

（展示课本中的资料：1. 最轻的金属锂；2. 密度最大的金属锇。3. 延展性最好的铂；4. 地壳中含量最高的金属元素铝；5. 熔点最低的金属汞；6. 熔点最高的金属钨；7. 最硬的金属铬等）

（展示收集的金属制品：铬合金、黄铜、红铜、铅丝、铝合金、锯条等）

评析

课本中提供了大量可利用的情景素材,如果使用不当就会造成堆砌,怎样整合这些内容实现三维目标呢?本节课围绕金属设立了四个专题:①金属与历史;②金属与健康;③金属与发展;④金属之最。把它们像珍珠一样串成一串,帮助学生探究金属的有关知识。在运用这些情景素材的过程中,提高了学生运用现代信息资源和整合信息的能力;使学生感受到金属在促进社会进步和人类发展中的地位和作用;感受到金属与生产、生活及人类健康的重要关系;培养了学生主动参与、自主学习、通力协作的意识;培养了学生探究的能力。

案例 　　　　　　　幸福杀手——香烟

课本上的一幅图片《肺癌患者的肺与正常人的肺》是课程标准提供的情景素材,给人以强烈的震撼。吸烟有害健康是人人都知道的事,但危害有多大,大多数人很迷惑。怎样用好这一情景素材实现三维目标呢?

教学过程:

1. 创设情景:故事引人,情感共鸣

上课了,我给同学们讲了一个真实的故事:一对经历了生活的风风雨雨,几十年来一直相敬如宾的夫妻,在他们人生最美好的时候,却面临着失去彼此的巨大痛苦——丈夫被确诊为肺癌晚期,妻子在医院守候丈夫一百多个日日夜夜,看到丈夫遭受的痛苦折磨,她心疼,她无奈,她在这种凄惨、悲痛的心境下写了一首诗《我愿用生命去交换——》

(投影诗的内容:我愿用生命去交换,不要让烟雾窒息熟睡中的婴儿,不要夺走清新的空气,不要让烟雾成为孩子的玩具,请给他们阳光和青草的气息;不要用火焰灼烧你的肺,不要用毒剂涂抹你的神经,不要焚毁仅存的记忆,它曾经那么年轻又那么灵敏;啊!亲人不要在烟雾中向死亡奔跑,不要抛下爱你呼唤你的人,不要让孩子无声地哭泣;终止你手中蔓延的烟碱吧!如果早知道这一天终将来临,我愿用生命去交换你手中的香烟)

谁能为大家读一读这首诗？（配乐读诗）妻子为什么要用生命去交换他手中的香烟？

通过一首很感人的诗，培养学生爱的情感和对美的感悟，使学生认识到吸烟不利于健康，香烟对我们有害。多少鲜活的生命，在一支支包装精美的香烟里，在一天天的吞云吐雾中，被烟这个死亡之徒夺去健康，甚至生命。学生逐渐对香烟产生厌恶之情。

2. 实验探究：幸福杀手，魔力何在

吸烟有害健康，为什么人一旦吸烟就很难摆脱它的魔爪？

投影：老师从图书室和网上获得的有关信息内容：当你点燃一支香烟时，实际上就开始吸入 100 多种化学物质，其中尼古丁、CO、焦油等致癌物质对人体损害最大。

这些物质你最熟悉的是哪一种？燃烧着的香烟真的会产生 CO 吗？

接着让学生分组探究（投影实验装置图）：每组两个广口瓶、导管若干、一个试管、烟丝若干、新鲜血液、小活鱼。老师走到学生中间，加入到学生讨论中去。各小组汇报实验现象，探究结论。

小活鱼死了，试管中的新鲜血液变黑了，学生认识到香烟中确实含有有毒物质，有害健康。

3. 图片展示：触目惊心，心灵震撼

老师展示图片《肺癌患者的肺与正常人的肺》；同时出示西方医学界的研究数据以及我国青少年吸烟上人数升的图例。请学生说说吸烟有哪些危害？

来自于临床医生和医学界最新的统计数据直观地告诉学生——香烟就像一把杀人不见血的刀，给学生的心灵产生巨大的震撼。

4. 真情呼唤：从我做起，严禁吸烟

展示《严禁吸烟》标志，提问：你们的父母吸烟吗？他们为什么吸烟？你怎样帮助父母戒烟？学生纷纷发言——有的学生为了提醒爸爸戒烟准备制作"烟害暗示卡"；有的学生建议把《严禁吸烟》标志张贴到公共场所；有的学生认为在 5 月 31 日世界无烟日集体到广场加强宣传——这样一方面培养学生爱父母的情感，另一方面也培养学生的设计和审美能力。

快要下课了,老师向同学们发出倡议:"无烟、戒烟,做一个健康人!"学生代表拿出准备好的条幅请老师带头签名,学生的签名活动将本节课推向高潮——但它带给学生的意义远非如此。

评析

吸烟目前来说还是生活中较普遍的现象,"吸烟有害健康",但人们较少用化学的视角来审视这一常见行为,以及给周围人带来的影响是什么。本节课从学生的生活事件切入,一个悲痛的故事、一段凄美的诗、一幅幅图表、图片,强烈地抓住了学生的心,引起了学生学习下去,探究下去的兴趣。香烟中的有害物质很多,教师抓住了学生在化学学习中熟知的一氧化碳,以它为代表设计探究实验,培养学生的思维能力、动手能力和观察能力。"烟害暗示卡"的制作,看似简单,但这简单之中蕴涵着对学生关爱父母、关爱他人的情感,有利于正确的生活态度和科学的价值观的培养,挖掘出了深刻的情意因素。

本节课的教学内容属于"身边的化学物质"的范围,是化学知识在生活中的应用。较之单纯的知识传递,它更能激发学生的学习兴趣,也更利于学生接受理解。就知识难度而言,本节课并不难,难在如何使学生在感情上达成共鸣,从而形成正确的价值观。于是我们在本节课的教学中,尽量利用课本中的情景素材创造教学情景,给学生更多交流的机会,通过师生间平等、民主、和谐的沟通和学生分组实验探究,使学生在获得知识的同时会从化学知识的角度去审视生活、判断生活中的事件,并达到情感态度和价值观方面的培养。即巧用情景素材,促进三维目标的达成。

(三)情景素材教学策略研究

通过学习和实践,我们认为:要利用好课程标准中的情景素材,教学设计应该从下面几点入手,使我们的化学课堂真正做到生活化、活动化、自主化。

1. 明确目的性

首先要根据所学的知识内容和学生认知发展的规律,领悟不同学习情景所蕴涵的课程目标和设计意图,选择适当的情景素材,然后确定以什么样的方式呈现。

2. 突出实践性

新教材在重视实践上大胆突破，注重从日常生活和生产中选取学生熟悉的素材。我们要利用这些素材，引导学生通过观察和实验活动认识物质。

（1）创设生动的实验场景

如"检验鸡蛋壳的成分"的实验，可以让学生带来家里的水垢和鸡蛋壳，并让学生自己设计实验证明它们的成分中也有碳酸钙，然后提供实验药品及仪器让学生上台演示。当学生看到鸡蛋壳与醋酸反应生成的气体真的能使石灰水变浑浊时，都很兴奋。又如石墨导电的实验、钢针淬火的实验都可以让学生以汇报表演的形式在全班面前展示。

（2）提供更多的实践机会

如"活动与探究"中的实验：在学习"酸碱盐"时，可以结合生活中的一些小窍门创设教学情境，如"如何除去鱼胆的苦味""为什么有的馒头松而多孔"等，尽可能让每个学生都能动手参与实验，让学生有更多的机会实践，更多地得到理性和感性的探究体验。

3. 注重现实性

化学学科本身就与生活、生产有着紧密的联系，因此我们在教学中就要重视利用教材中真实具体的场景，并从学生的生活经验和生活情境切入教学，也就是"从生活走进化学，从化学走向社会"。

4. 加强探究性

化学是一门以实验为基础的自然科学，利用教材上许多真实、生动、直观而富有启发性的实验情景素材，通过探究活动，使学生动手、动脑有机结合，全面发展。例如在教"石灰石的利用"时，教师可以问学生："你知道石灰石的主要成分是什么吗？""还有哪些矿石的成分与石灰石相同？"一连串的问题将学生引向新的学习阶段。学生迫切想知道答案，实验探究掀起了课堂教学的高潮。他们纷纷拿出自己带来的一些可能含有石灰石的物品，分小组实验。有的取药品，有的组装仪器，有的记录实验现象，体现了团结合作的精神。同学们检验了粉笔、牙膏、海螺壳、珍珠、珊瑚等物品。当他们发现自己的珍珠加稀盐酸产生气泡，而别的同学的珍珠加稀盐酸没有产生气泡，开始很纳闷，在得知自己的珍珠是真的后，他们高兴得跳了起来。

在教材中还有许多这样的情景素材，如用过氧化氢制取氧气，反应过程中加催化剂的研究；铁的生锈条件的研究；分子运动性质的研究；实验室制取二氧化碳装置的研究等。

三、效果与反思

在传统的课堂中，"闷课"是较为普遍的现象，教师照本宣科满堂灌；学生昏昏欲睡、思维呆滞，课堂无欢声笑语。情景素材的利用使课堂活起来了，课堂充满了生命的活力，呈现出了生气勃勃的精神状态，思维活跃。师生互动，兴趣盎然，真正体现了知识与技能、过程与方法、情感态度价值观三维目标的有机结合。

请看学生对任课教师写的一句句心里话：

"化学课上您妙语连珠，将一个个情景融入笑声中。"

"老师用奇妙的化学实验把我带入微观世界，我要用您教的知识制造一切。"

"愿您带给我们更多的氧气；愿酸、碱、盐给您的生活带去方便和乐趣；希望从您那儿得到一种特殊的'催化剂'，使我们学习更轻松，学到的知识更牢固。"

……

在新课程改革中，我们积极尝试利用和开发情景素材资源，用好这个"催化剂"，让每一位学生在和谐的教学情境中得到全面发展。

在创设教学情境的过程中，教师还应处理好形式与目的的关系。形式和手段是为目的服务的。因此，在化学教学中，教师不能单纯追求形式的新颖性、手段的先进性和多样性，而应首先考虑如何有效地实现化学教学目标，在此基础上再进一步设计采用何种形式和手段。

《课程标准》提供的许多学习情景素材只适合于城市学校，建议增加一些适合农村学校的情景素材。《课程标准》所附的情景素材是有限的，不能满足不同地区、不同学生学习化学的实际需要，更多、更好的情景素材还有待于广大的教师去收集、开发和提炼。

第三节　如何突破分类方法学习的难点

一、问题的提出

（一）问题的出现

2003 年 9 月（开学后的第 1 个月），一位老师对初三学生进行了有关化学学习的调查，学生普遍兴高采烈地反映"化学实验太好玩了！""化学太神奇了！""化学学起来很简单，我对化学充满了信心。"第 2 个月，还没等到老师进行调查，有部分学生已经找到该老师问："根据化合价书写化学式怎么那么难呢？""我记不住化学方程式，前面记后面忘。""化学要记的东西太多了，光是碳的有关知识就让我们够呛。"初三的第二学期学习"酸、碱、盐、化肥"的知识时，学生纷纷叫苦："老师，化学太难了，酸、碱、盐的知识太复杂了。""有关酸、碱、盐的习题我都无从下手。""我对化学学习都快没有信心了。"中考总复习时，学生更是觉得那么多的化学知识，让他们难以理清头绪，等等。面对上述问题，我们教师的心情也无法轻松。为此，我们成立了课题组，专门对该问题进行了研究。

（二）问题思考

通过分析，课题组成员一致认为，引导学生学会分类的方法，将所学的知识进行梳理归类，找到知识间的联系，在理解的基础上记忆知识，避免死记硬背，可减轻学生学习化学的难度。但在教学过程中我们却发现学生很难掌握并运用这种方法。通过对师生的调查，发现原因有以下几点：

1. 初中化学知识点多，教师在教学时缺少对学生进行分类意识的培养，没有引导学生将知识进行分类学习，从而让学生觉得化学知识纷繁复杂。例如，每学完一个单元，教师习惯性地进行单元复习，但都是老师把知识点进行了归纳，学生缺少自主思考和对知识进行分类归纳的体验，从而没有养成分类的意识，也不会进行分类，不会自主将所学的知识加以梳理。部分学生认为，只要会背知识就能学好化学，导致这些学生不理解知识就开始死记硬背，加重了记忆负担。随着知识的增多、难度的加大，学生单纯靠记忆解决不了问题时，就感到学习吃力。

2. 有些教师在教学过程中虽然进行了分类学习的指导，但由于方法缺少科学性，反而适得其反，加重了学生的负担。如教师在进行化学式知识的教学时，有些教师没有考虑到知识的循序渐进，一上来就把酸、碱、盐的化学式教给学生，学生理解不了，只能死记硬背。

化学研究的对象是物质，物质有成千上万种，要想将每一种物质都进行研究，显然是不现实的。因此，教会学生学会分类学习是化学教学的一项重要内容。一旦学生掌握了分类的方法，学生分析问题、处理问题就会系统化，就会按条件和内容进行分门别类的研究，这就大大提高了学生的学习效率，激发了学生的学习兴趣。在化学教学中如何引导学生学会分类学习，成了我们研究的课题。

二、问题的研究

（一）专业知识学习

1. 理论学习

《化学新课程标准》明确指出："要让学生初步学会运用比较、分类、归纳、概括等方法对获取的信息进行加工。"

现代认知心理学认为："学习是建构内在的心理结构的过程，学习者并不是把知识从外界机械地搬到记忆中，而是以已有经验为基础，通过与外界的相互作用来构建新的理解。理解的实质是认识事物之间的联系及本质。学生通过学习应能找出知识之间的联系，并根据这种联系形成知识网络。"

现代教学理论告诉我们："教学的最终目的不仅是向学生传授知识，更重要的是发展和培养学生的能力。"也就是说，学生真正需要的不仅是"金子"，更需要的是打开宝库的"金钥匙"。

在初中化学教学中，教会学生分类学习的方法，是寓科学方法教育于化学教学之中的体现。通过学生主动参与将相似的知识、原理归类，寻找知识间的联系，搭建知识的框架，培养学生独立思考的能力和创造性思维的能力，避免学生死记硬背，促进学生对所学知识的理解，激发学生学习化学的兴趣。

2. 他山之石

王祖浩老师主编的《初中化学新课程案例与评析》一书中介绍了常州市实验初级中学董晓安老师编写的《学会总结学会交流》。董老师充分调动了学生的积极性，让学生将繁多的较难理解的酸碱盐知识以学生自己的方法将知识分类、归纳，较好地突破了知识难点，现将片段摘录如下：

案例　　　　　　学会总结、学会交流

师：一日三餐，我们离不开食盐；改良酸性土壤，少不了熟石灰；化学实验常用到酸。我们已经感受到酸、碱、盐的广泛应用。昨天请同学们对所学的酸、碱、盐的知识进行了小结。我想每一位同学的小结各不相同，各有特色，每一个同学的问题也不一样。今天，我们一起交流学习，取长补短，也学会用分类的方法来进一步加深对知识的理解，从而学会应用。

学生四人一小组，相互交流各自的总结，提出尚不清楚的问题。教师巡回，了解学生的学习情况，发现质量较高的小结和典型问题，以便进一步交流。

师：你们的疑问，有的同组的同学帮你解决了，有些可能还要请其他组的同学帮忙。现在我们进行大组交流。哪位同学愿意将你的小结与大家共享。

学生利用实物投影仪，演示、讲解自己的小结，提出尚未解决的疑问。

学生1按故事的形式，小结了本单元的重点。设计了一段教师与学生交流的情节，通过问答，将所学的酸、碱、盐的知识点串联在一起。

学生2用表格的形式，对比了酸、碱、盐的不同性质，以及它们在生产生活中的广泛应用。

学生3用树状结构，展示了酸、碱、盐的各主要知识点以及它们之间

的相互关系。

学生4用卡通画的形式，展示了金属活动顺序表，把知识进行了分类、小结。

在小结的过程中，学生提出了各小组尚存的疑问。有些问题由学生自己解答，教师适当点评，以赞赏口吻鼓励学生，并解答学生没有解决的疑问。

师：刚才同学们互相交流了小结。大家的小结很有特色，你一定想知道自己小结的优缺点，以便补充完善，相信通过本次活动，你对知识的记忆和理解更深刻。老师也做了小结，我觉得没有你们的好，也给大家看一看。

（教师小结，学生进一步加深印象。）

评析

本节课较好地体现了化学新课程的理念，充分调动了学生的积极性和学习兴趣，使学生在潜移默化中学会了分类学习，按照自己的认知特点对酸、碱、盐知识进行小结，归纳形成自己的知识结构。学生的自主参与，将零碎的知识按不同的方式搭起了骨架，有了主线，有了精髓，基本概念和基本原理在学生的脑海中扩大、加深，使学生应用知识解决新问题的能力得到了加强，教师通过这种教学方法突破了酸、碱、盐知识的难点。"学生学到的观念越是基本，几乎归结为定义，则这些观念对新问题的适应性就越是宽广。"

（二）教学实践

带着课题研究的任务，在教学过程中，笔者十分注重引导学生用分类的方法进行化学知识的学习。下面是本人的一篇教学案例，在该案例中笔者首先将活动内容进行了分类，培养学生的分类意识，同时引导学生对知识点进行了分类学习，有效地突破了知识的难点。

案例　　　　中考复习专题之一《物质的多样性》片段

师：化学研究的对象是物质，初中化学学习了很多种物质，同学们打开教材归纳一下教材中介绍了哪些物质？

学生翻阅教材查找。

教师投影相关单元：单元一《走进化学世界》；单元二《我们周围的空气》；单元三《自然界的水》；单元六《碳和碳的化合物》；单元七《燃料及其利用》；单元八《金属和金属材料》；单元十《酸和碱》；单元十一《盐和化肥》；单元十二《化学与生活》。唤起同学对所学知识的回忆，创设情景，激发学生学习的欲望。

师：自然界的物质成千上万种，要想将每一种物质都进行研究显然不太现实，但我们可以找出一些物质的共性，发现一些规律，帮助我们解决一些生活问题。分类是研究化学问题的重要方法之一。

投影活动一：编织物质分类关系网。要求学生动笔将所给的名词按自己的想法编织相互之间的关系网。所给的名词有：物质、混合物、化合物、单质、金属、非金属、纯净物、稀有气体、有机化合物、无机化合物、酸、氧化物、盐、碱。

学生小组讨论，共同协作完成活动一。

教师巡视指导，找到编制较好的小组。

学生小组实物投影自己的小组成果，其余小组发表不同意见或修改意见。

教师投影自己的编织关系图，以便于学生对比、修改。

……

活动一：走进生活

教师进行巡视，检查各小组的讨论情况，及时给予指导。

1. 各小组成员收集生活中物质（物品）。

2. 小组交流，对所带物质（物品）进行分类，可编成一类或若干类，说明分类的理由（标准）。

3. 小组汇报讨论结果。

学生交流汇报讨论。

师：为了便于回收，将下列所给的物质进行分类：

废作业本、废易拉罐、生锈铁钉、烂苹果、矿泉水、涂改液瓶。

提供：可回收物质垃圾筒、不可回收物质垃圾筒、有害物质垃圾筒。学生完成以上分类。

活动二：走进化学实验室

提供素材：实验室现有以下药品橱柜，各自存放有一些药品。

A橱：铜、锌、镁；

B橱：氧化铜、二氧化锰；

C橱：盐酸、硫酸；

D橱：氢氧化钠、氢氧化钙；

E橱：氯化钠、碳酸钠。

现有碳酸钙、浓硫酸、烧碱、浓盐酸、氧化铜几种化学药品，应该分别把它们放入哪个橱柜中？其中哪些药品需要密闭保存？

学生完成以上要求，并说出自己的理由。

活动三：讨论与交流，在化学学习过程中，你还遇到哪些用分类方法来进行学习的？请举例说明。

生（讨论交流汇报）：氧气、二氧化碳的制取比较，化学反应类型、有关化学计算、常见物质的检验、鉴别、除杂等，很多化学知识均能分类学习。

师：学完本课题你有哪些收获和体会？

生1：对化学书上的物质类别心中有数了，并且学会了应用。

生2：通过讨论，小组成员帮助我认清了"化合物与混合物"的区别。

生3：通过学习，我知道了分类学习可以提高我们的学习效率，以往感到很乱的知识现在好像变得较清楚了。

评析

本课是一节典型的物质分类复习课，能充分调动学生学习的主动性，让学生宏观俯视教材，提取相关概念，通过小组合作形式编织知识网络，让学生自主梳理、归纳所学知识；通过交流、互评，强化并优化每个学生的知识结构，同时通过典型题型的练习，唤起学生对所学知识的回忆，进一步加深学生对所学知识的理解。同时通过几个知识板块的链接，让化学走向生活，走向身边实验室，培养学生关注生存环境，关注资源节约的情感。

（三）分类方法教学策略研究

分类方法是化学学习中的重要方法。学生学习新知识时，若掌握了分类的方法，就很容易找到知识的着生点，从而进行迁移、发散；学生进行阶段性学习时，若利用分类的方法，能理清所学知识间的联系，将所学的知识进行梳理，从而化繁为简、化零为整，提高学习效率。但学生在学习过程中却很难掌握这种分类方法，教师在教学过程中应通过一定的教学策略来培养学生这方面的能力。下面就提供几种有效策略供大家参考：

1. 在教材中寻找分类学习的落脚点

初中化学教材的编写就充分体现了分类的思想。教材中的每一单元均是同类知识的研究。在初三开学初教师要引导学生树立分类意识，一方面要让学生知道化学研究的对象是物质，世界上的物质有成千上万种，要想研究每一种物质显然是不可能的，但可以通过研究某一物质而推知与它同类的物质的性质；另一方面，教师要充分引导学生学会看目录和每一个单元后面"学完本课题你应该知道"的知识归纳，领会教材的分类思想，同时可以带领学生参观化学实验室，观看化学仪器、化学药品的分类摆放，让学生寻找到分类的落脚点。

2. 对同一单元知识的分类学习

初中化学教材中每一单元的知识之间存在着这样或那样的联系，教师要引导学生理清知识间的关系，寻找共性、分析个性、让学生进行分类学习。经过长期教学实践，我们归纳出不同单元按照知识的不同可采用不同的分类方法进行学习。

方法一：知识主线化。当研究某具体物质时，若寻找到研究问题的主线，学生就会理清思路，沿着这条主线将繁多的知识化为简单。比如在学习第二单元《我们周围的空气》时，引导学生按照"性质—用途—制备"这样一条主线进行学习，学生学起来就不会觉得很乱了。

方法二：对比归类法。对比，就是把两类不同物质或者同类物质的两个方面，放在一起进行相互比较的一种学习方法。运用对比，可以使两类相对或相反的物质的本质表现得更加鲜明突出，本质揭示得更加深刻透彻；可以使同一类物质的两个不同的方面互相映衬，对比鲜明，彼此补充，相得益彰，我们在学习第十单元《酸和碱》时就可采取对比的学习方法。学习时以盐酸为基点，只要探究出盐酸的化学性质，便可以通过对比分析酸的结构的共同点来类推出其他一类酸的共性，再通过引导学生分析不同酸之间的不同结构，突出酸的个性。同时引导学生对比分析酸碱的阴、阳离子的特殊的对应关系，推断出碱的化学性质与酸的化学性质有着很强的对应。这样学起来学生印象深刻，思路清晰，不易遗忘。

方法三：知识网络化归类法。这种归类方法主要应用于基本概念、基本原理的教学。教师可以引导学生构建知识网络，弄清不同概念间的联系。通过构建知识网络，让学生进一步弄清概念的本质，从而加深理解，学会应用。比如在进行第四单元《物质构成的奥秘》学习时，教师可采用这种方法将学到的元素、分子、原子之间的关系构建网络，使学生学会从宏观、微观两方面分析物质的组成、构成，从而突破知识的难点。

方法四：阶段小结归类法。学生每学完一个单元，为了使学生的知识条理化和系统化，教师要指导他们用归纳分类法进行单元复习。归纳分类要以课本、笔记和参考资料为依据，从纵到横，突出重点，显示各课题之间的有机联系。同时要让学生发挥自己的想象，用生动活泼的语言、漫画、网络图等将知识进行归纳。通过学生的主动参与，使学生学会知识归类，也使学生通过建立框架的过程寻找本单元的知识重点、难点。

3. 对不同单元的内容进行整合、归类

教师在教学过程中，不光要引导学生对某一单元的知识学会分类学习，还要引导学生学会分析前后所学不同单元知识间的区别与联系，引导学生寻找学习规律，学会分类学习。

在学生学习单元三《自然界的水》课题一时接触到单质、化合物的定义，学生可能很不理解，此时教师可以告诉学生等学到课题四《物质构成的奥秘》时就会迎刃而解。而当学生学习到课题四《物质构成的奥秘》的课题二"元素"时，已经对单质、化合物的概念理解深刻了，此时教师应该让学生把"物质、纯净物、混合物、单质、化合物、氧化物"等几个概念绘制相互关系的网络图，理清不同种类的物质间的从属关系，并学会将一些常见的物质进行对应归类。等到了学习"酸、碱、盐"的相关知识后，教师可以引导学生将物质的分类进一步完整化。这样，一步一步循序渐进，学生慢慢突破物质分类的难点。

当学生学习了化合反应、分解反应、置换反应、复分解反应四种基本反应类型后，只要引导学生分析四种反应类型的本质特征及区别，学生学起来就会感到很轻松。

当全书学完，教师可以引导学生进行大的分类学习，比如可以按照新课程标准上的五大块进行分类复习。这五大块分别是：科学探究、身边的化学物质、物质构成的奥秘、物质的化学变化、化学与社会发展。让学生对全书知识进行梳理、分类、整合，激发学生学习的兴趣，避免学生对已学知识失去新鲜感，同时也是对学生归纳知识的能力的提升。

4. 分类方法的迁移应用

在平时的教学过程中，教师依托教材对学生进行分类方法的渗透，让学生明确分类学习是学习化学甚至是其他自然科学的一种重要方法，那么就要引导学生将这种方法加以运用。比如在学生进行过化学的阶段性测试后，教师在讲评试卷的时候，可以有意识地将分类法加以应用。教师可以让学生反思错题的原因，寻找错题所考查的知识点是什么，并引导学生复习这一类的知识点。对共性错误，教师要进行分类统计，并展示出来，集体分析，同时，要多找一些同类知识题型进行反馈，帮助学生巩固同类知识。同时，要引导学生归纳解题方法，明确解题的突破点在哪里，哪一种解题方法又适合解哪一种类型的题。

三、效果与反思

（一）研究效果

1. 学生方面

通过对两个班进行试验教学，在教学过程中引导学生注意分类学习，并在实验的中、后期对这两个实验班的82名学生进行了问卷调查。结果显示：

（1）在掌握知识方面，有83％的学生认为，化学并不难，所要记忆的东西，一旦通过分类学习，找到规律性以后记忆起来就不繁，并且不容易遗忘。

（2）在培养学习兴趣方面，90％以上的学生认为，通过创设情景、探究活动将同类知识进行分类学习，学会从已有知识迁移到未知知识，心中时时有成功的喜悦，加强了学好化学的信心和兴趣。

（3）在发挥自身潜力和培养能力方面，有90％的学生认为，通过参与搭建知识框架锻炼，独立思考能力有了显著的提高，70％的学生能够自己带着问题，积极开动脑筋，目的明确地去寻找知识间的联系。更有50％的学生产生了对学过的知识题型进行归类总结的想法，自己学会反思某一知识点的问题，并寻找同类习题进行强化，加深理解调查表明，分类学习方法受到学生的普遍认可，这两个实验班在中考时化学成绩较其他学科有很大的优势。

2. 教师方面

通过这次实验，教师转变了思想，更新了观念，提高了认识，初中化学教学不仅要教会学生一些基本的化学知识，更重要的是要激发学生的学习热情，教会学生一些科学易行的学习方法，让学生从繁、难、杂中解脱出来，理清学习思路，收到事半功倍的效果。在这样的教学过程中，化学不再是抽象、枯燥的课本知识，而是一项充满活力与灵性、与现实生活息息相关的活动。学生从中体验到了化学的内在价值，真切感受到了化学的魅力所在。为此，教师自己首先要钻研业务，自己对课本中的哪些知识可以进行归类学习要了如指掌，并且要积极创设情景，让化学贴近学生生活，引导学生探究知识间的联系，加深学生对知识的理解，从而综合运用、归纳这些知识，让学生在潜移默化中学会分类学习。其次教师还要涉猎较多题型，为学生的某一知识点的目标达成提供形式多样的题型，并指导学生如何搜集并加工信息，在吸收和消化知识的过程中逐渐形成良好的个性。

（二）实践反思

经过一段时间的实践，虽然取得了一定的成效，但也有一些问题值得我去思考。例如由于初中学生的总结、归纳知识的能力还很有限，绝大多数学生还不太会对知识进行分类、归纳、迁移，所以教师的引导就显得尤为重要，但老师点拨的"度"还需进一步思考。再有，学生上课时积极性高、兴趣很浓，对所讲知识的理解也能到位，但运用知识解决实际问题时就显得力不从心，教师还需在同类的有效习题的巩固练习上多动脑筋，而不是将学生陷入题海中。再有对于学困生，由于思维能力、学习基础、学习兴趣的缺失，如何提高这一部分学生的学习兴趣、能力，帮助他们理解、掌握最基本的分类学习方法。还需老师想方设法创设情景，使这部分学生提高课堂效率，让有关知识能在他们的脑海里留下深刻的印象，等等。

第四节　怎样帮助学生构建学科知识体系

一、问题的提出

（一）问题出现

新课程九年级化学教科书的编排体系，不再以学科知识为中心，使得化学学科知识体系不像老教材那样明晰。一些教师感到，同样的学科知识，在新教科书中变得难教了，很多知识与技能似乎变得缺乏必要的"条理"。在教学中有一类较为普遍的现象：每当学生进入单元复习、期中或期末复习阶段，时常对所学内容有理不清知识线索或体系的感觉，特别是进入总复习阶段，这个问题更为突出。有的教师感觉到一年教下来，自己也不明确到底教了些什么。还有的教师甚至了产生这样的错觉：进入总复习阶段，学生是越复习越糊涂，还不如学完就参加中考，也许会更好。有许多教师在实际教学中，由于自身难以把握化学新课程的系统性与逻辑顺序，因此很担心学生无法形成化学知识体系。所以，有的教师仍然按照原来九年义务教育教材的体系来进行新教科书的教学与复习。

（二）问题思考

针对以上一些现状，我们提出了以下问题作为研究课题：

1. 新教科书的学科知识体系是怎样的？

2. 如何能既促进学生知识与技能、过程与方法、情感态度与价值观和谐发展，又有利于学生建立明晰的学科知识体系呢？

二、问题的探究

（一）专业知识学习

1. 理论学习

义务教育《化学课程标准》明确指出，传统的化学教学片面强调知识和技能目标，忽视了全面提高学生的科学素养。新课程必须把培养学生学习化学的兴趣、提高科学素养放在首要的位置。要全面考虑"知识与技能"、"过程与方法"、"情感态度与价值观"三方面的课程目标。要在把握好化学知识与技能的教学目标的前提下，对各方面的教学目标进行融合，统筹兼顾，突出重点，有计划、有步骤地做好教学的整体安排。由此可见，这里特别要改变教师传授纯化学知识的教学理念，才能领悟并发现新教科书中融合三维目标、统筹兼顾的学科知识体系。

新教科书中的学科知识体系，是建立在学生学习发展的基础之上。《化学课程标准解读》明确提出：在进行教学设计时，教师必须认真分析和研究教材，深刻理解和掌握教材的内容和要求。在分析教材时，要特别重视分析新学习的内容和学生已学过的内容间有什么联系，在以后的学习中又有哪些运用和发展。这样做，才能使知识的学习一环扣一环，层次分明，循序渐进，逐步形成完整、系统的知识结构。

2. 他山之石

美国著名的教育心理学家加涅（R. M. Gagne）通过研究表明，学习中高层次的认知策略是学习者用以调控自己注意、学习、记忆和思维的内部过程，必须亲身参与才可以逐步形成的一种技能。要想帮助学生通过体验式、开放式的学习建立学科知识体系，教师就不能仅仅把要学生达成的知识作为唯一目标，而必须首先考虑达到目标的内部和外部条件，如何创设这些必要的条件，让学生在亲身体验中达到目标。

上海教育科学研究院顾泠沅教授认为，有意义的接受学习（注重知识的科学性）与有意义的活动学习（注重学生的气质和能力），是两个源头、两种方式，其根本都是提高教育教学质量。我们应当将两种学习方式在"提高学习质量"的主题下，采取"合理安排、取长补短"的策略，让两方的对峙变为改革过程中的两极张力。由此引发的研究发现，学生自主参与的探究是一种高思考力水平的学习活动，这是帮助学生构建新课程学科知识体系的"好计谋"。

由北师大王祖浩教授主编的《走进课堂——初中化学新课程案例与评析》一书中，以"给学生更多的机会"为题，介绍了大连市某中学段老师的教学体验，对我们如何帮助学生主动建构学科知识体系很有启发。

案例　　　　　　　关于"金属化学性质的探究"

师：请同学们想想我们以前有没有接触过某种金属的化学变化？（学生思考、回答）

师：除了铁和镁，其他金属能不能与氧气反应呢？金属除了能和氧气反应外，还能与其他物质反应吗？下面就请同学们根据老师给大家准备的仪器和药品来讨论设计实验方案，然后动手验证你们的方案是否可行。

（学生设计实验并进行验证）

实验一：用实验台上给出的金属粉末，扬撒在酒精灯上看到不同颜色的闪光。

实验二：分别取铝丝、铜丝用砂纸打磨光亮后，放在酒精灯上加热。

实验三：分别将光亮的铁丝、铝丝、铜丝和镁条浸入到冷水中。

实验四：把光亮的铁丝、铝丝、铜丝和镁条浸入到稀硫酸中。

问题一：铜制炊具使用一段时间后，为什么会变黑？

问题二：铁、铝、铜与氧气反应后的产物分别是什么？什么叫金属氧化物？

问题三：铁、镁、铝能与稀硫酸反应产生氢气，而铜不能。这说明金属的活泼性是否相同？

问题四：铁、铝、铜分别与稀硫酸反应的现象、产生气泡的速度是否一样？根据实验现象回答，哪种金属最活泼？

问题五：比较铁、铝与稀硫酸的两个反应，从反应物、生成物的类别来看，有什么共同之处？

评析

有关金属的化学性质探究可以有多种方法和途径，本节课的特点就是给每一位学生提供机会，让学生在一个相对集中的主题内容中，充分自由地在原有知识的基础上，探究金属的化学性质，充分发挥了学生的积极性和创造性。然后进入交流板块，经过群体间的合作讨论，形成清晰的知识系统，再进行实际问题的分析应用来检验，从而体验成功的喜悦。因此，在教学中注重从已有知识出发，通过活动探究知识发生、发展的过程与方法，形成负责任的情感态度与价值观，这是我们运用课程标准组织教学，并帮助学生建立动态的、可发展的化学知识体系时的基本出发点。

（二）教学实践

案例　你会用 CO_2 的知识来寻找学习 CO 性质的途径吗

这是一节学习 CO 性质的新授课，教科书中将实验、讨论、知识迁移的教学内容安排得很充实，而且知识学习的压力较小，课堂上学生学习活动开展得有声有色。但是，去年的教学进入单元复习时，许多学生反复出现 CO_2 与 CO 性质混淆，对两者进行区分与对比时常出现错误，影响了知识的运用和技能的形成与发展。

今年教这个内容时，我展示了两个充满相同量气体的贮气瓶。大多数学生结合预习都以为是 CO，还有学生得出 CO 难溶于水的推论；也有少数学生提出质疑：别的班化学课上只用一瓶，我们老师为什么带两瓶？"哈！今天老师又要给我们'加餐'了。"一位男孩子向同学大声宣布。此时，上课铃声响起，我打开其中一瓶气体并将它通入澄清石灰水，石灰水立即出现浑浊。我利用学生课前的猜想，故作惊诧地说："糟糕！老师拿错瓶了。"学生们谅解地提醒我："老师快试试另一瓶！"

我在打开桌面通风设备后进行了第二个实验，然后根据现象提出：瓶中气体不能使石灰水变浑浊，说明了什么？在与学生共同的讨论中，明确今天的学习主题："你会用 CO 的知识来寻找学习 CO 性质的途径吗？"

同学们查阅教科书和有关资料后发现没有答案，于是自觉开始讨论。在学生的讨论中，全班逐步形成以下共识：

假设：CO 与 CO_2 性质相似或性质不同。

1. CO 能否与水化合；2. CO 是否不可燃，也不支持燃烧；3. CO 是否具有氧化性；4. CO 能否与石灰水反应；5. CO 是否具有其他化学性质。

在学生关注的神情中，我们通过逐个的对比实验，完成了预定内容的学习任务。课堂小结时，学生们能够自发地进行 CO 与 CO_2 的对比，而且在后续的学习中，几乎没有出现对 CO_2 与 CO 性质混淆的现象。

评析

此教学案例中，教师针对学生学习中出现的学科知识体系不明晰的实际问题，通过创设未学过的物质（CO）与已学过的物质（CO_2）进行对比学习的问题情境，引导学生从已有知识出发探究新知识。将 CO 性质的探究建立在与已经学过的 CO_2 性质进行对比的基础上，有利于学生自主建立新旧知识的联系，发展知识体系，体验对比等学习方法。学生通过讨论既巩固了 CO_2 的性质，又形成了探究 CO 性质的清晰思路。若再适当联系生活中的问题进行逐个问题的引入、巩固及拓展，效果将更佳。这样的设计，有利于融合教学的三维目标，更有利于帮助学生主动建构系统的化学知识体系。

（三）策略研究

作为一名担任启蒙任务的初中化学教师，在学生建构学科知识体系的过程中该做些什么呢？我们在教学实践中，对新教材的逻辑顺序及其教学意义有所感悟。我们认为，新教材的逻辑顺序体现在两条非金属主线和一个金属体系上，这些系统知识是培养学习能力与方法的载体，是实现三维目标的基石。教师首先应当明了每个知识增长点的学习功能，先学生一步明确建构学科知识体系的"支架"，然后才能自觉地在教学活动中，努力创设与之相适应的内部与外部条件，引导学生在参与的活动中去逐步形成和发展。

1. 构建 O_2 的知识主线及其逻辑顺序

人教版《化学》九年级上册第一单元"走进化学世界"是学习 O_2 的起点。课题 1《化学使世界变得更加绚丽多彩》的教学内容是基于学生已有的关于 O_2 的生活知识。课题 2《化学是一门以实验为基础的科学》中的两个探究活动，也包含 O_2 的相关知识，旨在提供关于 O_2 的感性知识。

第二单元是全书中 O_2 知识最集中的章节。

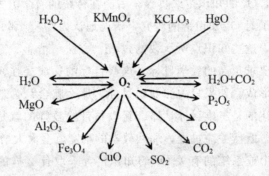

图 5—1 学习单一物质的知识网络示意图

在教学设计上要明确该单元是全面系统地从化学角度认识 O_2 的重要章节。但是，本单元的小结并不代表初中有关 O_2 知识的全部总结。

第三、四、五单元中，还渗透着有关 O_2 的组成、结构、化学符号、计算、性质和用途等广泛的内容。这一阶段的学习，是完善有关 O_2 知识与技能的重要过程；也是以 O_2 知识为主体，形成学习化学基本知识和科学方法的第一个过程。后者往往被许多初中化学教师所忽略。

第六单元中，包含着有关 O_2 性质、用途、制法的拓展与巩固。当学生在学习 C 单质、CO_2、CO 等单一物质的基础知识与技能的过程中遇到困惑时，应"回归"学过的 O_2 的有关知识与技能，引出学习的"增长点"。这是减少学习障碍的重要途径，在当前实际教学中却没有引起初中化学教师应有的重视。

第七单元中，通过众多与 O_2 相关知识的应用，形成阶段性的有关 O_2

性质的系列概念，从而在日常生活中正确运用 O_2 的科学常识。

第八单元中，渗透着 O_2 与金属反应性质的拓展，特别是 O_2 在金属锈蚀中的作用以及与 O_2 反应的条件等知识，是推断金属活动性的重要依据之一。

第九单元中，讲到水中的含氧量是天然水溶液活性的重要标志之一。

第十二单元中，渗透着 O_2 与某些营养素发生缓慢氧化的性质拓展等。至此，九年级《化学》中有关 O_2 的知识与技能基本结束。

综上所述，O_2 的知识主线贯穿全书。在传统的教学方式中，许多初中化学教师淡薄了对 O_2 知识链的研究，错误地认为 O_2 就那么一些浅显的知识点。殊不知，这些知识点所承载的过程、方法、情感、态度、价值观的教学目标却是要求很高的教学目标。这些目标的达成要在知识产生和发展的过程中才能形成。如果只关注知识目标，那么就会认为新教材显得过于单薄；如果关注的是三维目标，那么新教材带给教师的就是丰富的教学资源和创造空间。既然关注过程，那么教学的难度就会大大增加。

对于第一个成系统的有关 O_2 的知识链，采取什么样的教学方式，对化学教学的全局起着十分关键的作用。教学设计不能只满足于学习 O_2 的知识，还应当以 O_2 知识为载体，开展一系列有利于培养学习能力和创新意识的活动，如了解 N_2、CO_2、稀有气体的性质等。这样的教学设计，是将 O_2 知识作为学习化学的"母体"，在运用和探究新知识的过程中，巩固和发展 O_2 的知识主链。这样的课堂教学，在将学生从枯燥的重复式书面抄练中解放出来的同时，学科知识体系的形成不但不会被削弱，反而会随着学生学习能力的不断增强而加快建构的速率。当然，这样的目标不再是传授式教学所能达到的，必须采用合作、探究等以学生为主体的教学模式。

2. 理清以含碳物质为主线的知识链及其逻辑顺序

人教版九年级《化学》中含碳物质及其相互关系如图 5—2。

九年级上册第一单元是从感性认识角度学习含碳物质的起点。

第二、三、四、五单元中，渗透着碳及其化合物的组成、结构、性质和用途、化学符号、计算等广泛的内容。这阶段的学习主要是积累一些有

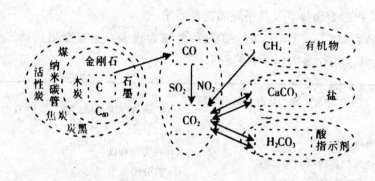

图 5—2

关碳及其化合物的感性认识的过程，为进一步系统学习碳及其化合物知识与技能做准备。

第六单元是全书中碳及其化合物知识较为集中的章节。在教学设计上，要明确本单元的内容是有关碳元素知识的核心部分。

第七单元，通过众多含碳物质的应用性知识，引导学生对燃料作出对比、分析或评价，从而形成在日常生活中正确选择和运用能源的科学常识。这是完善含碳物质知识的重要过程，更是培养学生掌握科学探究程序及方法的关键过程。

第八单元中，渗透着碳及其化合物的还原性知识、实验注意事项、含杂质计算等。可进行综合开发的内容有：调查与讨论——为什么钢铁厂（小铁匠铺）有可能是环境污染大户？

第十、十一单元中，渗透着含碳的氧化物、酸、盐等广泛的性质与用途。这是学习含碳物质中无机物知识的归纳总结阶段，是完善含碳物质知识与技能的重要组成部分。

第十二单元中，渗透着含碳的营养素、有机物、新材料等相关内容及用途。这里应安排有关含碳物质知识与技能的全部总结性讨论。

关于含碳物质的知识链，在传统的教学方式中就已经很熟悉，所不同的是在教学设计中，有没有将其作为一个系统的、一环套一环的知识体系来安排。如果说从 O_2 知识出发的探究是较为简单的，那么从碳元素知识出发的探究，无论是程序上、还是结论上都必须是综合的、可发散的。

3. 把握金属体系及其呈现的逻辑顺序

新教材以 Fe、Cu、Zn、Al 四种金属为代表，呈现金属的物理性质、化学性质、用途等内容，如下所示：

Fe 活动性（与 O_2、酸、盐溶液的反应情况） Fe 的物理特性 Fe 的锈蚀与防锈原理和措施 钢铁的冶炼原理及原料 钢铁的用途 铁矿资源及分类 Fe 元素与人体健康 Fe^{2+} 盐、Fe^{3+} 盐的性质	Cu 活动性（与 O_2、酸、盐溶液的反应情况） Cu 的物理特性 Cu 的分类及合金 湿法冶金、还原法冶炼原理 Cu 的用途及资源 Cu 元素与人体健康 Cu^{2+} 盐的性质
Zn 活动性（与 O_2、酸液、盐溶液的反应情况） Zn 的物理特性 Zn 表面的保护膜及镀锌 Zn 的用途 Zn 元素与人体健康	Al 活动性（与 O_2、酸液、盐溶液的反应情况） Al 的物理特性 Al 合金的优势 Al 的用途及资源 Al 元素与人体健康 Al 制品的回收

教材以几种特征金属的知识做学习载体，不仅要探究金属与非金属、氧化物、酸、碱、盐等化学知识体系内的相互关系，更重要的是通过探究金属与生产生活相关联的实际问题，从中发展学生学习能力与创新意识。

4. 教师通过合作与探究建构新的学科知识体系

上述两条非金属知识主线和金属知识体系在全书中不是三条平行线，而是相互交织在一起的。那种备一节上一节以及"单兵作战"式的传统个人备课形式，不利于教师在短时间内整体把握教材的逻辑顺序和三维的教学目标，更谈不上对教材的驾驭能力了。通过对教材进行分工合作研究、系统设计，能有效发挥群体的智慧，提高对教材的认识，落实课程标准的教学理念，在建构新的学科知识体系的同时，实现学生知识与技能、过程与方法、情感态度与价值观水乳交融般的和谐发展。

　　探究活动有利于师生、学生之间开展广泛的合作。对化学核心知识的探究，是化学教学中比较重要的、活动次数较多的探究活动。教师需要在引导学生探究化学知识时所必须经历的发现与发展的过程中，最大程度地减少教学设计的疏漏。

三、效果与反思

　　经过系统地分析教科书，明确了最基础的化学学科知识体系，并致力于创设有利于培养学生发展认知策略的外部条件。开学两个多月后，学生关于学科知识体系的主动探究问题越来越多，他们已经不满足于一周一次的化学小论坛讨论，常常是一下课就有十几位同学围着老师，每次得听他们二十多个问题及争论，此时他们从老师这里得到的不是答案与倾向性意见，而是指点和建议，往往要到下节课前1~2分钟时，老师才能"突出包围"。有的学生还不满足，干脆以"我有许多问题没有解决"为由，开始向老师索要备课资料、教学课件、甚至于教案等，回去仔细推敲。渐渐地老师发现许多学生将原来的习题资料改为了化学下册课本、学习工具书、高中化学课本、化学常识书籍、科普读物，等等。

　　下面是一节课后，老师与同学们的对话片断。

　　"请问，为什么二氧化碳气体不能使石蕊变色？"戴剑云同学问道，只见他似乎是有备而来。我反问道："教科书中的实验结论是什么？"

　　"酸液能使石蕊变红。但是资料上说二氧化碳是酸性氧化物呀？"终于说出了问题所在。我又问："你认真分析过二氧化碳与碳酸有什么不同吗？"

　　邱晶和程昊二人异口同声地说道："碳酸中多了氢元素。"小戴点了点头。我进一步讲："现在的问题是酸液中什么使石蕊试液变红了？是查资料、还是做实验，自己选择吧。"

　　在下一周的化学小论坛上，这几位同学合作的《干燥的二氧化碳为什么不能使石蕊变色？》小论文，引起了全班同学的轰动，因为文中的实验与论证分析，解决了许多同学认识上的疑惑。

评析

这虽然只是教学中一个小小的点，也许并不那么放光，但学生已开始注重知识发展过程中的问题，并能以拓展的视野来学习，将自身的体验与同学进行交流，这不正是学生在学习中自觉运用新教科书的学科知识体系以求发展的行为吗？

到此全文就要结束了，也许读者不禁要问：为什么对新教科书中酸、碱及有机化合物等知识只字不提呢？从教科书内容的设置上，不难发现这部分知识可以作为运用"两条非金属知识主线和金属知识体系"进行探究的拓展内容。如此认识是否得当，还有待于进一步检验，也请有兴趣的同仁一起参与研究。

第五节 如何对学生进行即时评价

一、问题的提出

（一）问题的出现

《新课程标准》中比较重视对学生的评价，特别是重视课堂的即时评价。当前许多化学课堂教学中不难看到教师们在这方面动的脑子不少，采用了许多评价手段，但有时效果不是很好，下面请看几个常见的课堂教学即时评价情境。

镜头一 "测定空气里氧气的含量"教学片断

师做完书上的演示实验，问："为什么右边烧杯中的水被压入了左边的集气瓶中，并且占了集气瓶体积的1/5？"

生："因为红磷燃烧消耗了集气瓶内的氧气，导致集气瓶内的气压减小，这也说明空气中的氧气占空气体积的1/5。"

师："答得非常好！同学们，给点掌声好不好？"

生热烈鼓掌（此时，老师通过多媒体给了学生一个"大笑脸"）

……

一节课下来，老师提了许多问题，当同学回答正确后，老师用"很好""你真棒"等不断赞美学生。久而久之学生觉得表扬是老师的口头禅，不以为然。

镜头二　《质量守恒定律》一课的教学片段

师：请你设计实验验证"参加反应的各物质的质量总和等于生成的各物质的质量总和"。

生汇报实验设计。

师：你的设计有问题，哪位同学帮他纠正一下？

生感到很不好意思。

老师的这种即时评价挫伤了学生的自尊心，也断送了学生深入思考、平等探讨问题的气氛。

镜头三　有关金属活动性顺序的探究

师：请设计实验证明 Mg、Fe、Cu 的金属活动性顺序。

生把三种金属分别放入稀盐酸中，比较反应情况。

师：你的回答和老师想的一模一样。其余同学还有不同的想法吗？

生无人应答。

师只好讲出其余不同的方法。

老师的这种即时评价阻碍了学生的发散思维。

（二）问题思考

课堂的有效即时评价对学生的学习有着较好的激励作用，为什么有些课堂即时评价效果不太好呢？通过实践、思考，发现原因有以下几点：

1. 鼓励性语言过于单调

2. 评价面过于狭窄

有些教师的课堂即时评价只关注知识与能力的评价，而对学生在课堂上表现出来的如何去学习、如何去解决问题并不关注。

3. 教师急于评价学生回答的"对"与"错"，缺少延时思考和讨论。这种即时评价，往往会扼杀学生的创造性思维。

怎样进行即时评价对促进学生的发展有效？

二、问题的探究

（一）专业知识的学习

1. 理念学习

《新化学课程标准》指出，评价要弱化甄别与选拔的功能，强化学生主动参与学习活动的积极性，唤醒并激发他们的创新欲望。教师要通过有效的即时评价，让学生不断深入地探讨问题，品尝成功的愉悦，增强学习信心，发现自己的不足，明确努力的方向，促进他们潜能、个性、创造性的发挥，使每个学生具有自信心和持续发展的能力。

心理学认为，每个人都有渴求被肯定、被认可的内心需要，当客观事物符合人的需要，这个人就表现为肯定的态度，产生满意、愉悦、尊敬的内心体验，反之就表现为否定的态度，产生憎恨、恐惧、不满、忧虑的内心体验。同样学生在回答问题以后也有这样的心理需要，因此，在课堂教学中教师通过言语、表情随时随地对学生的行为、语言、学业等方面进行科学、合理、及时的有效评价，必然会产生积极的影响，不仅能激发学生的学习兴趣，培养主体参与意识，而且也能沟通师生间情感，拉近师生的距离，促进民主、和谐、平等的师生关系在课堂上形成。

现代评价理论认为，评价不仅仅是为了评判和鉴定教与学的效果，更重要的是为评价者和被评价者指明教与学的方向。很明显评价不再作为教学的最终目的，而成为教学的必要手段贯穿于教学的整个过程，成为教师及时调整和修正自己教学行为的必要依据，成为学生不断反思和改进学习活动的重要途径。凡是能尊重学生的个性差异，促进学生的健康发展，从正面加以引导，以鼓励、表扬等方式出现的积极评价都是课堂教学的有效评价。

2. 他山之石

在《新课程听课评课与优秀案例评析》一书中，刘喜成、王晶老师的《运动与变化——"分子"课堂实录及评析》一文介绍了一些课堂即时评价的方法，效果较好。现摘取其中的一些片段。

案例

师：首先请同学们观看一个趣味实验——"铁树开花"。你认为产生这种现象的原因是什么？请设计实验验证你的假设。同学们在做实验时，一定要团结合作，让每一个人的想法都得以表达，得以实现。

生动手实验，教师指导。生1、生2、生3、生4进行汇报。

师：同学们的实验完成得很好。操作比较规范，同学们的分析也很透彻……

师：谈谈你对分子的认识。

生归纳分子的性质。

师：你归纳得很完整，观察得很仔细，分析得很认真，解决了问题，也说明你有很好的信息整理能力。

师：你能举出生活中说明分子在不断地运动的事例吗？

生5、生6、生7、生8、生9、生10、生11汇报。

师：你们举的实例太精彩了，将生活与学习的知识运用得恰如其分，同学们很善于观察生活，运用知识。

生12：我还有话说，我认为上面同学的例子不仅说明分子间有间隔，还说明分子在不断运动，油的分子从塑料袋里运动到外面来了。

师：善于多角度考虑问题，是大家学习的榜样。我们就用刚刚学到的知识解释一下下列现象。投影：（内容略）

生13、生14、生15、生16、生17、生18回答问题。

师：怎样用分子的知识来解释物理变化和化学变化呢？请同学们讨论后回答。

生讨论，生19回答，生20：同意前面同学的回答，用一句话说"物理变化时分子不变，化学变化时分子发生了改变"。

师：同学们有理有据地回答问题，已经有了学习化学的一个好习惯，希望能继续保持这种分析解决问题的方法。（投影：动画演示硫与氧气反应的微观过程。）

……

师：通过以上的学习，请同学们用集体的智慧为分子下一个适当的定义。（学生讨论，各组派代表将定义写到黑板上。）

师：这是同学们集体智慧的结晶，我们看一看教材中分子的定义。（点评时教师不急于评价对与错，而是让学生自己评价，有利于促进学生的自主学习和深入思考。）

师：通过这节课的学习，谈一谈你的收获。

生22、生23、生24、生25、生26谈收获。

师：只要同学们认真学习，别说分子、原子，更小的粒子也能了解，希望同学们通过自己的努力将来成为科学家。

评析

本节课老师能分析学生的心理特点，借助于学生已有的知识，通过实验引起学生的探究，让学生逐步得到提高，同时对学生在探究过程中表现出的团结、合作意识给予了及时的评价，对学生良好的学习习惯给予及时的肯定，通过生生评价引导学生学会善于倾听，还善于捕捉学生发言中的闪光点，激发学生学习的上进心。

（二）教学实践探索

为了研究课堂即时评价的有效性，一位老师在所教的班级中取了一个班（该班的学生学习基础、学习习惯、学习能力较弱）进行实验，以下是该老师的教学案例片段。

案例　　　《化学使世界变得更加绚丽多彩》教学片段

师（预先布置学生查找与化学有关的资料图片）：

请一同学汇报你所知道的与化学有关的资料。

生1：我们每天穿着色彩鲜艳的衣服，很多是用化学物质生产出的染料印染出来的。夏天到来有防紫外线的太阳伞，其面料上也涂有能隔离紫外线的化学物质。

生2（迫不及待）：我们生活中的塑料袋就是化学物质。

生3：老师，我从网上还知道了宇航员的航天服是用高科技的化学物质制成的。（展示他的幻灯片：航天服由服装、头盔、手套和航天靴等组成。其中结构最复杂的服装由14层组成：最里层是液冷通风服的衬里；衬里外是液冷通风服，这种服装是由尼龙弹性纤维和穿在上面的许多输送冷却液的塑料细管制成；这种航天服属舱内航天服，除了头盔和胶皮手套，整个航天服是用一种特殊的高强度涤纶做成，为了防止膨胀，宇航服上特制了各种环、拉链、缝纫线以及衬料等。同时，保温、吸汗、散湿、防细菌、防辐射等功能也体现在其中。）

……

（同学们七嘴八舌，互相补充，讲了很多他们的发现，气氛十分热烈。）

师：听了你们今天的发言，老师真是对你们刮目相看，你们首先掌握了一种重要的学习方法——"占有资料法"。谁说你们不如别人呢？你们通过查阅资料，讲了一些老师都没想到的知识，我要把你们的知识记下来，并且告诉其他班的同学，让他们知道你们很有学习潜力，是好样的，希望你们继续加油，我对你们学好化学充满信心。

生完成《化学课堂学生互评、自评表》（师提醒：小组互评时要客观、公正，老师将会把它放入每个学生的化学学习档案袋里。）

案例　　　《如何正确书写化学方程式》教学片段

师：根据你对正确书写化学方程式的理解，请你将所学过的化学方程式写出来。

生边回忆边思考，试着书写所学过的化学方程式。

师（有意识地将一位同学的作业通过实物投影仪投影出来）：今天我们自己当一回老师，一起来评价这份作业。

(1) $P + O_2 \Longrightarrow PO_2$

(2) $S + O_2 \Longrightarrow SO_2 \uparrow$

(3) $3Fe + 2O_2 \uparrow \Longrightarrow Fe_3O_4$

(4) $Mg + O_2 \Longrightarrow MgO_2$

(5) $H_2O_2 \Longrightarrow H_2 \uparrow + O_2 \uparrow$

生踊跃发言，指出上述化学方程式中的错误。气氛十分热烈。

师：同学们能积极动脑，将所学的知识加以运用，通过同学们集体的智慧，我相信大家已经知道了书写化学方程式的注意点，希望在今后的学习中要注意可不能再犯类似的错误哦！

评析

以上案例是一位教师在教学过程中的一些片段，由于她所试验的班级学生学习基础、学习能力比较薄弱，学生内心对学习化学的信心比较脆弱，为了培养学生的自信心，引导学生主动地、自信地学习，作者充分利用了问题探讨过程中的自然即时评价：有生生评价、自我评价；有课堂及时反馈练习帮助学生理解知识；有对学生积极参与的学习态度和正确的学习方法的评价等。通过即时评价诱发学生学习化学的热情，指导学习化学的方法，增强学习化学的信心，同时对学生普遍存在的典型错误和问题采用恰当的方式引导学生自我评价，既保护了学生的自尊心，又让学生修正了自己的不足。

（三）即时评价教学策略研究

课堂教学就其本质而言，是在师生和生生之间进行的围绕一定教学目标的交流、合作和沟通活动，其间不仅有认识、经验的交流和沟通，更多的是情感、态度的沟通和碰撞，同时课堂中的即时评价对满足学生的多方面需要，促进学生的发展，全面实现课堂教学的价值，都具有重要的作用。那么，在初中化学教学时，如何实施即时评价，才能增强它的有效性呢？笔者通过实践，摸索出一些有效策略供大家参考。

1. 点拨激励，合理评价

美国教育心理学家罗斯坎贝尔说："每一个孩子都有一定的情感需要，这种需要决定着孩子们行为中的很多东西（愉快、满足、高兴），当孩子的需要得到满足时，内心就会产生奋进的火花。"如果教师的课堂即时评价运用得合理，学生对化学的学习积极性将被激发。在初中化学课堂教学中，为了启发学生思维，教师常设置一些情景，提出一些问题，学生回答后，教师应根据学生的心理给予合理的评价。

大量的教学实践证明，如果教师的评价合理，巧用点拨激励，不但不会使学生因一时的思路顿塞而产生挫折感和自卑感，取而代之的是开启知识大门后的愉快和大胆探索知识的热情，是自尊心受到维护、尊重后而产生的对老师的尊重、爱戴。长此以往，学生的学习兴趣强烈，每一节课都处于期待成功，获得表现自我的机会，得到中肯评价和积极的参与状态之中。

2. 巧问巧评，鼓励学生质疑

提问是启发式教学的重要环节，是完成课堂教学，实现化学课堂教学目标的重要途径。教师在课堂教学中，要精心巧妙地设计问题，将知识性、启发性、趣味性和思路的广阔性融为一体，使问题能引人入胜，掀起波澜。

学生回答后，通过老师即时评价让学生知道他们的发言各有各的价值，从而发现自身闪光点，感受成功的喜悦，在获得心理满足的基础上，愉快地参与教学全过程。比如在学完二氧化碳的化学性质后，老师布置学生做一个家庭实验：取两根长短不一的蜡烛点燃，然后用大杯子把它们罩住，观察哪一支蜡烛先灭。学生做完实验后，纷纷告诉老师，高的那只蜡烛先灭了，学生感到非常疑惑；有的同学告诉老师，他做了好多次，即使把杯子换成很大的，结果也是上层蜡烛先灭，这跟他们预期的下层蜡烛先灭完全相反（因为二氧化碳的密度比空气大）。

看着同学们急切的样子，老师首先表扬了大家："你真是好样的，对实验中的问题没有简单放过，而是多次实验，反复验证，很多科学家就是抓住实验中的细小问题做出了伟大的科学发现，如果你们能对问题进一步思考，那就更好了!"接着，老师就引导学生分析原因，思考上层蜡烛先熄灭，肯定是二氧化碳向上散发了，二氧化碳为什么会向上散发呢? 老师点拨了一下生活中热气球的原理，此时同学们恍然大悟，原来蜡烛燃烧放出热量，使得二氧化碳来不及下沉，都聚集在上方。这时，老师趁势对同学们说："有时人们思考问题时会形成思维定式，希望同学们今后遇到问题时不要局限于原有的知识，而应多问几个为什么，大胆质疑，这样努力下去，说不准你就是未来的科学家呢!"

3. 同学互评，共同进步

评价作为一种价值判断的活动，总是以一定的价值尺度为基础的。教师在进行课堂即时评价时，既要有老师对学生的评价，还要重视学生之间的互评和学生的自我评价。

教师让学生自评、互评时要注重学生的合作态度、合作方法、参与程度的评价，更多地去关注学生的倾听、交流、协作情况，对表现突出的小组和个人及时给予充分肯定和生动有趣的奖励。为了便于学生操作，老师在所实验的班级设计了化学课堂学生互评、自评表。（见表5-3）

表5-3 化学课堂学生互评、自评表

姓名_____班级_____时间_____

课题名称：_____

评价目标	评价内容	小组评价			自我评价		
		较好	一般	较差	较好	一般	较差
认知目标	1. 准确地掌握化学基本概念、事实、原理						
	2. 能正确选择并应用基本概念原理解决相关问题						
	3. 能创造性地思考，能提出不同的见解，从多个角度思考问题						
过程与方法	1. 认真、积极地参与学习活动						
	2. 积极主动回答问题						
	3. 积极参与讨论、研究，善于与他人交流合作						
	4. 积极参与实验活动，善于动手操作						
	5. 具有较强的问题意识，能提出不同见解						
	6. 在条件许可的情况下，能运用网络、资料等多种信息工具搜集信息						
	7. 能恰当选择方法解决问题						

评价目标	评价内容	小组评价			自我评价		
		较好	一般	较差	较好	一般	较差
情感态度与价值观	1. 有较强的求知欲						
	2. 学习兴趣浓厚						
	3. 能主动参与谈论、探索、思考和操作						
	4. 遇到困难时，能利用各种方法去克服困难，持之以恒地完成学习任务						
	5. 能通过所学知识对个人及社会相关问题形成正确的认识						

认知目标的评价可以通过课堂提问、反馈练习、小组内学生互相提问等渠道实现。过程与方法、情感态度与价值观可以通过小组的互评、自评加以实现。这样的评价放在学生的档案袋里，既促进了学生间的情感交流、互帮互学、共同提高，又激发了学生学习化学的主动性和参与热情。

4. 巧用眼睛，无声评价

教师在课堂教学中，要有一双"会说话的眼睛"，尤其是在学生回答问题前后，在学生的答后评价中，要适时巧妙地运用目光的力量来沟通师生间的思想感情，架起理解的桥梁。实践证明，课堂教学中，教师适时运用眼睛，无声评价学生，激励学生，往往会收到"此时无声胜有声"的绝妙效果。

因此，课堂教学中，教师要巧用眼睛，去观察，去鼓励，去评价学生的学习活动。可以说，观察是教师评价学生最基本的前提。由于观察的随时进行，也就带来课堂教学评价的及时性，它不仅使课堂出现的问题能够在短时间内得以迅速解决，而且还能激励学生，沟通师生间感情，使之达成共鸣，从而取得良好的教学效果。

三、效果与反思

经过半学期的实践，笔者对所教的实验班级的学生进行了问卷调查，在问到对哪一门学科最感兴趣时，90％的学生填的是化学，他们的理由有：化学有实验，好玩；化学老师上课经常表扬我，我感到上课心情很轻松；化学与实际生活有联系，学起来不陌生；化学教学中采取了小组合作学习，既有小组互评又有自评，让我每节课都有成就感……在全区组织的考试中，这个班的化学与其他学科相比有很大的优势，甚至在 2004 年第一学期的期中考试中，这个班有几门学科在全区 43 个班级中位于后十名。而化学位于全区第 18 名，这一次的考试鼓舞了全班，学生学习化学的劲头更足了。

事后，一些同事疑惑地问该老师：上这个班的课时要么学生不听讲，要么乱讲话课堂秩序乱，为什么学生单单对化学感兴趣呢？该老师也思考过这样的问题，一方面这个班级学生的学习基础、学习能力不好，学生很少感受到成功的喜悦，大多数有破罐子破摔的心理，该老师首先通过恰当的课堂评价树立学生的自尊心、自信心，满足学生渴望得到老师肯定、表扬的心理，当学生在课堂上遇到问题时，该老师从不训斥，从不显出不耐烦，让学生感受到你的宽容、耐心，同时依照教学目标创设一些情景满足学生爱表现的心理，当学习困难生有一丝闪光点时（比如他的字写得很认真、回答问题声音响亮等）该老师都要夸大对他的赞美，帮助他树立自信。

当学生回答出有一定难度的问题时，该老师经常表现出很高兴、很激动的神情，用这样的语气赞美他："哇！这么难的问题你都答对了，你很棒！希望你继续加油！"学生听了心里感到美滋滋的，学习的劲头更足了。时间一长，师生感情非常融洽，课堂气氛非常热烈，教学效果也非常显著。另外，由于使用了教学评价表，使那些学习基础较弱的同学通过一些过程性评价也尝到了成功的喜悦，让他们树立了学习化学的信心和勇气。

当然，在教学中发现要想取得良好的教学效果，单纯靠课堂的即时评价是远远不够的，好的课堂效果需要好的教学情境、教学手段、教学构思支撑，需要教师精彩的引导，需要让学生处于思维的愤悱状态，这样的课堂即时评价才有意义，否则，时间一长，学生会厌倦你的赞美。另外，学生的互评、自评有时还欠客观，学生对评价的标准有时还难以掌握，教师的工作量也比较大，有时的评价会流于形式，这些都需要在今后的工作中继续探讨。

后　记

　　新课程标准已经实施多年，但很多教师还是不能领会或者按照它的精神实质教学，教学观念还是处于应试教育的阶段，做不到素质教育的要求。本书再次对新课标进行了详细的解读，希望借此引起广大教师的重视，在今后的教学中能深入地实施素质教育。素质教育的施行，除了要拥有扎实的专业知识，还必须要有一定的方法技能，编者对此做了一些探索，书中已有阐述。方法技能只是作为教师教学的一种工具，这一工具只有为人所用，才能体现它的价值，而最终实现学生素质的提高才是我们的目标。

　　本书在编写过程中参阅了大量的资料，由于时间仓促没来得及与原编著者联系，请相关作者看到后及时与本书编写组联系。谢谢。

编　者